여학생 체육수업, 기쁨과 좌절 사이

학생과 교사,
수업을 묻다

여학생 체육수업, 기쁨과 좌절 사이

학생과 교사,
수업을 묻다

초판 1쇄 인쇄 2020년 4월 3일
초판 1쇄 발행 2020년 4월 16일

지은이 전용진
펴낸이 김승희
펴낸곳 도서출판 살림터

기획 정광일
편집 조현주
북디자인 꼬리별

인쇄·제본 (주)현문
종이 월드페이퍼(주)

주소 서울시 양천구 목동동로 293, 22층 2215-1호
전화 02-3141-6553
팩스 02-3141-6555
출판등록 2008년 3월 18일 제313-1990-12호
이메일 gwang80@hanmail.net
블로그 http://blog.naver.com/dkffk1020

ISBN 979-11-5930-140-7 03370

이 도서의 국립중앙도서관 출판예정도서목록(CIP)은 서지정보유통지원시스템 홈페이지(http://seoji.
nl.go.kr)와 국가자료종합목록 구축시스템(http://kolis-net.nl.go.kr)에서 이용하실 수 있습니다.
(CIP제어번호: CIP2020013546)

여학생 체육수업, 기쁨과 좌절 사이

학생과 교사, 수업을 묻다

운동장의 마술사 두 번째 이야기

전용진 지음

살림터

선생님께 드리는 편지, 하나

전용진 샘께

1년 동안 체육수업을 열심히 가르쳐 주셔서 감사합니다!

원래 운동하는 것을 좋아하지 않아서 체육수업에 별 흥미를 느끼지 못했는데, 선생님께 배우면서 체육이라는 과목에 흥미를 느낄 수 있었어요. 체육관에서의 첫 수업을 아파서 듣지 못했는데, 수업을 못 들었던 것이 너무 아쉬워요.

선생님께 수업을 배우면서 정말 많은 것을 느낄 수 있었어요! 다른 선생님들보다 돋보이는 선생님의 열정이 제 마음을 감동시켰어요. 한 명 한 명 다 신경 써 주시고 부족한 학생들에게도 먼저 다가가서 알려 주시는 모습이 많이 좋았어요. 선생님께서 열심히 알려 주셨지만 저는 그만큼 열심히 못했던 것이 가장 많이 죄송해요.

학생들이 교원평가 할 때 교육 방식에 관해 선생님들이 올려놓으신 내용들을 봤는데 그중 선생님께서 쓰신 글이 가장 인상 깊었어요.

아침 7시에 운동장에서 체육수업을 준비하면서 느끼는 것들 그리고 선생님은 아직도 수업에 대한 열정과 희망이 가득하지만 학생들은 잘못 느끼고 있는 것 같다는 글. 그래도 선생님께선 끝까지 열정과 희망을 갖고 수업을 하신다는 글이었어요. 저의 곁에서 이러한 생각을 갖고 가르쳐 주신다는 것에 큰 행복을 느꼈고 감사한 마음이 들었어요. 선생님의 열정과 희망을 저는 수업 속에서 크게 느꼈지만, 선생님께 표현하지 못해 무척 아쉬워요!

선생님께서는 저 말고도 많은 학생들이 저 같은 생각을 하고 있고, 감사한 마음을 가지고 있다는 사실에 행복을 느끼고 보람을 가지셨으면 좋겠어요.

앞으로도 선생님의 열정이 변치 않으셨으면 좋겠어요! 선생님 같은 분이 앞으로 계속 학교에 있어 주셔야 우리나라의 교육이 발전할 수 있다고 생각해요. 저도 그런 열정 있는 교사가 되고 싶었어요.

아직은 제가 많이 부족하고 교사가 되고 싶은 꿈이 멀어지고 있지만 선생님 같은 분들이 아직 학교에서 학생들을 가르쳐 주시고 있는 한, 학교 교육의 미래는 밝다고 생각해요. 선생님께서 가르치시는 모습을 보면서 학생으로서 저 스스로도 깊은 반성을 했어요.

지금까지 선생님의 열정과 희망에 제가 보답해 드리지 못해서 죄송합니다. 앞으로 어떤 수업을 듣더라도 열심히 임할게요. 그리고 선생님께 배운 수업 내용과 교육적 가치를 절대로 잊지 않고 지내겠습니다! 선생님께 1년 동안 체육수업을 배울 수 있어서 정말 행복했어요!

앞으로도 건강하시고 늘 행복하시길 빕니다. 감사합니다.

2016년
30201 모범생(?) 희원 올림

선생님께 드리는 편지, 둘

전용진 선생님께

선생님, 안녕하세요? 전수민입니다.

사실 이 편지는 10월 2일에 미리 써 둔 편지예요. 예쁜 편지지에 써서 드리고 싶었는데, 수업시간에 기회가 있어서 쓰게 되었어요.

선생님과 2년이라는 시간 동안 체육시간을 함께 보냈는데. 어느덧 체육수업이 끝나게 되어서 아쉬운 마음에 편지를 드립니다.

저는 체육을 잘하는 학생이 아니었어요. 이리저리 뛰어다녀도 실수도 많이 하고 생각만큼 마음만큼 몸이 움직여 주지 않아서 속상하고 의기소침해지는 때가 많았던 것 같아요. 그래도 활발하게 뛰어다니면서 체육시간을 좋아했어요. 그러나 '나는 체육을 못해'라는 생각이 참 크게 자리 잡고 있었어요. 그러다 보니 체육을 할 때면 저 스스로 서서히 뒤로 빠지게 되고, 잘하는 친구들에게 방해가 될 것 같아 미안하기도 해서 적극적으로 움직이며 참여하기가 어려웠어요. 고등학교 2학년까지는 스스로에게 자신이 없어서 자꾸 주춤거리고 소극적인 태도를 보였어요.

그러다가 문득 '고3이 체육을 배울 수 있는 마지막 시간인데 후회 없이 부딪쳐 봐야겠다'고 생각하게 되었고, 잘하고 못하는 것에 신경 쓰지 않고 뛰어들게 되었어요.

제가 이렇게 바뀌게 된 것은 선생님의 영향을 굉장히 많이 받았다고 생각해요. 제가 "선생님, 저 못하겠어요"라고 할 때마다 "할 수 있어"라고 끊임없이 말씀해 주셨거든요. 선생님한테 "못한다"라는 말씀을 들어 본 적이 없어요. 오히려 학생들보다 더 열정적으로 수업해 주시고, 항상 새로운 걸 연구하시고 개발하시는 모습에 많은 감동을 받았어요. 또 매 수업시간마다 저희들과 같이 아쉬워해 주시고, 격려해 주시고, 코칭해 주시면서 들려주셨던 선생님의 긍정적인 말씀이 저도 모르는 사이에 도전정신이 다시 생겨나게 해 주셨어요. 정말 감사드립니다.

배구의 토스, 서브도 자신 있게 하게 되고, 야구공을 놓치고 못 잡더라도 자꾸 움직이려 노력하고, 농구를 잘하고 싶어 친구들과 계속해서 연습하고, 엑슬라이더도 처음 탈 때는 불가능할 것 같았는데 결국 해냈고요. 또한 이어달리기를 하면서 친구들과 더 친해지고 승부욕도 생기고, 야구를 하면서 새롭게 왼손의 능력을 알게 되고, 마침내 야구 배트로 공을 멀리 날려 보내기까지….

예전의 저라면 할 수 없었던 수업시간 활동을 할 수 있게 되었어요. 선생님 덕분에 도전해 보고, 나름의 성취감도, 자존감도 많이 찾을 수 있었어요.

이제 다른 곳에서 운동을 할 수 있는 기회가 생기면 주저하지 않고 도전해 볼 수 있을 것 같아요. 선생님과의 체육수업은 지친 고3들에게 너무나도 달콤한 아이스크림 같은 시간이었어요.

2년 동안 큰 가르침을 주셔서 정말 고맙습니다. 매일 밝은 미소로 학생들과 끊임없이 소통했던 멋있는 선생님의 모습을 영원히 잊지 못할 거예요. 선생님, 진심으로 존경합니다.

2016년 10월의 마지막 날
30217 전수민 올림

서울여자고등학교

해도 안 되는 학생

열심히 할수록 마음 아픈 학생

그래도 열심히 하는 학생…

중간은 가고 싶어서, 노력하면 될 것 같아서. _본문 중에서

학생이 쓴 이 글을 본 순간 가슴이 먹먹해지면서 '내가 교사인가? 이 학생에게 나는 어떤 존재였을까?' 하는 자책감이 들었다. 학생들 누구나 과제 수행을 하면서 '나도 잘하고 싶다'는 생각을 하리라는 것은 알았지만, 이처럼 상심이 클 줄은 몰랐다. 나는 매일 수업에서 학생들을 만난다. 학생들은 과제를 앞에 두고 '나는 못해', '친구들이 보고 있어서 두려워', '한 번도 성공한 적이 없어'라면서 과제로부터 달아나려 하거나, 그래도 힘을 내서 '이번에는 잘할 수 있어'라고 마음을 다잡는다. 과제 성취를 통해 '나'를 발견하는 기쁨을 느끼려는 것이다. 나는 나의 수업에서 좌절, 슬픔, 실패, 두려움에 겁먹고 달아나려는 학생들을 과제 수행의 장으로 이끈다.

오랜 시간 학교현장에서 학생들을 가르친 경험과 매일 수업 실천을 기록한 일기를 통해 얻은 경험적 지식, 그 결과 지니게 된 학생에 대한

이해 덕분에 내 수업에 마음을 열어 준 학생들과 서로의 필요성을 존중하는 관계를 맺을 수 있었다. 과제 선택의 신중함, 학습환경을 준비하는 헌신성, 과제를 준비하고 설명하는 열정, 학생들을 대하는 다정함, 수업에서의 배려 등이 학생과 교사가 서로의 필요성을 존중하는 사이가 되게 해 주었다.

그제야 과거 수업 속에서 나도 모르게 상처를 주어서 학생이 자기 혐오와 우울감에 빠지고, 자기 성장의 기회를 잃고, 결국 학생에게서 새로운 신체활동의 탐색 기회를 박탈했던 것은 아닌지 돌아보게 되었다.

나는 학생들을 가르치면서 그들을 만나고 그들의 수업을 기록하면서 교사가 어떻게 학생에게 상처를 받고 상처를 주는지 이해하게 된 것이다. 교사의 일상적인 수업 실천의 과정에서 과제를 앞에 두고 있는 학생에게 교사의 권위를 이용해 나만의 가치관을 강요하려고 한 것은 아닌가.

열정만 있고 마음이 앞섰던 초임 교사 시절에는 내 생각을 잘못 전달한 경우가 발생하곤 했다. 열정과 신념만 앞섰지 무엇을, 왜, 어떻게 가르쳐야 하는지, 그리고 학생은 누구인지에 대해 경험적 지식이 없었다. 그렇지만 '현장에서 가르쳐야 한다'는 생각은 지금도 변함이 없다.

그렇게 하면 학생들이 운동장에서 배우게 되고, 그 배움을 통해 새로운 경험의 세계를 만들어 낼 것이라고 믿었다. '가르치지 않는' 학교현장의 현실을 없애기 위해 아주 작은 행동이라도 시작하는 것이야말로 세상을 위해 내가 할 수 있는 일이라고 생각했던 것이다. 운동장에서 학생들과 만난 시간이 30년이다. 그동안 슬프고 좌절했던 적도 있지만 행복하고 즐거웠다. 학생들도 나와 같이 느끼고 생각했을 것이다. 나는 학생들이 신체적·정신적 건강과 성장은 물론 문제해결 능력도 고루 키워 나가길 바란다.

그동안 교사로서 회의감에 빠진 적도 있고, 학교와 학생들에 대한 지식의 부족함을 느낀 적도 적지 않았다. 사범대학에 다니며 교육학 관련 수업을 듣고 이후에도 다양한 공부를 해 오긴 했지만, '수업이란 무엇인가?', '학생을 어떻게 바라보아야 하는가?', '학생들과의 의사소통은 어떻게 해야 하나?', '갈등 해결의 원칙과 방법' 등은 어렵기만 했다. 그럴 때면 학교현장에서 학생을 가르친 경험적 지식과 책 속에서 길을 찾았다.

나는 지금도 학생들 때문에, 동료 교사들 때문에 흔들리곤 한다. 그러면서도 그들과 함께 배움의 길을 걷는다. 초임 교사 시절의 신념과 열정을 되새기면서.

수업 실천을 고민하면서 만났던 전국의 교사들과 나의 수업 경험을 나누고 싶은 마음으로 이 책을 세상에 내놓는다. 『체육교사, 수업을 말하다』 5년 후의 이야기와 함께 우리의 운동장에.

1부는 교사로서 학생들을 가르치면서 나에게 정말 필요한 것은 무엇인지, 또 다른 교사들과 함께 나눌 수 있는 내용은 무엇인지에 초점을 두었다. 교사가 갖추어야 할 덕목은 무엇인가, 좋은 수업이란 어떤 것인가에 대해 답을 해 보았다. 또한 교사는 어떤 시선으로 수업에 임해야 하는지, 학생을 가르치면서 경험하게 되는 '분노'를 어떻게 다스려야 하는지, 교사의 수업 기록의 의미를 다시 새겨 보았다. 이것은 '교사'로 살아온 오랜 시간 속에서 나에게 묻고 또 물은 질문이고 답이다.

2부는 수업시간과 학생들에 대한 이야기다. 여기에는 학생을 가르치기 위해 노력하는 교사가 정작 학생을 제대로 이해하고 있지 못한 현실에 대한 나의 자각이 담겨 있다. 학생들과 수업에서 만난 이야기, 그 안에서 느끼는 어려움, 소외감 그리고 새로움, 기쁨… 다양한 활동으로 채워 가는 수업시간 속 모든 것에 대한 질문과 답이 있다. 학생들은 나에게 기꺼이 행복한 수업 이야기를 들려주었다.

3부에는 신체활동에 관한 생각이 담겨 있다. '신체활동 경험은 나에게 어떤 질문을 던지고 어떤 생각을 하게 하는가?' 한 5년은 마라톤에 미쳐 살았으며 요즘은 아침저녁으로 자전거 바퀴를 굴려 출퇴근을 하고, 방과 후에 동료들과 함께 셔틀콕을 치며 가끔 여러 지역의 체육교사들과 모여 축구공을 찬다. 그리고 스크린 골프를 하고 일 년에 서너 번 필드에 나가 골프를 친다. 스포츠 활동 참여는 큰 기쁨이고 내 삶과 수업에 신선한 자극이다. 신체활동은 다른 물음을 던지게 하고 다른 생각을 하게 한다. 라이딩, 배드민턴, 축구, 걷기, 골프 등의 신체활동이 나를 내 안의 생각에 갇히지 않게 해 주고 다른 질문과 다른 생각으로 나아가게 한다.

이 책은 나만의 이야기가 아니다. 내가 수업에서 만난 수많은 학생 그리고 수업으로 고민하는 모든 교사들이 함께 만들어 낸 것이다. 그들에게 정말 고맙다. 부디 이 책이 많은 이들의 마음과 머릿속에서 혼란을 일으키고 있는 문제들을 다시 생각하게끔 하는 긍정적인 자극이 되기를 바란다. 수업과 학생에 대해 끊임없이 새로운 질문을 던지며 고민하는 독자들과 함께하고 싶다.

덧붙이는 말

얘들아 정말 고맙다. 너희들이 들려준 수업 이야기 덕분에 선생님이 글을 쓸 수 있는 용기를 얻게 되었다. 너희들의 밝은 미소가 내가 지금껏 수업을 할 수 있는 힘이다. 앞으로도 수업에 대한 열정을 간직한 선생님, 재미있는 수업을 만들어 가는 행복한 선생님으로 너희들과 함께 뛰어갈 생각이다. 고맙고 사랑한다.

2020년 3월
개학을 기다리며, 서울여고에서
운동장의 마술사 전용진

차례

2부 여학생 이야기

3부 신체활동, 생각 더하기

1부

체육교사에게 묻다

일정 단계에 이른 교사의 수업에는
그 교사 특유의 신념과 열정과 용기가 담겨 있다.
수업은 바로 교사의 인격을 드러내는 과정이다.

체육교사로 살아가기

가르치는 일은 보상이 많이 주어지고 흐뭇하고 즐거운 일이다. 그러나 불행하게도 대부분의 체육교사들에게는 그렇지가 않다. 그렇다면 어떻게 해야 하는가? 한 교사는 이렇게 토로한다.

아이들을 처음 가르치기 시작했을 때는 나는 운동장에서 체육교사로서 부끄럽지 않기 위해 '교육이란 무엇인가?'에 대해 학습하고, 수업에 대해 탐구하며, 체육시간에 무엇인가 열심히 배우고자 열의가 넘치는 학생들을 이끄는 교사가 되고자 했습니다. 그러나 이제는 운동장이나 체육관에서 학생들을 가르친다는 것에 대해 무엇을 기대하거나 바라지 않습니다. 정말 학생들이 싫습니다. 아무리 이야기해도 교복 입고 천천히 나오고, 입에는 빵을 물고 어슬렁거리고, 게임 중에는 친구들에게 욕을 하고… 무엇보다도 슬픈 일은 "선생님 마음대로 해 보세요. 절 어떻게 할 수 있겠어요"라는 학생들을 만날 때입니다. 이런 경우 교사인 내가 할 수 있는 일이 없다는 사실에 무력감을 느낍니다.

다소 충격적일 정도로 많은 체육교사들이 이 같은 슬픔을 학교현장에서 반복적으로 경험하고 있다. 대부분의 체육교사들은 학생들을 가르치는 교사로서의 즐거움과 성취감이라는 기대감을 가지고 직업적인 삶을 시작했을 것이다. 하지만 시간이 얼마 지나지 않아 자신이 선택한 학교 교육현장이 바로 학생들과 팽팽하게 대치하는 삶이라는 사실을 깨닫게 된다.

이러한 학교현장의 실망을 경험한 체육교사들은 대체 학교에서 교사로서 무엇이 문제인지 알아내려고 노력한다. 무엇이 잘못되어 가고 있다는 것을 느끼는 체육교사는 체육을 가르치는 일이 왜 처음에 생각했던 것처럼 만족스러운 교육활동이 되지 못하는가에 대해 누군가에게 해명을 듣기를 원한다.

체육교사들은 학교체육 교육의 현장이 어떠한지 제대로 가르쳐 주지 않았다는 이유로 자신들을 지도한 대학의 체육교육자들을 비난하곤 한다. 또 다른 교사들은 '학생들이 내가 학교를 다닐 때와는 전혀 다르다'거나 혹은 '지역 여건이 열악한 곳이라 학생들이 열악하다'는 데에서 이유를 찾는다. 거대한 학교 규모, 열악한 교육환경, 교원의 낮은 사회적 지위 등을 들어 교육행정가의 무능을 탓하는 교사들도 있다. 교육행정가들 역시 교사들의 낮은 사명감, 무엇인가 하고자 하는 의욕이 없는 학교, 형편없는 학생들의 태도 등을 비난의 표적으로 삼는다.

무엇보다도 심각하고 안타까운 점은 일부 체육교사들이 모든 게 자신의 잘못이며 무능력한 결과라고 생각한다는 것이다. 이러한 결과 체육수업의 질을 변화시키려는 교사의 열정이 사라진다는 것이다.

앞서 제시한 이유들 가운데는 얼마간 타당성을 지닌 것도 있다. 하지만 모두 초점에서 벗어난 것들이다. 예를 들면 전문가적인 지식과 식견을 두루 갖춘 교육학 교수들이라 하더라도 자기 경험을 제자들에게 전

부 전수할 수는 없다. 학교현장의 교사는 각 개인이 자기만의 고유한 방식으로 체육수업을 경험할 수밖에 없는데, 바로 그러한 직접 경험은 전수될 수 있는 것이 아니다. 대학의 일부 교사교육자들은 예비교사인 학생들에게 학교현장이 얼마나 어렵고 힘든지를 경고하기도 한다. 그런데 학생들은 대학을 졸업하고 교사가 되어 학생들을 직접 가르쳐 본 후 비로소 가르치는 일이 얼마나 어렵고 힘든 일인지를 정확하게 깨닫게 된다.

사회가 변화하여 학생들이 달라졌다고 이야기하는 것도 그렇다. 한 교사가 학생으로서 학교를 졸업하고 다시 교사로 학교에 돌아오게 되는 4~5년 동안 학생들이 그렇게 크게 변했으리라고 단정하기는 어렵다. 교사가 되어 학교에서 학생들을 가르치기 시작했을 때 실감하게 되는 변화는 인간 본성의 변화라기보다는 역할의 변화 때문일 가능성이 크다. 학교라는 제도의 가장 큰 특징 중 하나는 '교사'와 '학생'의 역할을 뚜렷이 구분한다는 것이다.Postman & Weingartner, 1973

체육교사에 대한 일반적인 편견

학교에서 학생을 가르치고 있는 체육교사들이 무능력하여 그들을 잘못 가르치고 있지는 않다. 그들은 체육을 가르친다는 것이 무엇인지 이미 잘 알고 있다. 다만 그들이 가진 지식을 구현할 수 있는 기회가 없는 현실이 문제이다. 이 문제를 이해하려면 학교에서 체육교사들이 생각하는 이상적인 교사에 대한 정의를 살펴볼 필요가 있다. 이런 정의는 광범위하게 받아들여지는 체육교사와 가르침에 대한 일반의 고정관념을 바탕으로 하고 있다.

좋은 체육교사는 수업에서 학생들의 거친 말과 행동에 쉽게 흥분하지 않으며 항상 온화함을 유지한다. 결코 냉정함을 잃어 격한 감정을 보이며 폭력을 휘두르지 않는다.

좋은 체육교사는 과제 수행을 기피하거나 회피하는 학생에 대해 부정적으로 일어나는 자신의 진정한 감정을 감출 수 있으며, 실제로 감쪽같이 숨기고 수업을 진행할 수 있다.

좋은 체육교사는 학생에 대한 편견이나 선입견을 갖지 않는다. 뚱뚱한 학생, 마른 학생, 신체능력이 뛰어난 학생, 신체능력이 떨어지는 학생, 우둔한 학생, 영리한 학생, 남학생, 여학생 가리지 않고 하나같이 동등하게 대한다. 교사는 학생을 차별하는 사람이 아니다.

좋은 체육교사는 수업에 참여하는 모든 학생에 대해 동일한 마음의 수용성을 갖는다. 교사는 결코 학습이 이루어지는 장에서 학생을 편애하지 않는다.

좋은 체육교사는 학생들에게 학습 과제 실천이 흥미진진하고 흥분되고 자유롭고, 그러면서도 늘 학습자 개개인이 학습 기회에 차분하고 질서정연하게 참여할 수 있는 학습환경을 조성해야 한다.

좋은 체육교사는 자신이 가르쳐야 하는 학습의 공간에서 학생들에게 일관성을 유지한다. 결코 변덕을 부리거나 하지 않는다. 학습의 현장에서 챙겨야 할 일은 절대로 잊어버리지 않으려 노력한다.

좋은 체육교사는 학생들의 질문에 정답을 알고 있다. 교사는 수업의 시공간에서 학생보다 더 지혜로운 존재이다.

좋은 체육교사들은 수업을 공유하고 서로 지원하며, 개인적인 감정이나 가치관 혹은 신념에 치우치지 않고 학생들의 문제에 일치단결해서 대처하고자 노력한다.

'좋은 체육교사'는 학교에서 학생들을 가르치는 일반의 체육교사들에 비해 인격이 훨씬 더 뛰어나고, 학생들에 대한 이해심도 깊고, 교과 지식이나 일반 지식도 풍부하고, 인간관계 능력도 뛰어나다. 이러한 생각을 받아들이는 교사들에게는 학교에서 학생들을 가르친다는 것은 인간적인 취약함을 극복하고, 공정성·조직화·일관성·보살핌·동정심 같은 균등한 마음의 자질을 보여 주어야 하는 일이라는 의미를 가지게 된다. 한마디로 학교에서 좋은 체육교사는 품성이 어질고 인격적으로 우월한 존재인 것이다.

이러한 생각의 근본적인 문제는 좋은 체육교사가 되기 위해서는 인간다움을 부정해야 한다는 것이다. 이것은 지능적인 역할 연기, 혹은 부단한 자기기만을 통하지 않고서는 도저히 도달할 수 없는 경지이다. 그럼에도 학교현장에 있는 체육교사들이 위의 모든 항목 또는 일부 항목에 해당하는 교사를 좋은 체육교사의 이상화된 모델로 지지하는 경우를 주변에서 볼 수 있다. 학교현장에 있는 대부분의 체육교사들은 스스로 이상화된 체육교사의 모습에 반하거나 도달할 수 없다고 자신을 폄하한다. 좋은 체육교사에 관한 정의는 좀 더 인간적이고 도달 가능한 현실적인 것으로 바뀌어야 한다. 그래서 체육교사가 인간으로서 자아 정체성을 확립할 수 있는 교사상이 제시되어야 한다.

저는 대학을 졸업하고 학생들을 가르치면서 늘 좋은 체육교사의 상을 부여해 왔습니다. 학생들을 가르치면서 교수 상황에서는 언제나 감정 절제를 잘해 나의 감정이 밖으로 드러나지 않도록 하고, 학습 준비를 철저히 하여 효율적인 학습이 이루어질 수 있도록 최선을 다했습니다. 정말 잘 가르치는 체육교사가 되고 싶었습니다. 하지만 이따금 정말 학생들이 끔찍이 싫고, 내 자신이 너무 초라해짐을 느끼곤 합니다. 그래서 그런 나에 대해 학생들에게 이야기하는 모습을 갖곤 합니다. 내가 나를 지키려는 가치와 신념을 내려놓고 학생들과 대화를 했지요. 이렇게 하니까 수업을 할 때 한결 수업 운영이 편해지고, 학생들과도 관계가 좋아졌습니다. 학생들에게 나의 진솔한 모습을 다 보여 주면 수업에서 학생들을 통제할 수 없게 된다는 경고를 선배 교사로부터 누차 들어온 저로서는 그 사실을 깨닫고 놀라지 않을 수 없었습니다. 20여 년이 지난 지금도 전 학생들을 가르치면서 실수도 하고 좌절도 합니다. 그러나 이제는 그러한 일들을 숨기지 않고 학생들에게 이야기합니다. 내가 왜 실수하고 좌절하는지에 대해서 그리고 그들과 함께하려고 하는 이유를 말합니다. 내가 완벽하지 않다는 것을 학생들에게 보여 줌으로써 학생들을 진정으로 가르칠 수 있고, 학생들도 역시 저에게 배우고 있다는 것을 알게 되었습니다. 물론 이런 상황에서도 학생들은 교복을 입고 나오고, 지각을 하며, 과제를 수행하면서 욕을 하기도 합니다. 그럴 때면 또다시 학생들을 통제하고 질서를 잡기 위해 본래의 교사 역할로 돌아갑니다. 전 아직도 학생들을 가르칠 때의 모습과 질서를 잡기 위해 애쓰는 나의 모습 속에서 혼란을 겪고 있습니다. _25년 경력 김 교사

위의 사례에서 체육교사는 또 한 가지 문제를 이야기하고 있다. 체육수업에서 학생들과 좀 더 친밀해져 격의 없는 관계를 맺고 싶지만 그렇게 될 경우 수업에서 학생들이 더 이상 자신의 권위를 인정하지 않으며 존경도 하지 않게 되어 학생에 대한 통제력을 잃게 되지 않을까 하는 두려움이다. 이러한 문제에 대한 교육학적 해법은 가르치기 위한 교사의 역할과 학생을 통제하기 위한 역할 두 가지를 개발하는 것이다. 체육교사는 이 상이한 두 가지 역할 속에서 혼란을 겪는다. 그리고 그러한 역할 갈등 속에서 어떻게 현명하게 행동해야 하는지 확신하지 못하고 있다.

체육교사들은 운동장이나 체육관에서 학생을 가르치는 학습 상황을 만들어 내기 위해 학습의 기강을 세우면서, 동시에 좋은 체육교사라는 역할 연기 없이 자기 자신과 학생들을 속이지 않으면서 신체활동을 가르칠 수 있어야 한다. 학생들은 운동장이나 체육관에서 교사와 학생의 관계가 원만하여 상호작용할 수 있을 때 과제 수행에 보다 효과적으로 임할 수 있다. 이럴 경우 학생들은 자신의 학습 기회를 빼앗을 수 있는 불필요한 시간을 소비할 이유가 없다. 체육교사로부터 자신의 행위와 태도를 방어하기 위해 학습 시간을 사용하지 않아도 된다. 수업에서 좋은 관계를 수립할 수만 있다면 체육교사들은 이 역할에서 저 역할로 동분서주하거나, 엄격하거나 까다로운 교사가 되거나, 반대로 인격적이고 덕망 있는 초인적인 인간인 척할 필요가 없다. 반면에 교수학습 상황에서 학생과 교사의 관계가 좋지 않을 때는 어떠한 교수법을 동원한다 해도 만족스럽게 수업을 진행할 수 없다.

교수학습 상황에서 바람직한 교사-학생 관계를 위해서는 다음과 같은 요소가 요구된다. 첫째, 사람들은 누구나 개방성과 투명성이 갖추어질 때 다른 사람들에게 솔직해질 수 있다. 둘째, 교사의 수업시간 학생 배려는 학생들에게 자신이 다른 사람에게 존중받는다는 느낌을 준다. 셋째, 타인과의 상호의존성이다. 교사는 학생들을 통해 성장하고 학생들은 교사를 통해 변화 성장하는 상호의존적 존재이다. 넷째, 학생들 개개인의 분리성은 개인의 독특함, 창조성, 개성을 신장시키고 개발시켜 준다. 다섯째, 수업의 공간에서 교사와 학생의 쌍방 욕구 충족은 누구의 욕구도 다른 사람의 욕구를 일방적으로 희생시키면서 충족되어서 안 된다.

체육교사는 학생들을 가르치면서 학생과 더불어 교사-학생 관계를 보다 개방적이고, 세심하게 보살피고, 상호의존적이고, 독자적이고, 만족스러운 것이 되도록 반성적인 교육적 삶을 살아간다. 언제나 자신의 교육적 삶을 돌아보며 오늘을 기록하고 그 기록을 통해 내일을 준비한다. 교사는 학생들을 가르쳐야 하는 수업이라는 시공간에서 여러 가지 제한점에도 불구하고 교수 방법의 다양한 개선을 통해 학생들을 올바르게 교육할 수 있는 여건을 마련해 가야 한다.

교사의 다섯 가지 덕목[*]
-멈춤, 낮춤, 갖춤, 맞춤, 막춤

2018년 9월 4일 2교시 3학년 10반 수업, 엑슬라이더 타기 6차시 수업이다. 여학생들에게 몸을 움직이게 하고 몸을 움직이면서 그들이 만나는 정서적 세계에 깊이 다가가게 하려는 것이 나의 수업 의도이다. 엑슬라이더는 사람이 스스로 만들어 내는 힘으로 이동할 수 있는 도구이다. 보드 밑에 달려 있는 바퀴를 좌우로 움직여 앞으로 나아가게 한다. 엑슬라이더 위의 발바닥이 좌우로 미는 힘에 의해 바퀴가 마룻바닥에서 미끄러지듯이 나아간다. 앞바퀴가 미끄러지듯 나아가면서 뒷바퀴를 끌고 간다. 여학생들은 엑슬라이더 위에서 앞바퀴와 뒷바퀴의 간격을 일정하게 유지하며 바퀴를 좌우로 리드미컬하게 움직인다.

유진, 다빈, 지현, 승연, 민지, 제은 등은 엑슬라이더의 바퀴를 지배한다. 방향과 속도를 자신들이 원하는 대로 만들어 내며 교사인 내가 만들어 놓은 트랙을 질주한다. 그리고 소영은 엑슬라이더 위에서 균형을 잡지 못하고, 바퀴를 앞으로 나아가게 하지 못해 넘어지는 일을 반복한다. 그리고 "선생님, 전 안돼요." 하며 하소연을 한다. 나는 열심히 과제 연습을 하는 소영이 안쓰러워 여러 차례 보조하며 스스로 균형을 잡고

---

[*]지식생태학자 유영만의 나무가 추는 다섯 가지 춤에서 아이디어를 얻음.

앞으로 나아갈 수 있게 도와주었다. 그런데 오늘 소영이 "선생님, 저 타요!"라고 소리친다. 소영처럼 엑슬라이더를 타기 위해 노력하는 승연, 민지, 수영, 은지, 나현, 진아 등은 조만간 엑슬라이더의 바퀴를 지배하며 이동하게 될 것이다. 다만 연습의 시간이 필요할 뿐이다.

지난주까지 가연, 효은, 수영, 이정 등은 슬리퍼를 신고 나왔으며 과제 수행이 시작되면 바로 의자에 가서 앉아 쉬었다. 내가 왜 하지 않느냐고 물으면 "생리통이요." 하며 뻔히 쳐다본다. 그들의 눈빛과 태도로 인해 화가 났다. 하지만 나는 태연한 척 학생들에게 준비운동을 시킨다. 그러나 나의 마음에 그들의 눈빛과 태도가 커다란 파도가 되어 일렁이며 나를 흔들어 댄다. 흔들리는 마음을 다잡으며 어떻게 가연, 이정을 과제 수행에 참여하게 할 것인가 하는 게 고민이다. 교사인 나에게 우호적인 감정이 느껴지지 않는 여학생, 수업시간 그들을 생각하면 마음이 무겁다. 그러나 며칠 후, 엑슬라이더 수업이 시작된 후 처음으로 가연, 효은, 수영, 이정이 엑슬라이더 위에서 바퀴를 저어 가기 위해 움직인다. 그래, 학생들은 언제나 변화한다. 교사인 내가 과제를 기피하는 그들에게 '저들은 하지 않는 학생, 과제 수행이 불가하다'라고 낙인을 찍는 순간, 학생들에게서 변화를 이끌어 낼 수 없다.

다행이다. 내가 학생들을 지도하며 부끄럽게 행동하지 않아서. 교사가 하는 일은 수업에서 학생의 긍정적 변화를 만들어 내고 성장시키는 일이다. 그 일을 할 수 있어 기쁘다.

29년 동안 학교에서 학생들을 지도하면서 수업시간에 다양한 학생들을 만났다. 그 학생들이 내가 그동안 쌓아 온 교육적 가치와 신념 그리고 나의 과제 지도 방법에 대해 냉소를 던지며 나를 흔든다. 보통 학교 밖에 있는 사람들은 오랫동안 학교에서 학생들을 만났으니 쉽게 흔들리지 않을 것이라 생각한다. 십 년이면 강산이 변화하는데, 난 그 몇 배의

시간 동안 학생들과 만났다. 흔들림 없이 곧게 서 있을 것이라 믿었다. 그러나 그 믿음은 너무나 취약하다. 난 지금도 수업에서 흔들린다.

죽은 나무는 바람에 흔들리지 않습니다. 그저 부러질 뿐입니다. 살아 있는 나무는 바람에 흔들립니다. 여설적으로 들리겠지만 나무가 바람에 흔들리는 것은 결코 바람 앞에 맥없이 무릎 꿇는 것이 아닙니다. 그것은 오히려 더 오래 생존하고 더 오래 존재하기 위한 생명력 넘치는 나무의 고투요 몸부림입니다. 흔들릴지언정 부러지지 않고 살아남는 것, 이것 역시 온전한 생존을 위해 고투하는 본능이며 그 나름대로 '완벽에의 충동'에 충실한 것입니다.

_정진홍, 2006

교사가 성장하는 원동력은 흔들리기 때문이다. 학생들이 수업에서 교사가 성장할 수 있도록 흔드는 것이다. 오직 살아 있는 교사만이 그들을 가르칠 수 있기에 흔드는 것이다. 흔들리는 교사만이 학생들 앞에서 쓰러지지 않고 더 깊은 뿌리를 내리며 가르칠 수 있다. 수업에서 학생들을 만나 많이 흔들려 본 교사가 자신의 깊은 뿌리를 내릴 수 있는 것이다. 만약 교사가 학생들을 지도하면서 한 번도 흔들려 보지 않았다면 안이하게 학생들을 가르치게 되고, 수업에서 학생들의 예기치 못한 말과 행동을 만났을 때 교사로서 버티지 못할 수도 있다. 그래 나는 흔들리는 거목이 될지언정 흔들리지 않는 고목은 되지 않으려 한다.

나는 오늘도 수업에서 학생들을 만나며 흔들린다. 그러나 그 흔들림을 통해 나는 본다. 교사인 내가 학생들로 인해 흔들리면서 어떻게 그들을 만나야 하는지 대응 전략을 구상하고 가르치는 방법을 또다시 깊이 터득하게 된다는 사실을 깊이 인식한다.

학생들과 만나는 수업은 참으로 변화무쌍하다. 그 수업의 한복판에 서 있어야 하는 사람이 교사이다. 그래서 교사는 수업의 장에서 흔들리면서 깊은 뿌리내림이 필요하다. 어떻게 교사인 내가 학생들이 흔들어대는 바람 속에서 뿌리가 뽑히지 않고 깊고 넓게 뿌리를 내릴 수 있을까? 나는 교사가 수업에서 학생들과 만나면서 근본적으로 흔들릴 수밖에 없다고 생각한다. 그러나 학생들을 가르치면서 다음에서 이야기하는 다섯 가지 춤을 출 수 있는 준비가 되어 있다면, 흔들리면서도 보다 깊이 뿌리를 내릴 수 있지 않을까 한다.

'멈춤'이다. 교사가 자신과 학생들을 돌아보는 깊은 성찰의 시간이다. 나의 속도로 학생들을 만나고 이해해서는 안 된다. 학생은 저마다의 속도가 있다. 따라서 그들이 수업에서 만들어 내는 속도를 존중하며 그들과 함께 가야 한다. 내가 과제 수행을 기피하는 기연과 효은을 만났을 때 그들이 학습을 할 수 있도록 끊임없이 기회를 제공하면서 기다려 주는 이유다. 교사는 때로 수업의 시간에 멈추어 서서 학생들이 자기 속도로 갈 수 있게 기다려 주어야 한다. 교사는 때때로 멈추어서 자신과 학생들을 살펴야 한다. '멈춤'은 학생들을 가르치는 교사인 나는 누구인가? 하고 물음을 던지는 자기 성찰의 시간이다. 그리고 내가 가르치는 학생들은 누구인가? 하는 근본적 질문을 던지는 시간이다.

'낮춤'이다. 교사가 겸손을 표현하는 태도이자 상대를 포용하는 자세이다. 학생들이 학습을 하는 수업 공간에서 교사는 절대적 권력을 가지고 있는 존재이다. 교사는 자신이 가진 권력으로 학생들을 다스린다. 학생들을 정숙하게 만든다. 이는 학생을 학습시키기 위한 것이라고 하나 관리를 넘어서 통제에 이르기도 한다. 학습해야 할 공간에서 학생들과 교사는 신뢰를 바탕으로 상호작용을 할 수 있어야 한다. 그 신뢰의 출발점이 교사가 가진 권력을 내려놓고 낮아지는 것이다. 학교에서 교사가 가지고 있던 전통적 권위는 더 이상 설 자리가 없다. 혁신적으로 새롭게 관계 정립을 해야 한다. 그 출발이 교사가 낮아지는 것이다. 낮아짐으로 신뢰를 회복하고 관계를 수평적으로 회복하여 학교에서 아이들을 가르치는 교사의 근본적 도덕성을 회복해야 한다.

'갖춤'이다. 교사가 학생들을 가르치기 위해 갖추어야 할 자질이다. 교사는 전문가가 되어야 한다. 자신이 가르쳐야 할 교과 내용, 교육과정, 교수 방법, 학생 이해, 생활지도, 교육철학 등의 지식을 습득해야 한다. 교사가 준비되어 있지 않은 경우, 학생들을 가르칠 수 없다. 학생들은 어떤 기회에 반응하거나 단순히 따르는 것만으로 지식 획득하기를 원하는 게 아니다. 그들은 좀 더 나은 미래를 직접 이끌어 나가거나 창조하는 기회를 갖기를 열망한다. 그러나 지금의 학교 수업은 상급 학교 진학에 올인하고 있는 듯한 착시 현상에 사로잡혀 있다. 나는 그 착시 현상으로 나타나는 현실의 굳건한 벽 앞에서 번번이 좌절한다. 하지만 그 벽을 넘어 수업에서 학생들을 가르치기 위해 교사로서 학습과 배움을 게을리하지 않는다.

'맞춤'이다. 교사가 학생들의 소리에 귀를 기울이는 자세이고 태도이다. 교사는 학생들을 단위 시간에 지도하여 성장하도록 돕는 행위를 한다. 그러므로 교사의 가르침은 언제나 학생을 중심에 두고 있어야 한다. 학습해야 할 학생이 학습하지 않았다면 교사는 가르치지 않은 것이다. 수업이 이루어지는 교실 공간에서 학생들은 아우성이다. 나의 목소리를 들어 달라고, 왜 우리의 입장을 고려하지 않고 선생님 마음대로 결정하고 수행하느냐고 소리친다. 속도가 30km/h인 학생과 속도가 70km/h인 학생은 엄연히 학습의 속도가 다른 것이다. 학생들의 학습 속도는 문화적 차이에서 또는 경제적 빈곤의 차이에서 그리고 신체 놀이 경험의 차이에서도 올 수 있다. 다만 교사는 학생들의 저마다 지닌 능력과 경험의 차이를 보고 듣고 느껴 이를 참고하여 과제 수행에서 학생마다 다른 접근이 가능하도록 배려해야 한다.

'맞춤'이다. 교사가 세상을 끌어안고 사람과 소통하며 혼연일체가 되려는 자세이다. 교육은 학생들을 지도하여 사람이 사는 세상에서 자신의 가치를 실현하며 살아가도록 돕는 일이다. 그러므로 교사는 늘 세상과 소통하기 위해 깨어 있어야 한다. 세상에 일어나는 다양한 사건 사고가 결코 교육과 무관하지 않다. 왜냐하면 학생들이 살아가는 세상에서 일어나는 일들로 인해 학생들의 사고와 의식이 지배당하기 때문이다. 수업의 장에서 학습 자체의 본질이 더 깊이 있고 도전적이며 학생들의 삶과 세상의 중요한 문제에 연결된 내용으로 변화하도록 해야만 한다. 그래서 교사는 세상 속에서 세상을 읽고 함께하려는 소통의 태도를 취해야 한다.

> 흔들리지 않고 피는 꽃이 어디 있으랴.
> 이 세상 그 어떤 아름다운 꽃들도 다 흔들리면서 피었나니.
> 흔들리면서 줄기를 곧게 세웠나니.
> 흔들리지 않고 가는 사랑이 어디 있으랴.
>
> _도종환, 「흔들리며 피는 꽃」

나는 이제 분명히 안다. 교사는 수업의 공간에서 학생들을 가르치면서 끊임없이 흔들릴 수밖에 없다. 교사가 학생들을 수업 공간에서 만나면서 자신이 가지고 있는 가치관과 교수 방법이 흔들리는 까닭은 교사로서 보다 굳건히 서기 위한 과정이다. 교사의 흔들림은 학생과 교사가 올곧게 만나기 위한 멈춤이고, 낮춤이고, 갖춤이고, 맞춤이고, 막춤이다.

수업이란 무엇인가?

수업이란 '가르치고 배우는 시간'이다. 교사는 인류의 아주 보편적인 일, 즉 가르치는 일을 하는 사람이다. 그러나 그 일이 쉽지 않다. 과제를 수행하는 학생들이 30여 명이 넘는다. 이들은 다 삶의 배경이 다르고 그 다른 삶의 배경으로 인해 신체활동에 대한 접근 경향과 욕구도 다르다. 그 다름으로 인해 학생을 가르치는 수업 속에서 교사는 낙담이나 실망 좌절을 겪기도 한다.

교사는 가르치려는 열의에 가득 차 있는데 학생에게는 배우려는 열의가 없어 낙심하는 일도 많다. 열의는커녕 이유 없이 저항하거나 하기 싫은데 마지못해 한다는 얼굴 표정을 짓거나 아무것도 하고 싶지 않다는 무기력을 보이거나 심지어 드러내 놓고 '하기 싫어요.' 하며 적대감을 보이는 학생도 만난다. 물론 '선생님, 체육이 정말 좋아요.' 하며 기쁨으로 흥분하여 과제에 몰입하고 즐거움을 마음껏 발산하는 학생도 만난다. 이것이 교사가 직면하는 수업의 현실이다. 그 가르치고 배우는 시간을 마주하는 일이 교사의 몫이다.

낯선 마주침이다

"선생님 달리기 재미없어요. 우리 축구 하고 싶어요."

내가 학생들을 체육수업이라는 공간에서 처음 만나 가르치려고 했을 때, 처음 부딪친 낯선 문제이다. 교사라는 존재가 어설프기만 하던 초임 시절 학생들이 수업에서 외치는 모든 말은 교사로서의 정체성을 끊임없이 되묻는 말로 나에게 다가왔다. 교사이고자 하지만 학생들은 체육수업이라는 장에서 나의 필요성을 교사로서 존중하지 않았다. 나는 함께 축구를 하는 동네 형이고 그들의 선배였다. 나 또한 학생들을 학습자로 수업에서의 필요성을 아직 존중하지 못하는 풋내기였다. 아이들을 지도하며 이끌어 가는 교사이기보다 학생들에게 이끌려 '낯선 수업'에서 낯선 교사가 되었다

> … 아이들이 처음에는 모래판에서 양말을 벗고 맨발로 씨름을 한다는 사실에 불만을 다소 표현하기도 했지만 수업을 진행하니까 불만이 잠잠해졌다. 아이들에게 불만은 축구, 농구 등을 하지 않는다는 것이다. 그러나 난 이를 묵살하고 수업을 진행했다. 교사인 내가 씨름 수업을 보다 잘 준비했다면 아이들이 더 즐거워하고 유익한 수업이 될 수 있었을 텐데 그렇지 못했다. 그리고 아이들에 대한 통제가 보다 효과적으로 이루어졌다면 수업이 잘 진행될 수 있었을 텐데. 바람직한 방법을 고안해 내야 한다. _1990. 6. 4. 나의 수업일기

교사의 수업권이 도전받는다. 교사의 수업할 권리는 그 누구도 침해할 수 없는데, 학습자의 수업권이 '재미'로 대표되는 학생들의 현실적 욕망으로 도전받는다. 그러나 그 수업권을 지키기가 어려웠다. 학생들이

현실적으로 요구하는 "축구와 재미"에 대한 통찰력이 교사인 나에게 없었다. 그래서 난 아이들과 운동장에서 하루 종일 축구공과 함께 달리면서 질문을 했다.

"학생들이 이야기하는 축구와 재미란 무엇인가?"란 낯선 질문의 답을 찾기 위해 학생들과 씨름하면서 물음의 단서를 잡으려는 집요한 노력이 바로 수업 실천이었다. 이러한 '화두'를 가지고 수업을 실천하면서 어느 날 생각지도 못한 "축구와 재미"에 대한 통찰력을 얻게 되었다. 학생들에게 "축구와 재미는 그들의 신체활동 속에서 그들을 몰입하게 하고 즐거움을 선사한 활동"이라는 사실을 알게 되었다. 학생들은 자신들이 경험한 세계에서 신체활동의 재미와 즐거움을 이야기하였다. 그들이 접해보지 못한 신체활동의 세계에 대해서는 전혀 이야기할 수 없었던 것이다. '재미'란 그들을 몰입하게 하고 즐겁게 했던 활동이었던 것이다. 즉, '과거 체육교사들이 운동장에서 아이들에게 무엇을 가르쳤나? 체육수업에서 무엇을 해 왔는가?'에 대한 슬픈 흔적이었다.

교사인 나를 힘겹게 하고 수업 진행을 어렵게 했던 "축구와 재미"의 굴레에서 막 벗어났을 때 나는 또 다른 낯섦과 마주치게 된다. 수업에서 남학생과는 전혀 다른 존재인 여학생들을 마주하게 된 것이다. 그들은 신체활동 경험 세계에서 남학생과는 전혀 다르게 다가왔다.

여학생이 움직이려 하지 않는다는 관념을 버려야 한다. 왜 움직이려 하지 않는지를 알아야 한다. 아이들에게 중요한 것은 왜 움직여야 하는지를 아는 일이고, 움직임에서 신명을 느끼도록 교사가 움직임을 조직해야 한다. 남녀합반 수업에 대한 두려움으로 아직 수업의 방향이 뚜렷하게 잡히지 않아 마음이 혼란스럽다. 기본적으로 남녀에게 있어 움직임의 필요성과 움직임 태동성에 대한 깊은 이해가 확고한 원칙만 견지한다면 수업의 어려움은 극복할 수 있을 것이다. 즐겁고 재미있는 신체활동이 가능하다면 움직이려 하지 않는다는 벽을 넘을 수 있다. 움직이고 싶은데 신명이 나지 않아 움직이지 않는 것과 내용성이 채워지지 않아 움직이지 않는 것은 다른 문제이다. 어떠한 내용으로 채워 낸 것인가에 대해 좀 더 연구해야 한다. _1998. 3. 10. 나의 수업일기

운동장에서 10년 차가 될 즈음에 수업이 지루한 반복이 되지 않을까 생각했다. 하지만 그렇지 않았다. 이때쯤 수업에서 학생들이 반복적으로 이야기하는 '재미'에 대한 현실적 요구에 응답하게 되었다. 재미의 벽을 넘어서 "체육수업에서 재미는 교사에 의해 창조되어야 한다"라는 생각으로 수업을 이끌어 가게 된 것이다. 학생들에게 이끌려 가는 수업에서 내가 주도하게 된 것이다. 그런데 수업에 등장한 여학생들이 나에게 다른 질문을 던진다. "선생님, 왜 여학생인 우리는 신경 쓰지 않으시나요? 우리도 잘 가르쳐 주세요."

수업에서 다른 질문을 받게 된 것이다. 다른 질문은 당장 수업에서 교사인 내가 무엇을 해야 하는가? 여학생에게 무엇을 어떻게 가르쳐야 하는가? 이들은 남학생과는 신체활동 측면에서 어떻게 다른가? 이러한 생각을 하도록 만들었다. 진지한 물음을 가지고 어떻게 해서든 답을 찾으려고 애쓰는 나에게 수업 실천이 답을 만들어 준다. '여학생들이 누구인가?' 하는 질문에 대한 응답은 여학생을 이해하려고 하는 꾸준한 반복적 수업 실천으로 답을 얻어 가고 있다.

나에게 있어 수업 실천에 가장 어려움을 주는 문제들이 해결되고 있다. 그래서 더 이상 수업을 실천하는 데 또 다른 낯선 문제가 나를 막아서는 일은 없을 줄 알았다. 수업에서 여학생들이 과제를 수행하면서 "인

라인 재미있어요. BB탄 사격 정말 신나요. 선생님, 우리 이거 언제까지 하나요? 다음 과제는 무엇인가요?"라며 수업에 흥미를 보이고 행복해한다. 그러나 수업은 교사인 나에게 다른 질문을 또 던진다. "당신의 수업에서 모든 학생들이 학습을 수행하고 있나요? 저기 한쪽 구석에서 앉아 있는 학생은 누구죠?"라는 물음이 나를 불러 세운다. 학습을 회피하는 학생과 마주친다.

체육수업에 참여하는 학생들 한 명 한 명은 교사의 가르침을 받을 수 있어야 한다. 학생은 수업의 시공간에서 누구나 배우려는 의지를 갖고 있다. 그러나 배우고자 하는 의지 "잘하고 싶다. 칭찬받고 싶다"라는 표현 방법은 학생들마다 약간의 차이가 있다. 수업이 이루어지는 각각의 장소에서 학생이 어떠한 경험을 하였는가 하는 선경험이 현재의 학습 행동에 영향을 미친다. 오늘 3교시 7반 수업, 과제 활동에서 언제나 나의 눈을 피해 의자에 앉아 쉰다. 현정이 과제 행동에 참여하지 않는 주된 이유는 "난 못한다"이다. 물론 수업에서 '성공과 성취'라는 정서적 경험을 해 보지 못했을 것이다. 언제나 실패와 좌절이 자신을 따라다녔을 것이다. …

_2018. 8. 27. 나의 수입일기

교사가 수업이라는 시공간에서 학생들을 가르친다는 행위는 언제나 생소한 낯섦과 부딪히는 마주침을 만들어 가는 것이다. 우연히 수업에서 만나는 마주침이지만 그 마주침이 어제의 교육적 실천과 다른 깨우침을 주고 다른 교육적 실천의 가능성을 열어 준다. 수업의 실천 과정에서 여러 상황들과 마주침 없이는 학생의 성장을 만들어 내는 변화하는 수업 실천을 할 수 없다. 수업을 실천하는 교사에게는 지루한 반복이지만 오늘의 수업 반복은 어제와 다른 수업의 반복이다. 어제의 수업 실천과는 다른 차이를 가지고 오늘 수업이 반복되는 것이다. 차이가 드러나는 무한 반복적인 수업 실천이 어제의 나와 질적으로 다른 교사로 만들어 주는 동력이다.

고정관념을 깨는 과정이다

수업에서 낯선 학생과 마주친다. 낯선 학생은 나에게 질문을 던진다. 낯선 학생은 언제나 다른 질문을 던진다. 수업에서 다른 질문을 던지지 않으면 다른 생각을 할 수 없다. 다른 생각을 하지 않으면 언제나 한결같은 교수 행동만 하게 된다. 다른 생각을 해야 다른 지도 행동을 할 수 있다. 교사가 수업에서 다른 질문을 던져야 다른 생각을 하고 다르게 지도하게 된다.

> 아이들이 무엇인가에 깊이 집중하여 몰입의 경험을 할 수 있게 하는 수업이 사격이다. 오늘 끝났다. 학생들을 순간순간 집중시키고 매 시간 성취에 대한 평가를 본인 스스로 확인할 수 있게 하는 수업이었다. 사격수업에서는 준비가 중요하다. 사격장으로 쓸 교실을 구하여 비비탄 총알이 달아나지 않도록 커튼을 마련해야 한다. 다음은 총이다. 현실적으로 K2는 군사용이라는 느낌이 너무 강하다. ⋯ _2006. 9. 11. 나의 수업일기

운동장에서 이루어지는 체육수업은 눈이 오고 비가 오면 하지 못한다. 체육관이 있으면 문제가 없지만 현실적으로 모든 학교에 체육관이

있는 것은 아니다. 그래서 학생들은 비가 오는 날 "선생님, 체육 못 하나요? 비 맞으면서 하면 안 되나요"라며 아우성친다. 그래서 다양한 방법으로 교실 수업을 준비하지만 학생들은 신체활동이 필요 없는 활동은 체육이라고 생각하지 않는다. '어떻게 비 오는 날 학생들이 즐거워할 만한 신체활동을 좁은 공간에서 할 수 있을까?'라는 질문을 수없이 던졌다. 그리고 아주 우연한 기회에 아이들이 가지고 노는 BB탄 총을 체육 수업에서 학생들의 과제 수행으로 가져올 수 있게 된 것이다.

> 어느 날 우연히 선배 교수의 연구실에 갔다가 스펀지 공을 보게 되었다. 그 공을 테니스 자세를 잡는 데 사용한다는 이야기를 했다. 테니스 라켓으로 쳐도 공이 달아나지 않고 테니스를 하는 느낌을 준다는 것이다. 그 순간, 난 그렇다면 테니스장이 없는 운동장에서 테니스를 가르치는 도구가 될 수 있겠다는 생각을 하였다.
>
> _2008. 7. 29. 나의 수업일기

결국 수업이란 교사가 배우고 익힌 이론적 앎을 학생들이 존재하는 수업적 상황에 적용하면서 체험적으로 깨닫는 가운데 인식에 대한 재인식이 반복되는 과정이 아닌가. 나는 테니스는 테니스장에서 하는 게임이라는 기존의 인식틀에서 벗어나 새롭게 테니스를 재인식하면서 고정관념을 넘어섰다. 생각지도 못한 상황에서 생각지도 못한 일을 마주치면서 생각지도 못한 교육과정(소프트테니스)을 의도적으로 편성하여 색다른 가르침의 경험을 하게 된 것이다.

> 배드민턴 라켓으로 그리고 소프트 공을 사용하여 학생들에게 테니스 수업을 시작한 것은 좋은 아이디어다. 학생들이 수업시간에

보이는 반응도 좋다. 그런데 최대의 변수는 운동장의 바람이다. 남
학생 반 4, 5, 6반 수업을 할 때에는 운동장에 그려진 15개의 코트
에서 경기가 이루어진다. 잠시 기록을 위해 코트가 쉴 뿐. 모든 학
생이 경기에 참여한다. 모두들 공을 따라 열심히 움직인다. 그 모습
을 바라보고 있으면 기분이 좋다. 소프트 테니스 수업은 남학생에
게는 성공적이다. 재미도 있고 운동량도 충분하다. …

_2009. 4. 17. 나의 수업일기

수업에서 '불가능하다' 또는 '할 수 없다'는 생각이 교사인 나를 붙잡
고 있었다면 나는 할 수 없었을 것이다. 대나무 춤, BB탄 사격, 인라인
스케이트, 엑슬라이더, 로이터 구름판을 이용한 높이뛰기, 토스 머신 야
구, 벽 축구 등의 수업 진행은 불가능했을 것이다. 그러나 나는 교사의
수업에 대한 생각은 그냥 과거 수업 실천이라는 테두리에서 머무르는
고정된 생각이 아니라고 생각한다. 나에게 수업은 끊임없이 생각지도 못
한 상황에서 생각지도 못한 접근을 통해 실천하면서 주어진 틀을 넘어
서게 하는 실천이다. 그리고 그 넘어섬으로 나는 학생들을 다른 주제로
다른 교수 방법으로 가르치는 체험을 할 수 있다.

수업에서 배운 것을 온전히 나의 것으로 만드는 시행착오를 통해 나
의 것으로 만드는 반성적 과정을 거치지 않으면 관념적 생각의 거품에
휩싸여 나의 수업 실천의 옳고 그름을 판단할 수 없다. 또한 교사인 내
가 실천만 하고 배우지 않으면 올바른 실천의 방향을 설정할 수 없을 뿐
만 아니라 이전의 수업 실천과 다른 실천이 어려워진다.

가르침이 없는 '아나 공' 수업을 넘어서고 학생들을 통제하려는 수단
으로 진행된 '질서 운동'이라는 기존의 수업 틀을 벗어날 수 있었던 것
은 반성적 기록과 배움이라는 두 바퀴가 맞물려 돌아가는 깨달음의 과

정이 있었기 때문이다. 교사 스스로 고정관념을 넘어서지 못하면 자칫 반복되는 수업의 지루함 속에 갇힐 수 있다. 수업을 보는 내 사고의 틀이 깨져야 발상이 자유로워지고 상상력의 텃밭이 비옥해진다. 이때 수업에서 불가능이라고 생각했던 것들이 가능성의 세계로 전환될 수 있는 창의력이 발휘된다.

서로 다른 학생과의 만남이다

보통 교사들은 학생들을 지도하기 위해 운동장에서 열심히 준비하면 된다고 생각한다. 교사가 학생들의 학습을 위해 최선을 다해 준비하면 학생들은 수업에 열심히 참여할 것이라고 생각한다. 그러나 학생들은 저마다 다양한 삶의 배경을 가지고 있고, 수업에 대한 경험이 다르다. 다양한 이유로 수업에 적극적으로 참여하는 학생이 되기보다는 수업 밖을 배회하며 과제 참여를 기피하고 회피하는 학생이 된다.

> '체육'은 항상 나의 적이었다. 단순히 귀찮아서가 아니다. 그냥 짜증 나고 싫다. 몸을 움직이는 것이 싫은 것이다. 공부에 지친 학생들의 심신을 위로해야 할 체육이 어째서 이마저도 '경쟁'으로 변질되어야 하는지. 어째서 열심히 노력하고 도전했음에도 불구하고 점수로 평가된 결과를 보고 실망해야지? _김○○, 나의 체육수업

수업에서 "선생님, 저 할 수 없어요"라고 고개를 들고 이야기하는 학생을 만났을 때 정말 당황했다. 그리고 '아니 도대체 이 학생이 왜 이러지. 나에게 나쁜 감정을 가지고 있나?'라는 생각도 하며 화가 나기도 했

다. 그러나 그 학생에게 체육수업이 항상 적이었다는 것과 그 이유를 알게 되면서 그 학생을 과제로 천천히 이끌어 갈 수 있었다. 만약 나조차도 '수업은 적'이라는 절박함에 부딪쳐 달아나려는 그 학생을 '문제 학생이군. 뭐 할 수 없지'라며 외면했디면, 정말 체육수업은 영원한 적이 되었을 것이다.

"네가 과제를 수행할 수 없다고 이야기하는 것은 무언가 충분한 이유가 있을 것이다"라며 학생을 받아들였다. 그리고 그 학생의 아우성을 내가 들은 것이다.

나는 잘하는 것이 별로 없어서 내가 조금이라도 잘하는 것을 찾으면 다른 것은 도전도 해 보지 않고 한곳만 판다. 하지만 이렇게 생각하는 와중에도 체육 선생님은 계속해서 나를 격려해 주며 다른 아이들도 격려하면서 모두를 이끌어 가려 하신다. 그래서 나는 용기를 가지며 열심히 하는 척이라도 하게 되었다. 내가 이제부터 원하는 것만 고르지 않고 다른 것도 열심히 하는 그런 아이가 되고 싶게 만드는 시간. _이ㅇㅇ, 나의 체육시간

한 학생이 친구들의 시선이 가득한 체육수업에서 제대로 과제 수행을 하기 위해서 반드시 있어야 할 것이 긍정적 감정 경험이다. 성공에 따른 기쁨, 성취의 행복, 친구들과 함께하는 즐거움 등의 긍정적 감정 경험이 학생의 과제 수행에 핵심이다.

나는 체육을 굉장히 싫어했다. 체육을 잘하는 편도 아니어서 체육이랑 멀어져 갔다. 하지만 고등학교 들어와서 처음으로 체육이 재미있다는 생각이 들었다. 중학교 때 남자애들이 운동장이건 체육관이건 장악해서 그냥 놀기만 했던 것 같다. 이렇게 재미있고 신나는 과목인 줄 몰랐다. 그리고 전보다 체육 실력이 늘어 가는 게 느껴졌고, 그때마다 그게 그렇게 행복한 시간이다.

_이ㅇㅇ, 나의 체육시간

'현진'이가 성공했다. (중략) 물론 오늘도 교사인 내가 전체 학생들을 대상으로 한 교수 방법을 시행했다면 '현진, 은영, 가영'이는 지도를 받을 수 없었을 것이다. 실패만 거듭하다 '성공'하는 짜릿한 순간을 맞는 학생의 얼굴에 행복이 깃든다. '현진'의 기뻐하는 표정을 보면서 난 아직 성공적이지 못한 다른 학생들에게도 '성공'을 제공하기 위해 노력한다. 이렇듯 학생들에게 성공을 만들어 줄 수 있

어 교사로서 자긍심이 느껴진다. 아! 행복하다.

_2012. 4. 5. 나의 수업일기

한 학생이 어떤 가치관을 가지고 있는가? 그 학생의 성향이 어떤가? 그 학생의 취향이 무엇인가? 등은 학생이 누구인가를 알려 주는 중요한 구성 요소들이다. 하지만 그것들은 과제를 수행해야 하는 학생의 존재를 둘러싼 외곽 요소들에 불과하다. 수업에서 과제 수행으로 움직이게 하는 핵심은 '신체활동 중 어떤 정서적 경험을 했는가?'이다. 학생이 가지고 있는 가치관이나 신념, 견해라는 것은 알고 보면 부모의 가치관이나 책에서 읽은 신념, 내 담임선생님의 견해일 수도 있다. 그런데 학생의 감정은 오로지 '수업에서의 나'이다.

"XX, 병신 같은 새끼." 하며 거침없이 욕설이 나온다. 나와 눈이 마주치자 "똑바로 좀 해." 하며 다시 한 번 목소리를 높인다. ○○의 얼굴이 빨개지고 긴장한 모습이 역력하다. "발이 어떻게 되어? 왕 짜증 나네." 이러한 말들은 축구공을 잘 차지 못하는 아이들에게 집중된다. 우리 팀 동료들에게는 자신의 마음에 들지 않는 경기력을 보일 때 거침없이 핀잔과 욕설을 퍼붓고… (중략) 교사인 난 거친 말과 욕설을 일삼는 ○○에게 비난도 하고 타일러도 보았다. 그래도 변화가 없다. 살짝 눈치만 볼 뿐. ○○는 학급에서 권력의 정점에 있다. 그로 인해 다른 학생들이 성서적 상처를 입는다. 교사인 내가 막아야 한다. 어떤 방법이 좋을지 고민이다.

_2010. 6. 9. 나의 수업일기

교실이나 운동장에서 이루어지는 수업에서 친구는 교사보다 중요한

존재이다. 그 친구로 인해 내가 수업에서 겪게 되는 감정이 지배되기도한다. 독재자인 '엄석태'가 또 다른 학생을 슬픔에 빠뜨리고 좌절하게한다. 대개 학급에서 권력을 가진 학생은 자신이 과제 수행에서 만나는감정을 거침없이 자유롭게, 친구들의 눈치를 보지 않고 마음대로 표현한다. 우월적 권력을 가져 감정 권력도 행사한다. 그 감정의 표현 대상이되는 사람은 대개 학급에서 약자인 친구들이다.

학습자가 학습에 참여해야만 인지적, 정서적, 신체적으로 경험하게 되고 얻을 수 있는 것이 생긴다. 그런데 회피하는 학습자, 기피하는 학습자를 학습에 참여시킬 수 있는 방법이 없다. "난 못해요"라며 나를 응시하는 학습자, "내가 할 수 없다고 하는데 어쩔 건데

요"라는 말을 하는 도전적인 학습자… 모두가 신난 과제 수행을 하
도록 함으로써 학습 기피자가 자신의 태도를 부끄럽게 여기고, 스
스로 참여 의지를 갖게 만들어 내고자 한다.

_2018. 5. 31. 나의 수업일기

체육시간에 과제 수행으로 좌절하고 분노하고 슬퍼하고 행복해하는
학생들이 있다. 이들은 학습의 경험을 통해 체육수업에서 달아나는 학
생이 되기도 하고, 숨어 버리는 학생이 되기도 한다. 또한 언제나 체육수
업이 행복을 주는 시간인 학생도 존재한다. 이들 모두는 수업에서 과제
를 수행하기 위해 움직인다. 그러나 과제를 수행하지 않는 학생이 있다.
수업에 존재하는 학생 중 무기력에 몸과 마음이 지배당하는 학생도 있
다. 그들은 교사에게 "못해요, 안 해요"라고 이야기한다. '학습 무기력으
로 의욕 없음'으로 무장된 학생들은 교사의 흥미로운 제안이나 선택 기
회 혹은 선택 과제를 다양하게 제시하는 것만으로는 학습으로 이끌어
갈 수 없다. 수업에서 과제를 수행하는 학생은 교사인 나를 춤추게 하
고, 때로는 참담함으로 세상의 끝으로 내몰기도 한다. 특히 그 어떤 것
에도 반응을 보이지 않는 학습된 무기력으로 단단히 무장된 학생은 교
사인 나를 스스로 부정하게 만든다.

교사인 나를 보는 과정이다

학생들을 학교 운동장에서 만나 가르치는 일은 보상이 많이 주어지
고 흥미 있는 직업인가? 불행하게도 많은 체육교사들에게는 그렇지 못
한 것 같다. 하지만 나에게 수업은 끊임없이 스스로에게 질문을 던지게

하고, 가르치는 행동으로 흥분과 좌절, 기쁨을 준다. 교사 개인은 자기만의 고유한 방식으로 수업에서 가르침의 경험을 할 수밖에 없다. 수업에서 학생을 가르치는 직접 경험은 전수될 수 있는 성질이 아니다.

> 나의 길
> 내 생을 바쳐 걸어가고자
> 난 이 길을 스스로 택했습니다.
> 화려한 장미보다는 거친 들판
> 이름 없는 언덕에 피는 민들레이고자 합니다.
> 사랑으로 선택한 이 길에 아이들의 웃음과 나의 몸부림으로
> 꽃씨를 뿌려
> 그날에 꽃을 피우겠습니다.
>
> _1990. 6. 21. 나의 수업일기

사범대학을 졸업하고 교사 자격으로 학교에 돌아왔을 때, 나는 학생들을 가르치는 일이 나의 사명이고 내가 잘할 수 있는 일이라고 생각했다. 그래서 나의 경험과 지식 안에서 최선을 다하여 학생들을 만났다. 나는 수업에서 교육적 신념 '민족, 민주, 인간화' 교육을 실천하고자 했다. 그러나 학생들을 가르쳐 본 직접 경험과 이론적 지식이 부족하여 좌충우돌했다. 나는 기존의 체육교사와는 다른 길, 즉 '아나 공'과 '학생통제'라는 길을 가지 않으려 했다.

> 수업시간이 너무 산만하여 주의와 설득을 통해 분위기를 잡아나갔다. 경험이 부족한 교사로서 분위기를 주도하지 못함으로서 수업 내용에 대한 반응을 살필 틈이 없다. 내가 권위가 있어 아이들

이 수업에 집중했으면 좋겠다. 아이들이 집중해야 수업을 잘 해 나갈 수 있기 때문이다. 권위가 있다면 아이들이 장난할 때와 수업할 때를 구분할 수 있을 텐데. 나의 권위는 아이들과의 신뢰가 깊어질 때 가능하지 않을까 싶다. 난 단지 아이들과 친근감만 있는 교사인 듯하다. 나는 신뢰를 바탕으로 한 권위를 못 갖는 것일까?

_1990. 4. 12. 나의 수업일기

나는 수업에서 학생들과 좀 더 친밀하고 격의 없는 신뢰 관계를 희망하였다. 신뢰를 근간으로 관계를 맺을 경우, 수업에서 반복적으로 이루어지는 규칙 어김 현상이 사라지고, 학생들에게 권위를 부여받을 수 있을 것이라 생각했다. 그래서 학생들의 문제행동 앞에서 폭력과 폭언으로 그들을 효과적으로 통제하고 싶은 유혹에 빠지지 않으려 노력했다.

… 난 가슴속에서부터 화가 치밀어 올랐다. 교사를 대하는 태도, 수업에 대한 그 학생의 태도로 인해 화를 넘어서 모멸감을 느낀다. 지도의 수준을 넘었다. 정말 몇 대 때려서 정신을 차리게 하고 싶은 마음도 있었지만 난 그렇게 하지 않았다. 그 아이와 더 이상 시간을 허비하고 싶지 않았다. 다른 아이들이 운동상에서 수업을 하고 있어 돌아섰다. 난 탕자를 버리고 선한 아이들에게 갔다. 솔직하게 그 아이를 지도하고 싶지 않았다. 그 아이에게 교사이기를 포기한 것이다. … _2006. 6. 5. 나의 수업일기

나는 수업에서 학생의 문제행동으로 분노하고 좌절하고 슬퍼한다. 그러면서 학생들이 과거와는 달라졌다고 탓한다. 세상이 변화하여 사람들이 학교 교육을 가볍게 생각하고 교사를 존중하지 않아서 나도 존중받

지 못하게 되었다고 이야기한다. 그러나 교사가 졸업하고 교사로서 학교에 되돌아왔을 때 실감하게 되는 변화는 사람 본성의 변화라기보다는 학생에서 교사로서의 역할 변화 때문이 아닐까 싶다.

> … 학생들은 잘하고 싶지만 현재 몸이 잘 따라가지 못해 마음조차도 움직이기 싫어하는 모습을 보이는 것이다. 학습에 적극적인 학생들만 가르치고, 학습에 소극적인 학생들은 교사가 나 몰라라 하고 가르치지 않는다면, 그들은 삶에서 단지 한 시간 배우지 못한 것이 아니다. 그들의 인생을 무기력하게 만드는 데 일조하게 되는 것이다. 여학생들의 무심한 얼굴을 보면서 가르치는 일이 쉽지는 않다. 하지만 그들의 내면을 이해한다면 결코 그들을 가르치는 데 소홀할 수 없다. 무기력을 넘어서야 하는 사람이 교사인 나이다.
>
> _2015. 3. 20. 나의 수업일기

교사 개인의 수업에 대한 직접 경험은 자기만의 고유한 방식으로 이루어진다. 누구도 대신할 수 없고 전수될 수 있는 것도 아니다. 교사는 자기 수업의 직접 경험을 통해 '교사'로 성장한다. 나는 교사들은 수업에서 학생들을 만나는 직접 경험을 쌓아 가면서 '가르침에 관해 많은 지식을 습득한다'는 사실을 깨닫는다. 다만 교사가 수업에서 터득한 지식을 구현할 기회를 포착할 수 있느냐 없느냐 하는 현실이 문제일 수 있다.

> 교사는 단위 학급의 모든 학생이 과제를 수행하게 해야 한다. 그러나 학습에 참가하는 모든 학생이 배우게 할 수 없다. 난 교사이기에 학생들에게 학습의 기회를 제공하는 데 게을러지지 않으려

한다. 수업에 참가하는 학생들에게 최대한 배울 수 있는 기회를 제공하려 한다. 교사가 단위 수업시간에 학생들에게 배울 기회를 제공하지 않는다면 학생들은 학습하지 못한다. 그래서 난 학생들이 가지고 있는, 아니 당연히 누려야 할 권리인 배움의 기회를 제공해야 한다. … _2016. 6. 17. 나의 수업일기

수업은 교사에게 자신의 본분을 다하는 스스로를 보게 한다. 학생들이 수업에서 교사가 필요하다고 생각하고 그를 존중한다. 이는 교사가 자신의 역할과 책임을 성실하게 수행할 때 학생들이 교사에게 신뢰를 느낌으로써 형성된다. 또한 교사가 학생들을 가르치기 위해 준비한다는 것은 수업에서 학생의 필요성을 존중한다는 것이다. 교사는 학생의 배움 권리를 보장하기 위해 노력한다.

나이가 있는 탓일까? 매트 운동에서 뒤구르기 하는 것이 부담스럽다. (중략) 처음 시도할 때, 젊었을 때와 다르게 내가 뒤구르기에 자신이 없어 하는 모습을 발견하였다. 과거엔 못할 것이라 전혀 생각하지 않고 자연스럽게 시도하여 수행할 수 있었는데. 이젠 몸이 거부한다. 마음이 할 수 있을까? 이렇게 의심하니까 바로 몸으로 나타난다. … _2017. 8. 18. 나의 수업일기

젊은 교사일 때는 시범을 보이면서 어려움을 느끼지 않았다. 언제나 학생들 앞에서 당당하게 시범을 보였다. 그런데 경력이 30년쯤 되니 몸이 때론 나의 의도대로 움직여 주지 않는다. 학생들이 수행해야 할 과제를 교사가 모두 시범 보여야 하는 의무가 있는 것은 아니다. 그러나 아주 가끔은 영상이나 기구가 아닌 교사가 시범을 보여야 할 때가 있다.

이때 체육교사인 나의 몸을 느끼게 된다.

학생들이 학습하는 공간 안에는 '학습 속도가 더딘 학생'도 있고 '학습 속도가 빠른 학생'도 있다. 학습 속도가 느린 학생은 다만 속도가 느리다는 이유만으로 신체적 능력이 있는 친구들에게 무시당하는 경향이 있다. 이러한 수업 분위기는 반전시킬 수 있다. 교사기 학생들이 학습에서 느끼는 긴장감, 분노, 좌절 등과 같은 부정적 정서를 관심, 배려, 용기, 따뜻함, 이해 같은 우호적인 정서 분위기로 바꾸어 내면 된다. 학습에서 긍정적 분위기가 형성되면 학생들 간의 '차이'는 존중될 수 있다. 따라서 '신체의 속도가 더딘 교사'는 오랜 경험에서 우러나오는 깊은 열의, 따뜻한 존중을 바탕으로 하는 학생과의 신뢰 관계 형성으로 느린 신체의 속도를 충분히 극복할 수 있다. 나이 들어 신체 속도가 느려지는 것은 교사의 잘못이 아니다. 시간이 흐른 탓이다. 다만 교사의 나이 듦은 젊은 시절과 다르게 몸을 움직여 학생의 탄성을 자아내는 멋진 시범을 보일 수 없다는 불편이 조금 있을 뿐이다.

교사의 다양한 시선[*]

　나는 네 방향에서 불어오는 바람을 만날 수 있고, 언제나 굳건히 서 있는 나무들로부터 지킴을 받는 운동장에서 학생들을 가르치는 교사이다. 늘 학생들과 마주한다. 학생들을 만나 수업이라는 공간에서 가르치면서 나는 어디에 어떻게 서 있는가? 그리고 무엇을 어떻게 가르치고 있는가? 이러한 질문을 반복적으로 던진다. 매일 수업을 마치고 오늘의 수업을 돌아보는 수업일기를 쓴다. 수업일기를 기록하면서 생각한다. 나의 수업에 수없이 많은 학생이 있는데, 그들은 나를 통해 배우고 있는가를 묻는다.

　나는 학생들에게 과제로 인라인 스케이트, BB탄 사격, 탁구, 이어달리기, 야구, 배구를 가르친다. 그 수업 속에 지현, 지솔, 예인, 다영, 나현, 예솔, 영림이 있다. 이 학생들이 좋아하는 과제는 서로 다르다. 영림은 탁구를 좋아하고 지솔은 인라인 스케이트 타기를 좋아한다. 또한 과제를 익히는 방법에서도 학생들마다 차이가 분명하다. 체육수업에서 그들이 희망하는 목표도 다르다. 예인은 체육과 입시를 위해 체력을 키우기를 희망하고, 지현은 재미있는 시간이 되었으면 하며, 나현은 신체활동

[*]지식생태학자 유영만의 『공부는 망치다』에서 아이디어를 얻음.

을 배우는 시간이 되었으면 하고 희망한다.

시대가 바뀌고 그 안에서 살아가는 학생들이 변하고 있다. 학생들의 변화가 수업에서 느껴진다. 학생들이 시대에 따라 바뀐다고 해도 수업의 본질은 변하지 않는다. 다만 학생들을 지도하는 방식이 바뀔 뿐이다. 수입은 교사의 의무이다. 그래서 운동장과 체육관에서 수업을 잘하기 위해, 학생들이 교사의 필요를 존중하고 교사가 학생의 필요를 존중하는 수업의 조건을 만들어 내려고 노력한다. 교사와 학생이 서로의 필요를 존중하는 일은 쉽지 않다. 그래서 '교사가 자신의 수업에 어떤 시선을 갖는가?'가 중요하다고 생각한다.

교사가 수업을 보는 관점이다. 수업에서 보려고 하는 것만을 선택해서 보는 눈이다. 따라서 교사의 관점에는 선택되지 않는 다른 것을 보지 못한다는 의미도 이미 포함되어 있다. 교사마다 수업을 보는 관점이 다른 이유는 관심을 갖고 바라보려는 의도와 선택 기준이 다르기 때문이다. 솔직히 말해서 교사는 경험한 것 중에서 보고 싶은 것만 본다. 내가 경험하지 않았거나 보고 싶지 않은 것은 보이지 않는다.

교사들은 모두 수업을 두 눈으로 보지만 보는 것도 다를 뿐만 아니라 잘못 보는 것도 많다. 올바르게 보는 것도 중요하지만 잘못 보지 않는 것은 더 중요하다. 수업에서 만난 학생 행동의 현상만 보고 마치 학생의 본질을 본 것처럼 착각하고 오해할 경우, 자칫 엉뚱한 생각이나 치명적인 행동을 끌어낼 수 있다.

교사들은 평범한 사람들이 볼 수 없는 학생들의 아픔과 상처를 읽어 내야 한다. 그리고 수업에서는 보이지 않지만 학생들을 움직이는 수업 이면의 구조적 관계를 통찰하는 눈이 필요하다.

멀리 바라보는 시선

첫째, 망원경처럼 멀리 보는 시선이다. 미래학자의 관점으로 체육수업을 바라보면서 신체활동과 스포츠의 변화 추세나 체육교육의 이슈를 미래적 관점에서 보고자 하는 시선이다. 망원경은 망망대해를 바라보면서 미지의 세계를 동경하는 희망의 안경이다. 다만 체육교사가 수업에서 학생들에게 어떤 꿈을 갈망하느냐에 따라 미래는 자기가 보고 싶은 대로 채색될 수도 있다. 또한 망원경으로만 수업을 바라보면 학교체육의 현실을 무시한 이상주의자가 될 수 있다.

학교체육에서 체육수업의 마무리는 어떻게 이루어지는 것이 좋을까? 이런 의문이 들곤 했다. 학생들이 열심히 체육수업에 참여하고 기량을 향상시킨다. 학생들이 신체능력을 향상시키기 위해 노력하는 가운데 정서적 경험도 한다. (중략)

난 3일째 학생들의 구기대회 예선전을 치르면서 학생들이 수업시간에 배운 핸드볼보다 더 많은 내용들을 여러 친구들 앞에서 경기를 통해 배우고 있음을 본다. 학급을 대표하여 선수로 뛴다는 것이 어떤 느낌인지 그리고 선수를 응원하는 관중의 태도가 어떤 것인지 느끼고 있다. 선수로서 뛰는 학생들의 모습도 아름답지만 그들을 응원하는 학생들의 모습도 정말 멋지고 아름답다. "2반 최고 짠짠짠 짠짠." "괜찮아! 괜찮아!" 학생들의 목소리에서 올해의 구기대회는 체육수업의 꽃이라는 느낌이 들어 체육교사로서 행복하다.

_2010. 7. 14. 나의 수업일기

현실을 보는 시선

둘째, 현미경처럼 학교체육의 현실을 보는 시선이다. 체육수업을 학교 체육의 현실주의적 관점으로, 지금 학교현장에서 일어나고 있는 학교스 포츠클럽이나 수업 문제를 중심으로 관찰한다. 현미경은 교사와 학생이 함께하는 체육수업의 현실을 구체적으로 자세히 들여다보고자 하는 시 선이다. 이 시선으로 수업을 보면 현재 체육수업의 문제와 학교스포츠 이슈를 이해하고 정확하게 들여다볼 수 있다. 따라서 해결 방법도 현장 지향적인 방법이 나올 수 있다. 즉, 교사가 어떤 시선으로 바라보느냐에 따라 동일한 문제도 다르게 이해되고 다른 해결 방법이 요구된다. 그러 나 현미경적인 시선만 갖고 체육수업과 학교스포츠 세상을 들여다보면 미래 스포츠와 미래 사회의 변화와는 무관하게 현실 수업 문제에만 매 몰될 수 있다.

> 교구가 학생들이 학습 과제를 수행하는 데 영향을 미친다. 공 을 두려워하여 팀 동료가 던지는 패스를 받지 못한다. 핸드볼 패스 게임에서는 중요한 기초 기능인 캐치 능력을 학생들이 익히지 못했 다. 중학교 수준에서 다 습득했어야 하는 능력이지만 습득하지 못 해 게임 수행에 어려움이 있다.
>
> 물론 남학생이나 여학생 모두에게서 나타나는 현상이다. 그래 서 학생들에게 기초 기능인 패스와 캐치를 다시 연습시켰다. 과제 수행을 위한 교구가 변화되어 패스와 캐치 연습에 적극적으로 참여 한다. 여학생들은 공의 색깔이 마음에 들고 자신들이 던지기에 알 맞은 크기라고 좋아한다. 공을 던지는 사람도 골문에서 슛을 막는 사람도 즐거운 표정이다. … _2010. 4. 14. 나의 수업일기

1%의 가능성을 보는 시선

셋째, 만화경을 갖고 신체의 역동성과 다양한 가능성을 품고자 하는 시선이다. 스포츠와 수업시간 신체활동의 다채로운 변화가 만들어 내는 경이로움과 불가능을 가능하게 하는 도전적 몸짓을 감상하고 수행하는 데 주력하는 관점이다. 만화경이 보여 주는 스포츠와 체육수업의 기적 같은 신체활동이 만들어 내는 가능성은 인간의 환상을 담은 헛된 꿈이고 희망일 수 있다. 만화경 같은 시선으로 수업을 바라볼 경우, 변화의 본질을 망각한 지나친 환상이나 기적 같은 1%의 가능성에 사로잡혀 현실을 간과할 수 있다. 세상의 변화에 따라 체육수업에서 학생들이 요구하는 '욕망'을 정확하게 간파하면서도 수업의 현실 세계가 원하는 '희망' 사항을 무시하지 않아야 한다. 무엇보다 체육수업 현실 너머의 신체활동 세계를 꿈꾸는 학생들의 '열망'을 포착하는 마음의 시선이 필요하다.

점심시간에 1학년은 핸드볼, 2학년은 얼티미트 게임을 한다. 체육시간에 모둠별로 팀 게임을 하게 하였다. 그리고 학급별로 상위 1, 2 모둠 팀을 모아 챔피언스 리그를 진행하는 것이다. 학기 말에는 학생들이 수업에 흥미를 잃어 과제 수행이 쉽지 않다. 그래서 이때 잃어 가는 활력을 끌어 올려 학교에 기운을 넣는 것도 게임을 진행하는 중요한 목적이다.

여학생들이 체육시간에 지도받은 기량들을 마음껏 펼치고 있다. 잠시 열기와 열정이 잦아들 수도 있는 시기에 챔피언스 리그로 학교가 들썩인다. 학생들의 함성이 학교를 가득 메운다. 서로 함성을 지르고 멋진 장면에서는 열렬히 박수를 보낸다. 응원하는 친구들은 경기장에서 선수로 뛰는 친구들과 하나가 된다. 학생들은 승부를 예측할 수 없는 스포츠 경기이기에 더욱 집중한다. 게임의 과정에 최선을 다하는 학생들의 모습이 참 보기 좋다.

_2016. 7. 15. 나의 수업일기

안을 깊이 들여다보는 시선

넷째, 내시경처럼 안을 깊이 들여다보는 시선이다. 내시경은 체육수업의 내부를 보는 거울이다. 내시경은 교사의 육안으로 볼 수 없는 체육수업의 내부를 작은 거울과 기계적 원리를 활용하여 보려는 시선이다. 마음을 들여다보고 비추어 본다는 은유적 의미의 안경이다. 체육교사가 수업에서 원하는 꿈과 비전, 직면한 문제를 해결할 수 있는 능력은 이미 교사 안에서 꿈틀거리고 있다. "꿈은 꾸어 오는 것이지만 체육교사가 진정으로 원하는 꿈을 누군가에게서 꾸어 오기 위해서는 수업에서 학생들을 통해 꿈꾸고자 하는 열망이나 욕망이 교사에게 내재되어 있어야 한다는 관점이다." 다른 사람에게서 꾸어 오는 꿈이지만 결국 내 안에 그런 가능성의 꿈이 존재하지 않는다면 꿈꿀 수 없다는 것이다.

> … 더 중요한 목표는 학생들의 정서적 경험과 수업 과정에 있다. 배면뛰기를 전혀 하지 못하던 학생이 두려움과 공포의 상태에서 벗어나 한 걸음 한 걸음 높이뛰기 바를 향하여 움직이게 하는 것이다. 보지 않고 뒤로 바를 넘어야 한다는 것, 늘 앞만 보고 행동을 하였던 학생들, 그들에게는 부자연스럽고 어려운 동작이었을 것이다. 그런데 벌써 5차시, 수업을 진행하였다. 학생 40명 중 15명 정도가 135cm를 가볍게 뛰어넘는다. 과반수의 학생들이 학습 목표에 도달하고 있는 모습이 보인다. 문제는 아직도 도움닫기 발의 리듬을 맞추지 못하는 학생도 있고, 여전히 가위뛰기를 하는 학생이 수업시간에 있다는 사실이다. … _2011. 3. 28. 나의 수업일기

본질을 꿰뚫어 보는 시선

다섯째, 투시경처럼 본질을 꿰뚫어 보는 시선이다. 교사가 자신의 수업에서 보이지 않는 것을 꿰뚫어 볼 줄 아는 안경이다. 교사에게 투시경이 필요한 이유는 수업에서 학생들이 보이는 행동이 전부가 아니기 때

문이다. 수업에서 학생의 겉으로 보이지 않는 것을 볼 줄 알아야 비로소 안목과 혜안을 갖게 된다. 보이는 것은 보이지 않는 것에 의해 겉으로 드러난 현상이나 징후일 뿐이다. 보이지 않는 것을 볼 줄 알아야 착시나 착각을 방지할 수 있다. 수업은 보이지 않는 것이 보이는 것을 움직인다. 보이는 것을 보고 그것을 움직이는 이면의 힘을 간파할 수 있으면, 교사는 보이는 현상에만 주목해 의사결정을 하거나 행동하지 않을 수 있다. 좀 더 숙고하면서 이면의 힘을 이해하려는 노력을 포기하지 않을 때, 마침내 보이지 않는 힘이나 구조적 관계가 눈에 들어온다.

수업의 성공과 실패를 결정하는 요인은 무엇일까? 전제는 가르치는 교사는 학습자의 과제 수행을 위해 학습환경을 준비해 놓아야 한다는 것이다. 그리고 수업의 성공을 학습자가 과제 수행을 위해 적극적으로 움직이는 것, 또한 과제 수행에 참여할 기회를 많이 갖는 것에 둔다. 나는 20여 년 넘게 운동장이나 체육관에서 학생들에게 체육을 가르치면서 생각한다. 반복되는 수업에서 어떤 경우에는 학생들이 한 시간 동안 적극적으로 움직이고, 교사와 학생 사이에 서로 소통하고 있구나 하는 생각이 들어 행복하다. 반면에 도대체 이 학생들은 과제 수행을 하는 것일까, 가르치는 교사는 왜 이렇게 불행한가 싶은 경우도 있다. 학생들이 다니는 학교가 같고, 학습 과제와 환경도 동일하다. 가르치는 나도 같다. 그런데 이들이 수업시간에 보이는 모습이 극과 극이다. 열정을 보이는 아이들, 세상 모든 게 귀찮은 아이들, 이들을 그렇게 행동하게 하는 그 힘은 마음이다. 무엇인가에 최선을 다하고자 하는 마음이 있는 아이들, 삶의 목표와 의지가 있는 아이들이다. 내가 어떻게 그들에게 마음을 갖게 해 줄 수 있을까. _2013. 9. 26. 나의 수업일기

학생을 가르치는 것은 학생의 성장과 변화를 포착하는 망원경으로 미래를 내다보는 과정일 뿐만 아니라 현미경으로 지금 학생이 서 있는 운동장에서 학생들이 수행하는 신체활동의 현실을 구체적으로 들여다보는 과정이기도 하다. 교사는 만화경으로 변화무쌍한 수업에서 학생들이 보이는 다양한 변화상을 간파하면서도 학생 변화의 본질을 감지해야 한다. 나아가 교사는 학생의 신체활동 내면에 잠재된 욕구와 욕망을 들여다보는 내시경을 지니고 있어야 한다. 또한 학생들의 보이지 않는 신체활동의 측면과 정서적 세계를 꿰뚫어 보는 투시경도 지니고 있어야 한다.

교사는 현미경으로 수업의 현실을 구체적으로 들여다보는 방법을 부단히 배워야 한다. 또한 망원경으로 체육수업 속에서 학생들의 신체활동의 먼 미래의 변화 추세를 읽어 내는 능력을 배워야 한다. 앞으로 학생들이 살아가며 자신의 이상을 펼쳐 나갈 세상의 변화무쌍함을 읽어 내는 만화경도 교사가 꼭 지녀야 할 관점이 아닐 수 없다. 나아가 내시경으로 학교 수업과 교육의 본질적 내면을 들여다보면서 자기 성찰과 사색의 거울로 삼아야 한다. 끝으로 교사가 가지고 있는 투시경으로 과제 수행을 실천하는 학생들의 보이지 않는 내면을 꿰뚫어 보는 능력을 배워 나갈 때 좋은 교사의 길을 걷게 될 것이다. 교사가 어떤 관점에서 수업과 학생을 바라보느냐에 따라 수업 현상은 전혀 다르게 이해되고 해석될 수 있다. 그러므로 교사의 시선, 즉 관점이 중요하다.

수업이라는 공간에서 학생을 가르치는 교사는 다양한 시선을 갖고 남다른 생각을 할 수 있어야 한다. 남다른 생각을 하려는 나는 끊임없이 수업일기라는 거울에 나를 비추어 수업 일상을 반성한다. 오늘은 어제와 다르게 수업을 생각하고 가르쳤는가? 학생들의 학습 무기력은 어디에서 오는 것인가? 나는 이를 어떻게 극복해 내려고 노력하고 있

는가? 내일의 수업을 위해 오늘 나는 무엇을 준비하고 있는가? 수업일기에 내 모습을 비추어 보며 나 자신의 생각과 행동의 변화를 반추해 본다.

수업일기의 기록은 나에게 어제와 오늘 그리고 내일의 수업을 다르게 볼 수 있는 망원경, 현미경, 만화경 같은 시선을 제공한다. 망원경, 현미경, 만화경이 모두 들어 있는 거울이 바로 나의 수업일기다. 수업일기 속에는 현재 학생들을 지도하면서 수업의 미래를 예측하고자 노력하고 고민하는 교사의 모습이 있다. 수업의 미래를 예측하려는 망원경이 들어 있다. 또한 수업에서 만나는 학생들과 교사의 현실을 자세하게 들여다보고자 하는 현미경이 있으며, 시시각각 변화하는 세상과 그 속에서 살고 있는 학생들의 세상을 점검하려고 하는 만화경도 들어 있다.

수업일기는 나를 비추는 반성의 거울이며, 수업 세상을 다르게 비춰보는 전망의 거울이기도 하다. 수업을 기록하는 교사는 여러 시선으로 수업에서 학생들의 다양한 가능성을 찾아보는 교사이다. 수업은 교사의 시선대로 보인다. 여기서 시선은 세상과 수업을 바라보는 관점이다. 이 관점은 교사가 어떤 안경을 쓰고 보느냐에 따라 달라진다.

교사의 분노,
학생들을 과제 수행에서 달아나게 하다

나는 수업에서 학생들과 만나면서 그들의 말과 태도, 행동으로 인해 분노한다. 하지만 그 분노를 밖으로 표출하지 않으려 애쓴다. 교사가 분노를 표출하는 순간, 수업은 엉망이 된다. 교사가 해야 할 역할은 학생들을 수업시간에 가르치는 것이다. 가르치는 행위를 방해하는 주요한 감정이 분노이다. 학생들의 태도와 행동으로 인해 내가 분노하는 일이 발생하지 않으면 가르치는 일이 즐겁고 행복하다. 그러나 수업에서 만나야 할 학생이 너무나 다양하고 숫자도 많다.

영희, 교사의 과제 수행 지시가 없어도 언제나 바로바로 학습에 임한다. 지영, 교복 차림이고 5분 정도 늦는 것은 습관이다. 교사의 눈치를 보며 과제 수행을 기피한다. 철수, 친구들을 선동하여 체육시간마다 '축구'를 외친다. 체육시간은 교과시간이고 학습을 해야 하는 시간이다. 학생들은 체육을 놀아야 하는 시간으로 생각한다. 그러나 교사는 학생들을 가르쳐야 하는 시간이다. 그래서 '학생의 놀이 욕구'와 '교사의 의무'라는 상충되는 이해와 욕구는 언제나 충돌할 수 있다. 특히 국어, 영어, 수학 같은 주지 교과가 아닌 체육교과는 학생들의 자유로운 놀이 욕구와 아무것도 하지 않으려는 습관화된 무기력의 벽을 넘어서야 한다. 체육수업은 학생에게 신체활동의 기쁨을 제공하면서 또한 배움을 실천하도록 해야 하는 어려움이 늘 함께한다.

> 힘든 학생들이 있다. 난 그들을 어떻게 지도해야 할까? 수업 활동에서 친구들과의 과제 수행이 어떤 행동인지 전혀 모르는 듯한 행동을 한다. 팀 동료가 신체적 능력이 우수한 자신의 수준에 부합하지 못하는 행동을 하면, "장애인, 병신, 뭐 하는 거야. 발이 어디 아파. 똑바로 하란 말이야." 하며 매우 거칠게 말한다. 저런 학생으로 인해 한 팀의 9명 선수가 팀 경기를 배울 기회를 갖지 못한다면 불행한 일이다. 교사인 내가 적극적으로 개입하여 학습의 장에서 그러한 말과 행동을 없애야 한다. 게임 중에 몇 번 경고를 했음에도 같은 행동과 말을 반복한다. 수업 끝나고 그 학생을 따로 불러 주의를 주었다. 그런데 그 끝에 "그냥 나와 있으면 되죠"라며 나의 취지를 이해하지 못한 이야기를 한다. …
>
> _2010. 4. 23. 나의 수업일기

교사인 나에게 학생의 성장을 돕고 그의 삶을 풍요롭게 하는 데 공헌을 했다는 경험과 느낌은 특별하다. 수업에서 가르침을 통해 학생이 무언가 새로운 것을 몸으로 받아들여서 자신과 세계에 대한 이해를 넓혀 가거나 깊이를 더해 가는 모습을 보고 있으면 무척 행복하다.

> 3반 학생들의 수업 태도는 진지하고 적극적이며 아름답다. 이 학생들은 수업에서 과제 수행을 하는 모습이 최고다. 교사라면 학생들에게 기대하는 모든 모습이 그들에게 있다. 실수하는 친구에게 "괜찮아"라고 위로하는 말. 자신의 실수에 대해 팀원들에게 "미안해"라고 하는 말, 팀 전체가 게임에 들어가기 전 작전회의와 파

이팅, 게임 진행에서 보이는 성실함 등. … 교사인 내가 수업에서 이루어 내고 싶은 모습이다. 내가 하는 일은 극히 미미하지만, 그들이 수업에서 이루어 내는 일은 대단하다. 교사가 이야기하는 일들에 그들이 수업 속에서 도달하고 있다. 그들의 열정이 나를 행복하게 한다. 교사도 산다는 것에 대한 신념을 강화시켜 준다. 좋은 교사로 서고자 하는 나를 신나게 한다. _2011. 10. 19. 나의 수업일기

한편으로 학생들을 수업에서 만나 가르치는 일은 낙담이나 실망을 넘어 '분노'를 가져다준다. 나는 체육시간에 신체적·정신적으로 가치 있는 활동을 가르치려는 열정에 가득 차 있는데, 학생들한테서 그만 한 열의를 불러일으키지 못해 마음에 상처를 입는 일도 많다.

　　… 10여 분이 지났다. 그래도 아직 수업에 나타나지 않는 학생들이 있다. 기다렸다. 다만 학생들이 모두 수업에 참여하기를 기다린 것이다. 교복을 입고 나타났다. 그래서 체크하기 위하여 번호를 물었다. "19번이요." 하고 대답하였다. 학생들이 웅성거린다. "19번 있는데." 하는 소리가 들린다. 나는 순간 분노가 일었다. 수업에 지각하고 교복을 입은 것까지는 이해했다. 그런데 자신의 잘못을 많은 학생이 보고 듣고 있는데 표정 변화 없이 거짓말을 하다니, 난 "이런 나쁜 새끼가 있나. 야 이 XX야. 어떻게 그렇게 수 있나? XX야. 너 같은 놈은 이 사회에서 정말 악이 될 거야. 용서가 안 돼." 하며 분노가 폭발하였다. … 그렇게 분노를 표출해야 했는가? 많이 반성했다. 내가 교사인데 정말 부끄러운 일이다.

_2015. 8. 26. 나의 수업일기

교사가 마음을 담아 준비한 과제를 수행하기는커녕 "전 다칠까 봐 못
해요. 생리입니다. 내성 발톱이라 못 움직여요." 하며 달아난다. 체육복
을 입지 않거나 10여 분씩 지각하는 행동으로 저항한다. 또한 하기 싫
은데 교사의 지시로 억지로 하거나 과제 수행을 금세 기피하거나 원인
을 알 수 없는 무관심을 보이거나 아예 드러내 놓고 적대감을 보이는 학
생들도 수업에서 심심찮게 만난다.

　　… 세진이가 전 수업에서 팀 동료에게 '에이씨X'를 달고 있어
　　수업에 참여를 중지시켰다. 오늘 그의 모습도 역시 예의 없기는 마
　　찬가지다. 그래서 그의 행동을 애써 무시하면서 팀을 이끌며 수업
　　을 했다. 그런데 수호가 오늘은 말썽이다. 사사건건 불만이고 이유

가 많은 학생이다. "야, 선생님 태클해 버려. 드리블 XX야. 선생님은 순 편파적이야. 선생님 반칙이잖아요. 아이 씨X 나 안 해." 하며 결국은 경기장을 벗어난다. 내가 경기를 시작하기 전에 팀 경기는 팀원들이 자기 역할을 성실히 해낼 때 목적을 달성할 수 있다고, 서로 격려를 하며 게임에 임할 것을 강조했는데, 그의 태도는 나를 정말 분노하게 했다. _2010. 5. 7. 나의 수업일기

이런 일이 수업에서 생기면 그러한 언행을 한 학생으로 인해 화가 나고 분노가 일어난다. 왜냐하면 수업에서 학생들에게 무언가 가르치고 학생이 이를 배우는 것이 교사에게 중요한 문제인데, 이를 방해받거나 거부당했다고 느끼기 때문이다. 교사가 수업에서 자신을 희생해서라도 하나라도 더 가르치려고 열과 성을 다하는데, 학생들이 특별한 이유도 없이 거부한다면 그것만큼 '화'나고 슬픈 일은 없다.

학생들의 몸과 마음에 아로새겨진 무기력증은 쉽게 극복되지 않는다. 강력하게 처리하기 시작하면 계속 강도를 높이게 된다. 그리고 내가 학생들을 통제하게 된다. 나의 마음속에 싹트는 통제 욕구가 두렵다. … 4개 팀 중 2개 팀이 연습에 전혀 성의를 보이지 않는다. 그들의 몸에 밴 무기력증이 운동장에서 그대로 드러나는 듯했다. 나는 순간 생각했다. '그냥 넘어갈까, 말로만 다시 타이를까? 아니 자극이 필요해.' 나는 엎드려 놓고 배턴으로 가볍게 한 대씩 때려 주었다. 그리고 그들을 학습에서 제외하였다. 이러한 본보기가 있었는데도 나머지 팀도 열의가 없다. 그래서 난 더 이상 과제를 수행하게 하는 것이 의미가 없다고 생각하여 학습을 중지시켰다.
_2013. 9. 25. 나의 수업일기

내가 수업에서 느끼는 분노는 교사로서 자기 요구의 실현을 부정 및 저지당하는 것에 대한 저항의 결과로 생기는 '마음의 화'이다. 내가 학생을 혼내거나 교훈을 안겨 줄 목적으로 '화'를 내는 행동은 거의 아무런 소용이 없다. 화와 분노는 수업에서 학생과 나 사이의 관계를 망가뜨린다. 단순히 문제행동을 한 학생과의 관계뿐 아니라 수업에 존재하는 모든 학생과의 관계에 금이 가게 한다. 학생에게 드러내는 화는 교사의 내적 감정과 학생의 잘못된 행동의 수정이라는 것을 알리는 감정이 아니라 비난의 화살을 학생에게 날리는 단순 행동처럼 보일 수 있다. 화를 드러내 학생과의 관계에 금이 가면 준비된 수업도 끝이다. 화가 치솟아 마음에 큰 파도가 일렁이면 학생을 잘 가르칠 수 없다. 수업은 파국으로 치닫고 마음은 지옥이다. 수업에서 교사가 느끼는 '화'는 내부에서 부글거리며 한껏 부풀다 갑자기 '펑' 하고 터져 버리는 감정이다. 그리하여 교육적 효과를 터무니없이 반감시키는 주술사의 신비한 약 같은 것이다. 교사에게 '화'란 학생 행동과 수업에 전혀 유익하지 않은 무모한 약물에 비유될 수 있다. 그러므로 나는 수업을 해야만 하고 학생과의 관계가 파괴되는 '화'를 내지 않기 위해 무진 애를 쓴다. 그래도 가끔은 이성을 잃게 하는 분노가 나를 삼켜 버린다.

수업에서 만나게 되는 '화와 분노' 어떻게 다스릴 수 있을까?

"'가르치고 배우는 시간'이란 교사는 학생을 가르칠 수 있고, 학생은 배우고자 하는 의지가 충만한 시간을 의미한다"토머스 고든, 1974고 했다. 수업이라는 시공간에서 학생들 모두가 교사를 비하하고, 무시하고, 오해하고, 모욕하지는 않는다. 정말 말을 듣지 않고 반항하는 일부의 학생들로 인한 분노로 수업 운영에 어려움이 가득 생긴다. 화와 분노는 학생과의 관계를 손상시키고 교사의 의무를 망각하게 한다. 따라서 화로 인해 학생과의 관계 단절이 생기지 않도록 마음을 다스리려 노력한다.

> … 하지 않으려고 하는 학생들, 보수, 수연은 엑슬라이더 위에 올라서지 않는다. 난 그러한 학생들에게 더 이상 이야기를 하지 않는다. "선생님, 전 다칠까 봐 할 수 없어요"라고 이야기하는 보수에게 과제 수행을 강제할 수 없다. 내가 교사이기에 학생을 긍정적으로 바라보려는 태도를 가지고 있기에 거친 말이 나오지 않는 것이다. 정말 화가 난다. 그런데 그는 앞으로 자신의 미래가 어떨지 모르는 듯하다. 아니면 자신의 미래가 너무나 명백하기에 조금은 포기한 것일까. 자신을 포기한 그 학생이 나를 함부로 대하는 데 화가 나는 것이다. 교사인 내가 그 학생에게 그러한 평가를 받는 것에 대해 분노한다. … _2018. 9. 13. 나의 수업일기

무엇보다 교사 학생의 관계가 중요하다. 무엇을 가르치는가, 어떻게 가르치는가, 누구를 가르치는가보다 중요하다. 체육수업이라는 시공간에서 가르치고 배우는 과정이 저항과 기피가 없이 이루어지려면 교사와 학생 사이에 특별한 관계, 일종의 유대감, 연결고리, 끈끈한 애정과 신뢰 같은 것이 존재해야 한다. 체육시간에 학생들이 과제 수행을 위한 가르침에서 교사의 필요를 존중하고 교사가 학생들의 필요를 존중하는 관계를 만들어 낼 수 있어야 한다. 그것이 핸드볼이건 배드민턴이건 인라인 스케이트이건 BB탄 사격이건 이어달리기이건 간에 재미있고 신나게 가르칠 수 있다.

수업에서 교사가 학생을 상대로 '화'를 내고 분노를 표출하는 일은 누구에게도 의미가 없다. 그러나 수업 상황에서 학생의 언행으로 인해 교사는 화를 내고 분노를 표출하게 된다. 교사의 지시를 불이행한 학생과 수업의 규칙을 지키지 않은 학생을 상대로 혼을 내거나 교훈을 안겨 줄 목적으로 화를 내지만, 거의 아무런 소용이 없다. 다만 학생들에게 교사가 어떤 일 때문에 '화가 났구나' 하는 정도의 메시지를 던질 수 있을 뿐이다. 이러한 교사의 감정 전달도 극히 일부의 학생들에게 전달될 뿐이고, 다수의 학생들은 '선생님 왜 저래?' 하는 분위기가 된다. 학생의 그릇된 행동과 태도에 교사가 '화'가 나고 '분노'했지만 학생의 잘못된 언행은 학생들의 뇌리에서 사라지고 오직 교사의 일그러진 분노만 남는다.

수업 공간에 있는 모든 학생들이 과제를 적극적이면서 흥미를 가지고 수행할 준비가 된 것은 아니다. 어떤 학생은 주말 내내 부모로부터 꾸지람을 들어 기분이 엉망진창일 수 있고, 또 다른 학생은 학교를 다닐 이유가 없어 모든 것이 귀찮고 짜증 날 수도 있다. 그래서 학생들은 자신이 처한 상황에 따라 수업에서 교사에게 저항하는 학생, 과제를 기피하는 학생, 규칙을 무시하고 나 몰라라 하는 학생, 모든 것에 무기력한 학생이 된다. 즐겁고 행복한 학생이 아닌 수업이 재미없고 즐겁지 않은 학

생이 뱉는 말과 거친 행동이 교사에게 '화'를 일으키고 분노를 표출하게 한다.

교사의 분노 표현은 수업을 관리하려는 게 목적

교사가 경험하는 분노는 자신의 요구가 부정당하거나 저지당하는 것에 대한 저항의 결과로 생기는 감정이다. 분노 역시 다른 감정과 마찬가지로 교사가 수업에서 느끼고 경험할 수 있는 많은 감정 가운데 한 부분이다. 교사에게는 학생들이 행복해하는 모습을 보고 기쁨을 누릴 권리가 있듯 분노를 느낄 권리도 있다. 분노는 나쁜 감정이 아니다. 다만 수업에서 학생들을 가르쳐야 하므로 화를 내야 할 때가 극히 적고 화를 참아야 하는 순간이 많은 것뿐이다. 특히 수업시간에 화를 낼 때는 분노에 기반을 둔 교사의 행동이 어떤 결과를 낳을지 충분히 판단한 후에 분노를 표출해야 한다.

> … 여학생들이 과제 수행에서 보이는 모습과 태도는 나를 몹시 실망시킨다. 오늘도 ○반 연수가 방아쇠를 당기는데 총알이 나가지 않는다고 이야기했다. 그래서 확인하니 총 끝으로 테이블을 툭툭 쳐 탄창이 빠진 것이다. "테이블을 탁탁 치지 말아야지." 하니까 연수가 매우 불쾌한 표정으로 나를 본다. 순간 그 모습을 보며 버럭 '화'를 내고 싶은 욕구가 생겼지만 무시하고 넘어 갔다. 혹 내가 잘못 보고 잘못을 지적했을 수 있고, 탄창을 꼭 끼지 않아서 빠졌을 수 있기 때문이다. 학생들을 지도하는 순간순간 교사는 짧지만 깊은 생각을 하며 행동해야 한다. _2018. 4. 16. 나의 수업일기

교사가 화를 낼 때는 주로 학생을 통제하거나 학생들의 잘못된 행동으로 이끌려 가지 않으려는 의도가 숨어 있다. 수업이라는 상황에서 교사가 자신의 신념과 의지를 가지고 지도하려면 학생들을 자신의 요구 안에 두어야 한다. 즉, 수업에서 교사가 가르치고 학생이 배우기 위해서 일정 정도 서로가 허용하는 한계치가 있다. 교사와 학생이 서로 허용하는 정도는 학생이 처한 상황에 따라, 학생의 능력과 태도에 따라, 그리고 교사에 따라 다르다. 모든 교사와 학생에게 언제나 똑같이 일관성 있게 적용될 수 없다. 그래서 '화'란 감정이 혼란스럽기도 하다. 분명한 것은 수업에서 교사와 학생이 서로의 필요를 존중할 때 '화'와 '분노'도 이해되고, 그 목적한 바를 이룰 수 있다는 것이다.

수업에서 학생들이 보이는 언행으로 교사가 '화'가 나는 경우

- 자주 10분씩 지각하면서 교복을 입고 당당히 수업에 나오는 영희
- 욕설을 입에 달고 있으며 친구에게 힘을 과시하는 철수
- 과제 수행에서 눈치를 보면서 반복적으로 회피하는 순희
- 아프다는 핑계로 과제 수행에 참여하지 않고 의자에 앉아 잠만 자는 수진
- 반복된 과제 설명 때는 수다만 떨다가 과제 수행을 하라고 할 때마다 "어떻게 해요?"를 묻는 지희
- 교복 입고 나온 것을 지적하자 친구들이 빌려주지 않아서 체육복을 입지 못했다고 자신의 잘못이 아닌 듯이 이야기하는 하늘
- BB탄 사격수업에서 탄창을 잘 넣으라는 교사의 반복 설명에도 듣지 않고 탄창을 거꾸로 넣어 "선생님, 총에서 총알이 나가지 않아요"라고 이야기하는 지순
- 과제 수행을 지시하자 "제가 다치면 선생님이 책임지실 건가요?"

하며 과제 수행을 하지 않겠다는 수진

- 과제 수행을 하지만 얼굴과 행동에 짜증이 묻어나 있는 주란
- 수업이 시작되었는데 특별한 사유 없이 수업에 모습을 보이지 않는 유정
- 늘 입에 XX와 '재수 없어'가 떠나지 않지만, 교사의 "새끼야~"에는 눈을 부라리며 덤비는 덕진
- 교과세부특기사항에 써 준 내용에 대해 이의 제기하며 내용 수정을 요구하는 수정
- 과제 수행의 연습에는 무관심하면서 평가에서 'C'를 받자 왜 자신이 'C'인지 항의하는 희영
- 인라인 스케이트 등 학습 기자재를 사용 후 아무 곳에나 버려두고 교실로 가는 지수
- 열심히 학습환경을 준비했는데, 수업 시작종이 울리고 10여 분이 지난 후 슬리퍼를 신고 나타나는 수영

체육수업이라는 공간은 교사와 관계를 맺고 있는 한 학생의 갖가지 행동, 즉 교사 앞에서 이루어지는 그 학생의 온갖 언행이 다 드러나는 곳이다. 따라서 교사는 누구랄 것도 없이 학생이 말하고 행동하는 것을 수용할 수 없어 '화'가 나기도 하고, 때론 아무 일 아닌 것처럼 넘어가기도 한다. 교사는 자신이 받아들일 수 있는 것과 받아들일 수 없는 것 사이의 연장선상에 놓인 온갖 종류의 감정을 고루 경험한다. 교사가 학생이 보이는 모든 말과 태도를 무조건 받아 줄 수만 있다면 학생으로서 더할 수 없이 좋겠지만, 교사가 언제나 그렇게 할 수는 없다. 수업을 위해 교사가 학생의 언행을 대부분 받아 주려고 애를 써도, 반복적으로 불쾌한 방식으로 행동하고 거칠게 말하는 학생에게 화를 내서는 안 되

고 분노를 표출하지 말아야 한다고 강요하기는 어렵다.

> … 신발은 신지도 않고 실내화를 신고서 나타나자 나는 "교실에서 신발 갖고 와." 했다. "저 못 뛰는데요"라고 하자 난 또다시 "교실에서 신발 가져와"를 반복한다. 여전히 실내화를 신고 나타난다. 그러고는 "왜, 저한테만 그러는데요. 차별하는 것 아니에요?" 한다. 순간 난 화가 치밀어 올라 "그래, 새끼야. 차별한다. 얘기도 안 듣고 미꾸라지처럼 이 핑계 저 핑계 대는 너랑 다른 애들이랑 똑같이 대해 주기를 바라니?" 하며 목덜미를 한 대 두 대 내려쳤다. …
>
> _2008. 9. 10. 나의 수업일기

교사가 느끼는 분노도 교사의 일부이다. 따라서 수업에서 경험하는 모든 분노를 이유 불문하고 교사이기에 무조건 표현하지 말아야 한다는 것은 지나치다. 교사가 기쁨과 행복을 느낄 권리가 있듯 분노를 느낄 권리도 있다. 다만 수업에서 학생들을 지도해야 하므로, 그 표현 방식에 있어 폭언과 폭력은 지도 학생에게 어떤 효과도 가져올 수 없기에 자제해야 한다.

수업에서 교사는 기쁨도 경험하고 행복도 만나며 슬픔으로 좌절하기도 한다. 그리고 심장이 요동치는 분노를 만나기도 한다. 분노는 결코 나쁜 감정이 아니다. 다만 교사이기에 화를 내야 할 때, 보다 교육적으로 접근해야 한다. 교사의 인격이 훌륭해서가 아니다. 대부분의 경우 교사와 학생이 만나는 수업 상황이기 때문이다. 교사가 학생들의 언행과 태도로 인한 화를 분노로 표현하지 않는 이유는 학생들을 수업 안에 두고 가르치기 위한 것이다. 그러므로 '화의 목적'을 이루기 위해 교사는 '화'의 표현과 방식을 조절해야 한다.

선생님은 여러분이 신체활동을 학습하는 것이 중요하다고 생각합니다. 그래서 이렇게 운동장에 한 시간 이상 시간 투자를 하여 트랙을 그리는 것입니다. 트랙을 그리는 이유는 이어달리기 선수가 된 듯이 트랙 위를 달리면서 여러분 각자가 신체활동 속으로 들어가 볼 수 있도록 하려는 의도입니다. 그런데 오늘 이어달리기 연습을 하는 여러분의 모습은 정말 크게 실망감을 주었습니다. 모두 합해 100m를 뜁니다. 마치 걷듯이 연습을 하는 여러분 모습을 보니 교사인 제가 잘하고 있는 사람인가 하는 의심을 스스로에게 던지게 됩니다. 여러분을 보고 있으면 교사인 내 마음이 너무 아픕니다. 내가 잘못하고 있다는 생각이 들어서….

_2007. 6 .14. 나의 수업일기

교사와 학생이 서로의 필요를 존중하는 관계가 형성되어 있어야 어떤 과제 수행도 즐겁게 이루어질 수 있다. 그래서 교사는 화와 분노로 학생과의 관계가 파괴되지 않도록 주의한다. 화의 원인이 된 그 학생을 최대한 존중하고 감정적인 비난이나 욕설을 자제한다. 그저 학생의 행동과 언행에서 문제가 된 사실만을 얘기한다. 그리고 화의 이유가 된 사실을 가지고 학생과 소통을 시도한다. 사회심리학자 캐럴 태브리스는 『분노: 잘못 이해된 감정』에서 분노가 효과적이려면 다음 다섯 가지 조건이 충족되어야 한다고 지적한다.

첫째, 화가 난 학생에게 직접 표현해야 효과적이다. 화가 난다고 물건을 걷어차거나 컵을 던지는 교사도 있는데, 아무 소용이 없다.

둘째, 통제력을 되찾고 정당한 권리를 주장하는 데 도움이 되어야 한다. 수업에서 어떤 학생이 교사의 행동을 지나치게 간섭하면, 통제력을 되찾기 위해 화를 낼 수 있다. 학생들로부터 부당한 대우를 받으면 화를

내서라도 정당한 권리를 찾아야 한다.

셋째, 내 감정을 자극한 학생이 왜 그렇게 행동했는지 그 이유와 목적을 찾아내고 그 학생의 행동을 바꿀 수 있어야 한다. 이 점은 분노의 감정을 표현하는 문제에서 중요하다.

넷째, 상대 학생에게 통하는 방식을 택해야 한다. 직설적인 표현이 효과적인 학생이 있는가 하면, 완곡한 어법을 사용해야 하는 학생도 있다. 전자에 속한 학생에게는 터놓고 솔직하게 말하면 무슨 말인지 충분히 알아듣고, 다시 좋은 사이가 될 수 있다. 반면 후자에 속한 학생에게는 화가 난 마음을 그대로 표현하지 말고 약간 부드러운 단어를 사용하는 게 좋다. 화를 내는 대신 다소 실망스럽다는 마음을 전해 주면 된다.

다섯째, 분노의 목적은 복수가 아니라 협력과 갈등 해결에 두어야 한다. 교사 자신의 뜻만 고집하고 복수한다는 생각에 사로잡혀 있으면, 화를 내지 않는 편이 낫다. 긍정적 결과를 충분히 예상할 수 있을 때만 화를 내야 한다. 만약 상대인 학생들이 이를 받아들일 생각이 없거나 교사도 복수만을 염두에 두고 있다면, 차라리 다른 방법을 생각하는 편이 좋다

수업 상황에서 예기치 않게 교사가 화를 내는 일이 발생한다. 학생들의 말과 행동이 거칠어지는 돌발적 상황에서도 교사가 언제나 공정하고, 따뜻하고, 침착하고, 차분하고, 관용적이고, 일관성을 가져야 한다고 생각한다면 교사는 실패감과 좌절감 그리고 슬픔 속에 빠져들고 말 것이다. 스스로를 결코 좋은 체육교사라고 느끼지 못한다는 말이다. 교사는 수업에서 학생들이 일으키는 문제행동을 어느 때는 허용하고 어느 때는 허용하지 않는 비일관성을 보일 수 있다. 누구나 학생을 수용하는 정도와 능력에서 시시각각 기복을 드러낼 수 있다. 교사가 수업에서 학생의 행동을 허용하고 수용하는 기복은 크게 교사 자신의 변화, 학생의 변화 그리고 상황이나 환경 변화 등의 요소에 의해 영향을 받는다.

교사가 학생 앞에서 완벽할 수는 없다. 그러나 학생을 성장시키려는 마음을 갖고 그들을 진심으로 대하고 있다는 사실만은 잊지 말아야 한다.

수업, 기록의 이유

    교사의 수업일기 쓰기는 쉽다. 대학 노트나 공책, 펜, 앉을 장소, 그리고 수업을 마치고 자신의 내면으로 주의를 돌리는 여유만 있으면 된다. 간단하고 누구나 할 수 있는 일처럼 들린다. 사실 누구나 할 수 있다. 수업일기를 시작하는 최선의 방법은 일기를 쓰는 데 잘못된 길은 없다는 것을 인정하는 것이다.

    수업일기는 자신의 현재 수업을 기록하는 것이다. 교사 인생의 모든 이정표를 묘사하고, 수업에서 잃어버린 나를 찾아 공백을 채우거나 수업의 이상을 보충할 필요는 없다.

    오늘 수업에서 나에게 남아 있는 것은 무엇인가? 준비 미흡으로 인해 학생들이 혼란스러워하던 모습인가? 아니면 과제에 집중하여 수행하는 학생들의 모습인가? 또는 학생들의 말과 행동으로 인해 상처받아 마음과 몸을 움츠리는 나의 모습인가? 바로 지금 생생하고, 따뜻하고, 가까이 있다고 느끼는 수업의 현재를 쓰는 것이다. 중요하거나 보잘것없거나 상관없다. 지금 마음에 있는 이야기를 쓰면 된다. 더 이상 다른 것이 필요하지 않다. 수업일기 쓰기는 교사 자신의 교육적 내면세계의 진실을 당혹감 없이 탐색하도록 도와준다.

'왜?'라는 질문을 던져 길을 찾는 과정이다

나에게 수업은 답을 찾는 과정이 아니라 어제의 수업에서 던진 물음과 다른 물음을 던지는 과정이었다. 수업에서 묻지 않고서는 교사인 나는 아무것도 배울 수 없었다 수업에서 다른 질문을 던지지 않으면 새로운 깨달음도 없다. 내가 아이들을 가르치면서 얻고 싶은 답을 바꾸려면 수업을 향해 던지는 질문의 내용을 바꾸어야 했다.

> 운동장을 해방된 공간으로 느끼는 아이들을 어떻게 올바른 수업 내용으로 지도해 나갈 것인가? 이 문제가 대두된다. 통제가 어느 정도 이루어져야 교사가 수업을 할 수 있는 것이 아닐까? 나는 기존의 가치에 사로잡혀 있는 것이 아닌가? 정말 아이들은 통제 속에서 가르쳐야 하는가? 의문이다. _1990. 4. 9. 나의 수업일기

물음이 있는 곳에 답도 있다. 수업의 기록에서 색다른 깨달음이 일어나려면 내 마음속에 어제와 다른 질문이 있어야 한다. 어제와 다른 물음이 있는 곳에 어제와 다른 감동의 답이 있고, 어제와 다른 질문이 있는 곳이 어제와 다른 가능성을 탐색하는 시발점이 된다. 수업에서 던지는 물음이 내가 기록하는 수업일지의 출발 신호다. 수업에서 의문이 없으면 기록도 없다. 수업을 습관적으로 반복하는 교사는 왜 그렇게 하는 줄도 모르고 무의식적으로 하게 된다. 수업 기록은 내가 왜 그렇게 하는지 물어보는 가운데 생기는 의문에 대해 색다른 답을 찾으려는 과정이다. 교사가 수업에서 던지는 질문의 성격과 방향, 그리고 정도에 따라 학생을 가르치는 질과 양이 달라진다.

아이들에게 수업 대형을 어떻게 갖추게 할 것인가?

축구공 차기에서 어떻게 하면 아이들이 공을 잘 찰 수 있게 지도할 수 있는가?

또한 공을 멈추게 하는 방법은 어떻게 지도할 것인가?

수업에서 아이들을 지도하기가 정말 어렵다. 어떻게 하면 아이들이 즐겁고 재미있게 참여할 수 있을까? 나에게는 잘 풀리지 않는 수학문제 같다. _1993. 4. 12. 나의 수업일기

교사의 수업 기록은 자신의 내면에서 울려 퍼지는 목소리를 듣고 그 목소리에 화답하려는 싸움의 결과이다. 좋은 교사는 습관에 안주하지 않고 자신과의 싸움에서 이긴 사람이다. 성공한 교사는 남보다 수업을 잘하려고 노력하지 않고, 내가 전에 한 수업보다 잘하려고 노력하는 사람이다. 자신의 수업을 반성적으로 기록하는 일은 쉽지 않다. 이는 수업을 돌아보는 기나긴 투쟁의 과정이다. 이 투쟁의 과정에서 승리하기 위해 수업의 과정에서 되묻고 반추해야 할 물음이 있다.

첫 번째 질문은 "어떤 교사가 되고 싶은가?"이다. 이것은 수업을 통해서 달성하고 싶은 이상에 관한 문제이다. 수업은 나의 신념과 교육적 실천이 일치하는 과정이다. 더욱 중요한 문제는 신념과 교육적 삶이 옳음을 지향해야 한다는 것이다. 신념과 교육적 삶, 이 모두가 나의 뜨거운 열정으로 뒷받침되어야 한다. 나는 수업을 실천하고 기록하는 교사로 직선 같은 빠른 성장과 채움보다 곡선 같은 느림과 여유, 그리고 비움을 실천하는 교사이고 싶었다. 이성적 논리와 감정에 앞서 학습자를 생각하고 나아가 긍정적 학습 경험으로 세상과 사물을 따뜻한 시선으로 보는 인간으로 성장하게 하는 체육교사가 되고 싶다.

두 번째 질문은 "무엇을 할 것인가?"이다. 이것은 "수업에서 무엇을 원

하는가?"의 문제이다. 이는 수업에서 무엇을 가르칠 것인가와 관련이 있다. 물론 교사가 가르쳐야 할 내용은 교육과정에서 제시하고 있지만 교육과정이 전부가 아니다. 교사인 내가 학생들에게 정말 가르치고 싶은 내용이 국가 교육과정에 모두 제시될 수는 없다. 수없이 반복되는 수업 실천의 과정에서 학생이 신체적 성장과 정서적 성장을 이루어 낼 수 있는 내용으로 나타난다.

세 번째 질문은 "왜 체육수업을 하는가?"이다. 이를 수업하는 과정에 대입해 보면 "왜 교사가 수업을 하는가?"에 대한 물음이다. 수업을 해야 하는 의지가 강한 교사와 의지가 약한 교사의 차이는 그것을 해야 하는 자기만의 이유에 있다. 체육수업을 잘하고자 하는 의지가 강한 교사는 가슴속에 왜 수업을 해야 하는지에 대한 강렬한 이유를 품고 있다.

네 번째 질문은 "어떻게 할 것인가?"와 관련된 문제이다. 학생을 가르치는 교사의 문제의식과 연결시키면 "그렇다면 수업에서 어떻게 가르칠 것인가?"라는 문제이다. 세상에 나보다 탁월한 교육적 식견과 안목을 가진 교사는 많다. 단순히 전공 지식의 축적과 얄팍한 기교나 수업 기술의 누적으로 생길 수 없는 것들, 즉 교육의 본질을 한눈에 파악하는 힘과 다양한 체험을 통해서 몸에 밴 훌륭한 사회적 습관, 교육 정의를 실현하기 위해 몸을 던지는 용기, 수업의 난관과 역경 속에서도 학생을 잘 지도하는 한마디로 설명하기 힘든 경험의 축적은 오랜 기간 자신의 수업 기록과 성찰적 삶을 통해 얻을 수 있다.

난 언제나 수업시간에 학생들을 가르쳐야 한다고 생각했다. 교사가 가르치지 않으면 학생들은 아무도 배울 수 없다. 그래서 교사가 가르치는 일은 의무이고 책임감이다. 교사로서 경력이 짧았을 때, 교사가 가르치지 않는데도 학생들이 배울 수 있다는 것을 상상할 수 없었다. 그러나 시간이 흐르면서 교사가 가르치는 행위가 꼭 수업에서 모든 것을 다 해야 하는 것이 아님을 알게 되었다. '학생들에게 무엇을, 왜, 어떻게 해야 하는가?'에 대한 설명을 충분히 하고, 과제에 적합한 학습환경을 조성하면 학생들은 스스로 함께 학습한다. 방원중학교 시절 대나무 춤 수업에서 학생들은 그들끼리 서로 가르치고 배웠다. 바람과 구름을 벗 삼아 아이들 모습을 보며 내가 배웠다. 학생들이 나의 선생님이 되었다. 그리고 1학년 스텝 댄스를 하는 지금, 학생들끼리 하나하나의 동작을 만들고 연습하는 모습을 보며 내가 가르치는 것보다 훨씬 더 배움이 많은 수업을 보고 있다. 가르치지 않지만 수업이 있어 난 참 행복하다.

_2018. 6. 19. 나의 수업일기

수업에 정도는 있다. 교사가 수업에 길이 없다고 이야기하는 것은 길을 찾아볼 생각을 하지 않았거나 길이 없다고 포기했기 때문이다. 아니면 길이 너무 많아서 어떤 길이 나의 길인지를 모르거나 아무도 걸어가지 않은 길이라 발견하지 못한 것일 수 있다. 수업에서 다른 교사가 가지 않은 길은 쉽게 보이지 않는다.

교사에게는 자신의 수업을 반성적으로 돌아보는 수업을 기록하는 길이 있다. 나의 꾸준함으로 찾아가야 하는 길이다. 내가 수업을 주도적으로 이끌어 가지 않으면 학생들과 다른 교사들이 나의 수업을 이끌어 가게 된다. 평생 내 의지가 아니라 타인의 의지와 명령으로 살아가게 된다면 얼마나 지루하고 재미없는 수업이 될 것인가. 나의 의지로 기존의 수업 틀을 깨고 새로운 수업의 틀을 세울 수 있어야 한다. 수업에서 나의 길을 가지 않는다면 반복적인 지루함에 갇힐 수 있다.

일상적으로 가르치는 '습관의 벽'을 넘어서는 과정이다

교사가 수업을 기록해야 하는 까닭은 어제와 다른 생각을 하며 수업을 진행하기 위해서다. 수업에서 어떻게 가르칠 것인가? 왜 가르치는가? 무엇을 가르칠 것인가? 이렇게 질문을 던지며 성찰하지 않는다면 상황이 바뀌는 미래에도 지금 가르치는 방법 그대로 가르치는 오래된 습관에서 벗어날 수 없다.

> … 올해는 2학년 학생들과 씨름하게 되었다. 남학생 5개 반, 여학생 3개 반. 난 이 학생들과의 체육수업을 새로운 방법으로 시도하고자 한다. 아직은 아무도 시도해 보지 않은 방법이다. 이론상으로는 가능하다.
>
> 1학기 영역형 경쟁 활동: 핸드볼, 풋살, 농구, 하키 등
>
> 2학기 네트형 게임 활동: 탁구, 배드민턴, 테니스 등
>
> 한 종목을 지루하게 운영하는 방법을 탈피하고 한 종목에서 실패를 경험했던 학생이 다른 종목에서 성공을 경험할 수 있게 여러 종목으로 다가갈 수 있다. 한 활동에서 경험한 전략을 다른 종목에도 전이할 수 있도록 해서 인지 능력을 향상시킬 수 있을 것이다. 2010년, 난 학생들에게 어떤 모습의 교사로 다가갈 수 있을까?
>
> _2010. 3. 2. 나의 수업일기

수업을 기록한다는 것은 자신의 수업에 시비를 걸고 수업의 근본과 근원을 따져 보는 물어봄이며, 이전의 수업과는 다른 물음을 던져 베일에 가려진 수업의 이면을 드러내려는 치열함이다. 수업의 기록은 어제와 다른 물음표를 던져 어제의 수업과는 다른 생각을 끌어내는 방법을 배

우는 과정이다. 교사들은 학생들을 가르칠 때 기본적으로 몸에 각인된 습관으로 돌아가려 한다. 이 반복적인 습관에 브레이크를 걸고 과연 나의 의지와 관계없이 무의식적으로 돌아가는 생각이 올바른 생각인가를 끊임없이 반추하는 과정이 바로 수업을 기록하는 일이다.

또 다른 이유는 학생들을 지도하면서 아무런 문제의식 없이 타성에 젖어 수업하려는 생각을 부수려는 것이다. 수업을 반성적으로 기록하지 않으면 틀에 박힌 생각, 습관적인 타성에 젖어 있는지도 모른 채 일상의 가르침에 갇히게 된다. 초임 시절 모든 것이 궁금해서 질문을 던졌지만, 경력이 깊어 가면서 수업에서 일어나는 현상이 당연해지기 시작한다. 그런데 수업에서 당연한 것은 없다. '물론'과 '당연' 그리고 '원래'에 물음표를 던져야 한다. 그래야 학생을 가르치는 수업에서 새로운 생각의 탄생이 가능하다. 교사인 나를 이전과 색다른 자극에 의도적으로 노출시키지 않으면 학생과 지도 방법에 대한 새로운 생각도 자라나지 못한다.

체육수업의 과제 수행 과정에서 소극적인 여학생에게 필요한 것은 무엇일까? 오랜 기간 동안 형성된 학습된 무기력이 있다. 스스로 학습 시간에 과제를 성취해 본 경험이 없는 학습자는 그 어떤 학습 시간에도 무엇을 어떻게 해야 하는지 모른다. ○○학생은 "선 못해요." 하며 나를 빤히 쳐다본 적이 있다. 그래도 오늘은 이 여학생이 소속된 팀도 해 보려는 의지를 나타냈다. 그래서 난 이 팀을 특별히 따로 지도했다. 팀 게임 상황에서 개인이 구체적으로 어떻게 움직여야 하는지 '상황' 속에서 연습을 시켰다. 스스로 활동할 기회가 있어도 늘 자신을 소외시켜 왔기에 배움의 기회를 갖기가 쉽지 않다. 하지만 교사인 난 무엇인가 하려는 학생들의 의지를 일깨우고, 그 의지가 사라지기 전에 '하고자 하는 의욕'에 불을 지폈다. 구체적 상황에서 각자에게 신체활동의 기회를 제공한다. 활동의 기회를 제공함으로써 배움의 기회를 갖게 한다. 여학생에게 '구체성'은 배움의 의욕을 갖게 하는 수단이 될 수 있다.

_2018. 6. 14. 나의 수업일기

교사는 학교에서 학생들을 가르치면서 왜 그렇게 생각하고 행동하는지를 자주 물어봐야 한다. 그런데 실제로는 기존에 생각하고 행동했던 방식대로 무의식적으로 가르치는 경우가 많다. 하루 일과와 일상의 큰 변화가 없는 한 우리의 삶은 반복적이다. 교사가 어제와 비슷한 방식으로 가르치고 생각해도 아무도 문제를 제기하지 않는다. 그래서 나에게 수업의 기록은 어제의 수업에서 일어난 생각을 그대로 갖고 학생을 만나는 것이 아니라 다른 방법으로 기존의 가르침에 대해 생각해 보는 시간을 갖는 것이다.

배드민턴 라켓으로, 그리고 소프트 공을 사용하여 학생들에게 테니스 수업을 시작한 것은 좋은 아이디어다. 학생들이 수업시간에 보내는 반응도 좋다. 그런데 최대의 변수는 운동장의 바람이다. 소프트 공은 바람에 날린다. 바람이 세게 불면 공이 라켓으로 보내고자 하는 방향으로 날아갈 수 없다. "바람 때문이야." "바람이." 하는 아이들의 소리가 여기저기서 나온다. …

_2009. 3. 24. 나의 수업일기

수업의 기록을 통해서 언제나 깨어 있는 교사로 거듭나야 되는 이유가 있다. 생각의 사각지대에 갇혀서 마치 내 생각이 최고이며 언제나 옳은 것처럼 착각하며 가르치는 어리석음에서 벗어나기 위함이다. 깨어 있는 교사로 사는 방법은 무엇일까. 너무 진부하고 당연하지만 자신의 삶을 소리 없이 이끌어 가는 보이지 않는 힘을 깊이 생각해 보는 시간을 갖는 것이다. 이것이 수업의 기록이다.

교사라는 본분을 지키고
덕분에 살아가는 방법을 배우는 과정이다

초임 시절 수업을 잘하고 싶은 마음에서 선배에게 조언을 구했다. 그때부터 수업을 기록하기 시작했다. 그 덕분에 교사로 성취할 수 있었으며 가르치는 일이 행복하다. 나에게 수업 기록은 수업에서 일어나는 모든 일이 덕분에 잘되고 있음을 온몸으로 깨닫고, 그 깨달은 바를 실천에 옮기는 방법을 배우는 과정이다.

자신의 수업을 매일 성찰하고 기록하는 교사는 수업에 대하여 함부로 말하지 않고 타성에 물들지 않는다. 끊임없이 자신의 수업을 돌아보는 자세를 잃지 않고 어제의 수업에서 발생한 문제점을 해결하여 내일의 수업을 준비하기 위해 부단히 노력한다. 수업을 돌아보는 덕분에 수업을 잘하게 되었다. 그래서 내가 이룬 성취를 다른 교사들과 나누고, 더불어 행복한 체육수업을 만들기 위한 노력을 게을리하지 않으려 한다.

> … 수업 환경은 학생들이 제시된 학습과제를 성취할 수 있도록 최선을 다해 준비해야 한다. 그 준비 상태는 학생들이 수업시간에 어떻게 움직이느냐에 따라 알 수 있다. 모두들 잠시 휴식을 취하며 열심히 인라인 스케이트를 탄다. "선생님, 초딩 이후에 처음인데 재미있어요. 고등학교에서 이런 거 할 줄 몰랐어요"라며 수업에 대한 반응을 보인다. 계획된 수업에서 학생들이 적극적으로 학습과제를 완수하기 위해 몸을 움직이고 즐거워한다면 이는 성공한 수업이다. 이제는 학생들에게 보다 세분화된 학습 목표를 제시해서 학습 동기를 더욱 강력히 끌어내야지. 모두들 움직이는 모습이 보기 좋다. … 김신회 샘이 나에게 제안한 수업인데 학생들이 즐거워하니 참 좋다. _2009. 5. 13. 나의 수업일기

나의 수업 전문성은 다른 교사들과의 다양한 인간적 관계 속에서 획득된 사회적 산물이자, 특정 맥락에서 만들어진 관계적 산물이다. 내가 가지게 된 수업 전문성은 독자적인 지식이나 방법이 아니라 다른 교사들의 전문성을 활용해 나의 수업 목적을 달성하는 과정에서 직간접적으로 영향을 미친 사회적 관계의 산물이다. 나의 수업 전문성은 수업 기록과 다른 교사들 덕분에 생긴 것이다. 교사로서의 전문성은 내가 몸담고

있는 학교현장, 함께 전국체육교사모임을 했던 교사들과의 다양한 관계 속에서 갈고 다듬어진 사회적 합작품이다. 지금 나의 수업 전문성은 덕택에 축적된 아름다운 성과이자 덕분에 생긴 공동의 창작품이다

나는 수업을 기록한 덕분에 나의 수업과 또 다른 체육교사들의 수업을 볼 수 있게 되었다. 그 덕분에 수업 전문가로 전문적 지식과 기술, 학교스포츠 분야의 다양한 경험을 축적하였을 뿐만 아니라 나의 전문성을 활용하여 수업 또는 학교체육 문제를 함께 해결하고 문제 상황을 극복할 수 있는 대안을 모색하는 교사로 설 수 있게 되었다.

지금도 내가 수업을 기록하고 다른 교사들과 관계를 맺는 이유는 수업에서 발생할 수 있는 학생의 아픔에 공감하면서 이를 치유할 수 있는 지도 방법과 과제를 개발하고, 학생이 성장하는 수업을 만드는 방법을 배우기 위해서이다.

교사인 나다움을 발견하는 과정이다

나는 학창 시절에 즐겁고 행복했던 체육수업에 대해 아무런 의심도 하지 않았다. 그런데 교사가 되고 나서 당연한 그 세계에 대해 의문을 갖고 다르게 생각하게 되었다. 당연한 가르침의 세계에 대해 물음표를 던져 이전과 다르게 교사의 역할을 생각해 보는 시간을 갖게 된 것이다. 내가 나의 수업을 기록하게 된 이유이다.

수업에 대한 준비가 전혀 없다. 교사의 수업 준비는 전쟁에서 병사가 들고 있는 무기와 같다. 그런데 난 요즘 수업 준비를 하지 않고 운동장에 나가고 있다. 그 원인이 어디에서 오는 것인가 냉철

하게 분석하는 일이 필요하다. 왜냐하면 지금의 상태로 수업에 임하다가는 스스로 주체할 수 없는 상황으로 갈 수 있기 때문이다. 교사인 나를 지키기 위해 그리고 아이들을 지키기 위해 준비하는 교사로 서고 싶다. 포기하지 않고 오늘을 반성하고 내일에 성실히 임하는 자세를 갖도록 노력해야 한다. 1990. 5. 31. 나의 수업일기

내가 수업을 기록하는 이유는 가르치는 교사가 되고 싶은 나다움을 찾는 데 있었다. 교사로서 자기다움은 내 수업에서 학생에게 끌려가지 않고 주인으로 설 수 있을 때 자연스럽게 드러나는, 다른 교사와 비교할 수 없는 '나다움'이다. 모두가 팔짱 끼고 운동장에서 돌아설 때 나는 학생들과 함께하는 교사이고자 하였다. 즉, 수업에서 나답게 가르치면 자기다움이 저절로 드러나고 색달라진다. 수업에서 나다움을 찾아 나답게 가르치는 방법을 배워 가는 과정이 바로 수업 기록이었다.

  이건실 선생과 함께 폐책상, 폐의자 그리고 마대 자루를 이용하여 목공실에서 20여 일 수업에 사용할 허들을 제작했다. 수업이 다 끝나고 3시 30분경부터 자르고 붙이고 하는 작업을 했다. 쓰레기통을 뒤져 부족한 마대 자루를 모았고, 책상과 의자를 전기톱으로 잘라 일정한 높이로 만들었다. 그렇게 제작한 허들로 오늘 허들 첫 수업을 하는 날이었다. 난 자랑스러웠다. 아이들의 허들 수업을 위해 내가 직접 허들을 제작했다는 사실이 자랑스러웠고, 아이들을 위해 운동장에 준비된 허들을 보면서 즐거웠다. (중략) 아이들이 허들을 향해 두려움 없이 달려 넘을 수 있는 마음을 갖게 하고 싶었다. 그리고 허들에 부딪쳐도 아프지 않게 했다. 그렇게 제작된 허들과 함께 수업을 하니 정말 기분이 좋았다. 내가 잘 지도해서가 아니

라 허들을 보는 것만으로 교사인 난 행복했다.

_1998. 8. 31. 나의 수업일기

수업에서 나다움을 찾는 교사는 자신의 존재 이유를 찾는 사람이다. 그러한 교사는 습관에 빠지지 않는다. 수업에서 끊임없이 존재 이유를 찾는 교사는 다른 교사와 비교하지 않으며 묵묵히 자신의 정체성을 드러내는 수업을 시도한다. 내가 누구인지를 안다는 것은 내가 하면 신나는 수업, 내가 하면 잘할 수 있는 수업을 알아 가는 과정이다. 또한 내가 수업에서 모르는 것이 무엇인지 깨닫는 과정이기도 하다. 이렇듯 나는 수업을 기록하며 늘 나와 직면하게 된다.

보여야 하는데 그렇지 않다. 학생들에게 나의 감정은 전혀 중요한 문제가 아니다. 학생들의 신체적 능력은 우리 사회가 추구하는 가치 그리고 사회 문화적 상황을 그대로 반영한 것이다. 학생들의 문제가 아니다. 그런데도 난 학생들의 성의 없는 태도와 그에 따른 형편없는 기록들을 보면서 슬퍼졌다. 체육교사인 내가 슬펐고, 이러한 모습으로 성장하게 하는 우리 사회가 미웠다. 그리고 대한민국의 미래가 오버랩되어 더욱 나를 비참하게 만들었다. 더 열정적으로 교육적 믿음을 가지고 학생들을 지도해야 하겠다. 아이들의 현실적 모습이 나를 슬프게 하고 기운 빠지게 해도, 사회적으로 왜곡된 구조이기는 하지만 교사의 길을 꿋꿋하게 걸어야 하겠다. 그것이 지금 상황에서 나를 버티게 하는 일이다. 나를 지키는 일이다. 교사로! _2014. 4. 7. 나의 수업일기

수업의 기록을 통해 발견하는 나다움은 기존의 교사와는 다르게 수

업을 실천하려고 노력하는 다름에서 비롯되었다고 본다. 다수의 교사가 '아나 공'과 '질서 운동'으로 갈 때 나는 다른 선택을 하였다. 수업에서 색다름은 나만의 수업 색깔에서 나오고, '남다름'은 다른 교사들과 다름에서 나온다.

> 야구수업에서 과제 수행을 변화시켰다. T 위에 공을 올려놓고 때리던 공을 토스 기계로 그리고 포물선 공으로 변화시켰다. 이러한 변화를 줄 때마다 학생들이 아우성을 친다. 자신들에게 너무 어려운 과제를 수행하라는 것이 아니냐고 한다. 아이들의 아우성은 못하겠다는 것이 아니다. 무엇인가 새로운 도전 과제를 주어 고맙다는 마음의 드러남이다. … _2016. 9. 22. 나의 수업일기

수업에서 기존의 방식에서 벗어나 달라지려고 노력하는 나는 어제의 수업과 오늘의 수업을 비교한다. 다른 교사와 비교해 남달라지려고만 하는 교사는 다른 교사의 수업과 자신의 수업을 비교한다.

나는 가르치지 않는 어제의 수업에서 가르치는 오늘의 수업 그리고 내일의 수업으로 달라지려고 다른 길을 걸었다. 그 길을 수업 기록으로 반추한다. 그래서 나에게 수업의 기록은 '아나 공'과 '질서 운동'을 넘어서려는 색다름으로 시작되어, 좋은 가르침으로 '나다움'을 찾을 수 있는 과정이다.

수업일기를 쓰기 시작하는 최초의 결심은 교사 개인의 몫이다. 결심 후에 수업일기 쓰기는 그 자체의 힘이 생겨나 스스로 정당성을 부여하며 굴러간다. 교사가 자신의 수업을 들여다보는 일기를 계속해서 오래 쓸수록, 교사 자신의 정체성과 수업 권리와 의무에 대한 감각이 강해지고, 수업일기는 교사로 살아가는 여정에 그만큼 더 필수적인 부분으

로 자리 잡게 될 것이다. 교사 누구나 수업일기 쓰기를 지속적으로 수행할 때, 교육적 삶 그 자체가 매우 놀라운 방식으로 변화될 수 있을 것이다.

체육교사가 알고 있으면 좋은 수업 팁Tip

　교사는 수업에서 아이들이 즐겁게 배워 성장하기를 희망한다. 그리고 학생들도 수업에서 신체활동을 배우고 즐겁기를 원한다. 교사와 학생, 모두가 수업이라는 공간에 서 있는 이유가 분명하다. 그러나 학생과 교사의 존재 이유가 명확하다고 해서 수업이 항상 목적을 달성하는 것은 아니다. 때론 교사가 준비되어 있어도 학생이 준비되지 않아 목적을 달성할 수 없기도 하다. 또한 학생이 준비된 순간 교사가 준비되지 않아 파행으로 가기도 한다. 교사와 학생 모두가 준비되어 있어 서로의 필요성이 존중될 수 있을 때, 수업은 완벽한 모습이 된다. 교사의 지도에 학생들은 멋진 모습으로 화답하게 된다.

　기본적으로 수업은 교사와 학생이 함께 만든다. 그러나 교사는 학생이 준비되지 않아도 언제나 준비가 되어 있어야 한다. 학생이 준비되지 않아도 수업의 시작은 가능하지만, 교사가 준비되지 않으면 수업은 불가능하다. 특히 학생이 수업에서 과제 수행을 통해 즐겁게 배우고 성장할 수 있는 기회를 갖지 못하게 된다.

신학기 첫 체육시간 팁

신학기가 되어 학생들을 만나는 일은 설렘이다. 학생들도 선생님도 모두 기대감으로 첫 시간을 기다린다. 어떤 내용과 형식으로 학생들을 만나느냐에 따라 1년간 체육교사의 모습이 결정된다. 학생들에게 좋은 교사이고 싶은 것은 모든 교사의 마음이다. 그래서 체육교사의 직분에 맞게 시작하는 것이 필요하다.

학생들은 체육시간에 무엇을 어떻게 배우고, 자신들을 가르치는 교사는 어떤 사람인가를 궁금해한다. 수업은 학생들의 궁금증에 답을 하는 방향으로 풀어 가야 한다. 초임 시절 마음은 멋진 체육교사이고 싶은데 어떻게 수업을 시작하고 마무리해야 할지 몰랐다. 그래서 체육수업에 대해 내가 알고 있는 것을 전부 토해 내듯 이야기했다. 학생은 생각지 않고 교사인 나를 보여 주기 위한 수업이었다.

오랜 시간 첫 시간을 어떻게 풀어 가는 것이 좋을까를 고민하였다. 그러다 우연히 짧은 동영상으로 제작된 백곰 애니메이션 시리즈를 알게 되었다. 그중 〈Ice Climbing〉은 백곰이 빙벽을 오르며 자신의 신체에 숨겨진 발톱을 발견하는 내용이다. 나는 "백곰이 빙벽을 오르면서 숨겨진 발톱을 발견"하듯 체육수업이란 자신의 내면에 "숨겨진 신체적 능력을 찾아내는 것"이라는 내용으로 첫 수업을 시작한다. 학생들도 몰입하고 내용도 풍부하여 여학생이든 남학생이든 수업에 모두 집중한다. 그리고 또 다른 백곰 영상 〈Running Machine〉은 백곰이 러닝머신을 몰라 좌충우돌하는 내용이다. 이 영상에 대해 학생들에게 질문하면서 '왜 배워야 하는가?'로 이야기를 풀어 간다. 이 수업은 일방적으로 교사의 이야기로만 풀어 가지 않고, 학생들을 집중시키는 재미난 백곰 영상이 있어 수업 몰입도가 높다. 그리고 학생들이 수업에 몰입하여 교사가 의도한 목적을 달성할 수 있다. 그 밖에 '골프는 규칙을 왜 지켜야 하는가?', 그리고 '접속은 왜 교사와 학생이 서로를 이해하려는 노력이 필요한가?'에 대한 이야기를 풀어 갈 만한 소재도 있다. 이 외에도 여러 편이 있다. '영상 내용을 보고 수업에서 어떻게 사용할 것인가?'에 대해 조금만 생각하면 이론 수업과 기타 교실 수업에서 적절하게 사용할 수 있을 것이다.

백곰 영상을 보여 준 후 던지는 간단한 질문

- 여러분 〈Ice Climbing〉 백곰 영상에서 무엇을 보았나요?
- 선생님은 체육시간인데 왜 이 영상을 보여 준 것일까요?
- 체육시간과 관련하여 무엇을 생각했는지 한번 이야기해 볼까요?
- 체육시간은 여러분이 무엇을 배우고 깨달아야 하는 시간일까요?

여름방학이 끝난 직후 수업 팁

방학 기간은 학생과 교사에게 자유를 허락한다. 주어진 규칙에서 벗어나 평소에 하지 못했던 여러 가지 일들을 하는 행복한 시간이다. 그래서 방학이 끝나 신학기가 다시 시작되면 학생들은 수업을 힘들어한다. 일정한 시간에 일어나야 하고 정해진 복장과 규칙을 다시 지켜야 한다. 따라서 방학이 끝난 직후의 수업시간에는 학생들과 교사 간에 줄다리기가 시작된다. 학생들의 느슨해진 학습 행동들을 다시 일정 틀 안으로 가져오기 위해 노력한다. 학생도 교사도 수업에 적응하기 위한 시간이 필요하다. 교사는 수업시간에 나타나는 학생의 문제행동으로 한 학기 동안 쌓아 온 신뢰관계를 손상시키는 말과 행동을 하지 않도록 주의해야 한다.

　'자유' 속에 있다가 다시 개학을 하여 공부를 하는 시간이 시작되었다. 학생들은 아직 몸과 마음이 학교의 시간표대로 움직이는 것이 쉽지 않다. 특히 집에서 쉬기만 한 학생들이 개학한 첫날부터 바로 과제를 수행해야 하니 몸도 마음도 따라가지 못한다. 그래서 난 학생들에게 조금 여유 있게 할 수 있도록 해 준다. 10~20분 정도 과제를 수행하다가 힘들다고 앉아서 쉬어도 나무라지 않는다. '과제 수행'에 날선 감정으로 이야기하면 감정이 상할 수 있다. 내가 과제를 '해야만 한다'고 강조하면 마음과 몸이 따라가지 않는 학생이 교사인 나에게 감정의 날을 세우게 된다. …

_2018. 8. 16. 나의 수업일기

아직 몸과 마음이 학습에 익숙하지 않은 학생들에게 학습만 강요한다면 어렵게 형성한 관계가 망가질 수 있다. 이때 수업에 여유가 필요하다. 학생들에게 준비할 시간을 주어야 한다. 준비할 시간을 주지 않고 바로 진행하게 되면 학생들이 학습에 임하는 모습(교복 입고 나오기, 지각하기, 슬리퍼 신고 나오기 등)으로 인해 열과 성을 다해 가르치려는 마음에 상처가 생긴다. 학생과의 사이에 갈등이 발생한다. 그러므로 방학이 끝나고 개학을 앞두고는 학생들의 태도와 행동을 예상하여 수업을 준비해야 한다.

개학한 첫 주 첫 시간에 적절한 과제
(그림은 자신의 마음을 나타낼 수 있는 내용으로 단순하게 그리도록 지도한다)

- 지난 학기 나의 체육시간 이미지 그리기와 그 이유를 간단히 쓰기
- 운동장에서 나의 모습 그리기와 그 모습에 대해 간단히 설명하기
- 나는 체육시간에 어떤 학생인가? 왜 이러한 모습의 학생이 되었는지 이유를 쓰시오.
- EBS 방송에서 제작한 지식채널e(팀 가이스트, 시속 0km, 맨체스터 유나이티드의 박지성, 축구공의 경제학, Red 등) 스포츠 관련 내용으로 진행한다. 4분 55초 정도 분량으로 제작되어 있다.

개학 후 운동장과 체육관에서 수업을 진행했을 경우, 학생들의 준비되지 않은 모습에 교사가 화를 내고 여기서 발생할 수 있는 갈등을 방지하기 위한 수업이다. 그러므로 학생들에게 교실 수업에서 방학이 끝났고 다시 수업이 시작되었음을 알리는 것이다. 위의 내용으로 수업을 진행하면서 동시에 학생들에게 운동장과 체육관 수업에 필요한 내용들을 이야기한다. 그러면 2학기 수업도 교사가 의도한 방향으로 진행할 수 있다.

운동장 수업이 불가능한 돌발 상황에 대비한 수업 팁

학생들이 운동장에서 과제 수행을 해야 하는데 비가 온다. 체육관도 없는 학교이다. 학생들은 체육을 할 수 없게 되었다고 아우성이다. 비를 맞으면서라도 괜찮으니 축구를 하게 해 달라고 애원한다. 한여름에는 비를 맞으며 축구를 할 수 있지만 봄, 가을에는 불가능하다. 그래서 비가 오는 날을 대비한 체육수업을 준비해야 한다. 물론 신체를 움직이는 과제 수행으로 체육수업 같은 내용과 형식을 갖추어야 한다. 스포츠 영화를 감상하는 것도 필요하다. 그런데 영화는 45분 또는 50분에 끝나지 않는다. 반복적으로 비가 오지 않으면 연속해 볼 수 없는 문제점이 있다. 그렇다고 학생들에게 계속 영화를 보여 주기 위해 교실 수업을 고집할 수는 없다. 만약 교사가 고집하면 학생들이 "그런 일은 있을 수 없어요"라며 난리가 난다.

초임 시절부터 오랜 시간 비가 오거나 하는 이유로 운동장에서 과제 수행이 불가능한 경우에 대비한 수업 내용을 개발하는 데 관심이 많았다. 이러한 고민의 과정에서 발견한 수업이 BB탄 사격수업이다. 학생들이 BB탄 사격수업을 좋아한다. 남녀 모두가 좋아하는 내용으로 흥미를 준다. 그리고 빈 교실만 있으면 준비가 가능하다. 연속적으로 과제를 진행하지 않고, 띄엄띄엄 과제를 진행해도 된다는 장점이 있다. 그러므로 학생들에게 비가 오는 경우에 빈 교실로 만든 사격장으로 오라고 하면 된다. BB탄 사격은 2학기 교육과정으로 편성하여 9월이나 10월쯤 3차시 정도만 반복해 주고 수행평가를 한다. 그렇게 하면 1학기와 2학기 비오는 날에 대한 준비가 확실히 이루어진다.

미세먼지로 운동장 수업이 어려운 날이 증가하고 있다. 체육관이 있으면 다행이지만, 체육관이 없는 경우 운동장에서 수업을 하지 못한다고 하면 학생들의 아우성이 커진다. 신체활동을 해야 하는데 몸을 움직일 수 있는 시간과 공간을 빼앗기니 자연스럽게 나타날 수밖에 없는 몸짓이다. 그러므로 이에 대한 대안적 과제 수행을 위한 수업을 고민하고 실천적 대안을 모색해야 한다.

미세먼지 나쁨이나 우천 시 학생들 과제 수행을 위한 준비

첫째, 학교 공간을 살펴 빈 교실이나 공간을 확보한다.

둘째, 필요한 교구(BB탄 총알과 총, 스피드 스태킹을 위한 컵, 저글링 공)를 미리 준비한다.

셋째, 학기 초에 미세먼지와 비로 인해 정상적인 수업 진행이 어려운 상황을 예측하여 2학기 과제로 BB탄 사격, 스피드 스태킹, 저글링 등 중 하나를 편성한다.

넷째, 학생들에게 미리 상황을 설명하고 비가 오거나 미세먼지 나쁨으로 운동장 수업이 어려운 경우, BB탄 사격, 스피드 스태킹, 저글링 과제 수행으로 진행됨을 공지한다.

다섯째, 미세먼지 나쁨이나 비가 와서 이루어지는 과제는 2학기 수행 과제로 정해진 일정 시기에 3~4차시 더 진행하고 수행평가 종목임을 알린다.

학생들이 요구하는 자유 시간(아나 공) 팁

수업의 공간에서 남학생들은 그들이 좋아하고 재미있어하는 내용으로 과제를 수행해도 3~4차시 정도 반복되면 바로 자유 시간을 달라고 아우성친다. 그러나 여학생들은 특별한 경우, 연습해야 할 어떤 것이 있

어 시간이 필요하거나 구기대회 준비를 해야 되는 상황이 아니면, 굳이 아무것도 하지 않고 수다 떠는 시간이 되어 버릴 자유 시간을 달라고 하지 않는다.

5반 남학생 골프 수업이다. 3월 한 달간 학생들과 아이언 7번으로 공을 때리는 과제를 수행하였다. 고1 남학생들은 힘이 넘치고 움직임에 대한 욕구가 넘쳐난다. 이 학생들을 골프 클럽으로 공을 때리는 과제를 수행하게 한다고 작은 울타리에 가두어 두었다. (중략) 운동장에 집합한다는 사실로 이들은 오늘 과제가 무엇인지, 감각적으로 '축구'와 '농구'라는 사실을 안다. 함성을 지르고 좋아한다. 축구를 한다는 것은 특정한 과제를 하지 않는다는 것이고, 특정한 과제를 하지 않는다는 것은 50분 동안 운동장 공간에서 자유가 주어진다는 것이다. 그래서 학생들은 본능적으로 자유를 느껴 좋아하고 행복해하는 것이다. 아무것도 하지 않아도 된다는 것은 누군가에게 내가 관리되지 않는다는 것이다.

_2015. 3. 30. 나의 수업일기

여학생들은 체육시간에 어떤 과제를 수행하든 특별한 문제 제기가 없다. 이들에게 체육시간은 교사가 제시하는 과제를 수행하는 시간이다. 그래서 자신들이 하고 싶은 활동에 대해 교사에게 의견을 말하는 일조차 없다. 여학생들은 체육시간에 자신이 하고 싶은 활동을 한다는 사실을 알지 못한다. 아니, 이들에게 자신이 좋아하는 활동을 한다는 것은 아무것도 하지 않기 위해 친구들과 수다를 떨면서 한 시간을 보내는 것을 의미하는지도 모르겠다. 그래서 여학생들은 무료한 시간을 보내지 않기 위해 교사에게 무엇인가를 요

구하지 않는다. _2015. 3. 31. 나의 수업일기

남학생의 체육시간 과제 수행은 자신들이 좋아하는 활동을 선택하는 자유가 없이 틀 안에 갇혀 활동하는 시간이다. 그래서 남학생에게 자유 시간은 '자유'라는 하늘 아래서 자신들이 하고 싶은 신체활동을 하는 행복을 누리려는 욕구의 표현이고 실천이다. 그것은 또한 모두의 자유 시간이라기보다 일부 신체적 운동능력이 뛰어난 학생들이 요구하고 주도하는 시간이다. 운동능력이 특별하지 않은 다수의 학생들이 목소리를 내지 못하고 끌려가며 참여하는 형태이다. 물론 주어진 과제를 수행하면서 만나는 불안과 긴장감이 없어 따로 불만을 표현하지 않는다. 그래서 남학생에게 체육시간 자유 시간의 형태로 제공되는 아나 공 수업은 하고 싶은 활동을 마음껏 하는 시간이 된다. 한편 여학생에게 자유 시간은 교사가 가르치지 않는 시간이고, 학생들끼리 수다를 떨 수 있는 그들의 시간이 되는 것이다.

그러므로 교사는 학생들에게 제공하는 '아나 공' 수업으로 모두에게 신체활동을 가르칠 수 있는 권리를 포기하지 않도록 주의해야 한다. 그리고 학생은 신체활동을 배울 수 있는 배움의 권리를 발로 걷어차지 않도록 해야 한다. 교사의 가르칠 권리와 학생의 배움의 권리가 상호 존중될 수 있어야 한다. 체육수업에서 학생이 교사의 필요성을 존중하고 교사가 학생의 필요성을 존중할 수 있을 때 교사와 학생 모두가 행복하다. 반복적으로 이루어지는 수업을 통해 학생의 몸과 마음에 습관이 형성된다. 수업도 습관이다. 수업에 따른 습관은 몸과 마음이 기억하게 된다. 따라서 교사는 바람직한 수업 습관으로 몸과 마음이 기억할 수 있는 과제 중심으로 교육과정을 편성하여 수업을 진행해야 한다.

'아나 공' 수업의 문제점은 무엇인가? 학생들이 좋아하고 운동량도 많

은데 무엇이 문제냐고 이야기하는 교사도 있다. 누구나 가끔은 '아나 공'으로 수업을 진행할 수 있다. 비일상적으로 진행되는 몇 번의 '아나 공' 수업은 문제가 되지 않는다. 교사가 가르치고 학생이 신체활동을 배울 수 있는 기회를 제공하는 것이 체육수업이다. 그런데 만약 매 시간 체육수업이 아무것도 가르치지 않는 '아나 공'으로만 진행될 때 문제가 되는 것이다. 가끔 이루어지는 '아나 공' 수업은 운동장과 체육관에 교사와 학생 상호 간에 가르침과 배움의 신뢰 관계가 형성되어 있다면 얼마든지 가능하다.

교사의 수업권을 지키기 위한 '아나 공' 수업의 원칙

첫째, 수업은 교사의 권리와 학생의 권리가 함께 보장되어야 한다.

둘째, 중간고사, 기말고사 이후 학생의 자발적 참여를 보장하는 측면에서 허용한다.

셋째, 학생의 과제 수행 참여 동기를 높이는 중요한 수단이다.

넷째, 학생이 있는 곳에 교사도 언제나 함께한다.

다섯째, '아나 공'도 학생이 수행하는 과제이다.

과제 수행을 위한 모둠 편성 팁

수업의 꽃은 팀 과제 수행이다. 단순히 팀 과제를 수행하는 것으로 학생의 행동을 변화시키기란 좀처럼 쉬운 일은 아니다. 팀 과제는 팀 과제일 뿐이다. 하지만 팀원들과 팀의 일체감을 형성하면서 반복적으로 과제에 참여하면, 학생의 행동은 "전체는 개인을 위해 개인은 팀을 위해"라는 형태로 변한다. 이것이 팀워크가 형성되는 과정이며 팀과 개인이 하나 되는 순간이다.

그래서 수업에서 학생들이 팀으로 수행하는 과제를 제시하고, 그 과정을 통해 개인이 어떻게 팀과 하나가 되는지 배울 수 있도록 교사가 가르치는 것이다. 팀 활동에서 팀원들을 하나로 응집시키는 힘은 교사의 지도, 리더 또는 팀원들이 똑똑하다고 해서 생기지 않는다. 팀을 구성하고 있는 팀원들이 어떤 목적과 관계를 바탕으로 서로 이어져 있다는 구체적 신호가 있어야 한다. 그리고 팀 게임을 하는 과정에 팀원들 사이에서 꾸준하게 서로 신호를 주고받을 때 비로소 팀워크를 이룰 수 있다.

팀으로 과제를 수행하기 위해 팀을 구성해야 하는 경우 다음의 변수들을 고려해야 한다.

첫째. 수행해야 할 과제가 무엇이냐에 따라 팀 구성의 성격이 달라진다. 축구, 핸드볼과 같이 수행평가가 팀의 승리와 관계가 깊으면서 학생들 간에 실력 편차가 큰 경우가 있다. 또한 플로어볼, 티볼 등과 같은 종목으로 활동 기회가 적어 학생들 간에 실력 차이가 거의 없는 경우도 있다. 이어달리기와 같이 팀의 승리보다 팀의 기록으로 성공여부를 판단하는 경우도 있다. 과제가 무엇이고 달성해야 하는 목표가 무엇이냐에 따라 팀을 구성하는 방법이 달라져야 한다. 팀의 승리가 중요한 경우는 학생들의 신체적 능력을 최대한 반영하여 팀을 구성하는 동시에 정서적 특성도 고려한다. 소극적이고 정적인 학생들이 한 팀원으로 편성되지 않도록 한다. 그렇게 할 때 팀 활동의 목적을 달성할 수 있고, 학생들이 적극적으로 참여하게 된다.

둘째, 팀 편성 시 학급의 특성을 반영한다. 학급마다 학생들은 비슷하다. 그러나 비슷한 학생들로 구성된 학급일지라도 학급마다 독특한 특성이 있다. 교사의 지시가 필요 없이 스스로 자율적으로 무엇이든 적극적으로 수행하는 학급도 있고, 하나에서 열까지 교사가 구체적으로 설명하고 이끌어 가야 하는 학급도 있다. 팀을 편성하는 교사는 적극적인 학생도 소극적인 학생도 모두 마음속 깊이 "나도 움직이고 싶고 운동을 잘하고 싶다"는 마음을 갖고 있다는 사실을 기억해야 한다.

셋째, 남녀 학생은 기본적으로 자신의 팀원을 선정하는 원칙이 다르다. 남학생은 스포츠는 경쟁이고 게임에서 승리해야 한다고 생각한다. 따라서 팀 경기에서 승리하기 위해 운동능력이 좋은 팀원을 선발하는 것이 가장 좋은 방법이라고 생각한다. 그러므로 운동능력을 최우선으로 고려한다. 그런데 자율적으로 팀원을 선발하게 하는 경우, 마지막으로 선택되는 팀원은 심리적으로 '나는 운동을 못하는 사람'이라는 평가를 받게 되고, 크게 상처를 받는 경우가 발생한다.

여학생은 운동능력보다는 '관계'를 우선시한다. '나와 함께 팀 과제를 수행해야 하는 사람이 누구인가?'가 중요하다. 공감적 뇌를 소유하고 있는 여학생은 팀의 승리보다 '나와 함께 팀을 이루어야 하는 사람이 누구인가?', '나와 어떤 관계가 있는 친구인가?'라는 관계에 집중한다. 따라서 팀원 선정 시에 신체적 운동능력보다 나와의 관련성에 주목하게 된다.

팀 과제 수행을 위한 팀 편성은 완벽할 수 없다. 다만 학생들에게 '팀 활동의 과제 수행을 통해 어떻게 팀 속에서 협력적인 태도와 행동을 만들어 낼 것인가?'를 가르치는 것이 중요하다. 다음의 내용들을 고려하여 다양한 방식으로 팀을 편성해 보자.

첫째, 학생들과 함께 주장을 뽑는다. 팀의 리더를 운동능력과 성격 유형을 고려하여 학생들이 뽑도록 한다. 팀 활동을 함께하는 학생들이 친구들의 능력과 성격을 알고 있다.

둘째, 주장들이 협의하여 팀원 선발 순서를 정한다. 팀은 균등하게 구성되어야 과제 수행이 더욱 즐겁고 재미있음을 주지시킨다. 팀의 주장은 팀원 선발권만 갖고 팀원이 모두 선발된 후 제비뽑기 등의 방법으로 팀을 선택하게 한다. 이렇게 하면 팀원을 선발할 때 보다 균등한 팀이 만들어지도록 최선을 다하는 모습을 보인다.

셋째, 그룹별로 제비뽑기를 한다. 학기 초가 아니라 학기 중간쯤이면 학생들의 운동능력이 어느 정도 파악된다. 이러한 경우 운동능력을 고려하여 3단계 정도로 수준을 나누어 제비뽑기로 팀원을 선발한다. 다만, 이 경우에 성격 유형에 따라 소극적이고 폐쇄적인 학생이 한 팀에 모일 수 있다. 이때는 교사가 트레이드를 실시하여 균형을 맞춘다.

넷째, 학생들에게 전권을 주어 팀원을 구성하도록 한다. 대나무 춤, 이어달리기, 스텝박스 등 창의적인 과제 수행을 위한 팀 구성이다. 이때는 과제를 정확히 설명하고 학생들이 자율적으로 팀을 구성하게 할 수 있다. 다른 팀과 운동능력을 겨루는 것이 아니고, '팀원들이 얼마나 협력적 태도를 형성하는가?'가 중요할 뿐이다.

선발의 예

축구, 야구, 핸드볼, 배구 등 팀의 경기력 향상: 운동능력 고려하여 수준별 제비뽑기.

이어달리기 팀의 기록 단축이 중요한 목표: 단기리 달리기 기록을 중심으로 관계를 중심으로 구성.

대나무 춤, 스텝박스는 협력적 태도가 중요하므로 자율적으로 팀원 구성.

학생들은 자신과 비슷한 친구들과 한 팀에 속해 있다는 사실을 아는 것만으로도 "실패, 성공, 기쁨, 환호, 재미" 등 감정적인 자극에 반응하게 된다. 또 어떠한 의사 전달이나 규범, 처벌, 보상과 같은 다른 자극이 없는데도 협력을 유지하며 팀에 속하고자 한다.

반복적인 수업에서 벗어나기 위한 색다른 수업 팁

교사의 성장은 생각의 성장이다. 초임 시절에는 '학생들을 어떻게 가르칠 수 있을까?'를 생각했다. 수업에서 '무엇을, 왜, 어떻게 가르쳐야 할까?'에 이르기까지를 생각하는 일이 벅찼다. 학생을 가르치는 운동장 수업에 대한 개념 없이 지도하다가 직접 경험을 통해 개념을 습득했다. 그리고 수업에 대한 개념을 직접 경험을 통해 깨달으면서 점차 좋은 체육 수업이 무엇인지를 알게 되었고, 교사로 성장하고 성숙해졌다. 수업에서 교사가 학생들을 가르치면서 배운다는 것, 그것이 바로 교사가 수업을 통해서 얻는 가장 큰 즐거움이다. 과거에 미처 몰랐던 사실이나 수업의 원리와 새로운 교수 방법 그리고 학생에 대한 이해를 발견하면서 이전과 비교가 안 될 정도로 수업에 대한 생각의 깊이와 넓이가 심화되고 확장되었다. 이러한 과정이 교사가 성장하고 성숙하는 과정이다. 따라서 수업에 대한 생각의 성장이 곧 교사의 성장이다.

비슷한 과제로 반복되는 수업에서 교사는 어떻게 다른 생각을 할 수 있을까? 이루어지는 루틴화된 행동을 통해서는 다른 생각을 할 수가 없다. 교사가 다른 생각을 할 수 없으면 수업이 달라질 수 없다. 어떻게 일상적으로 반복되는 수업에서 다른 생각을 하고, 다른 행동으로 다른 수업으로까지 변화 성장할 수 있을까?

• 수업을 기록하자. 나의 수업에서 어떤 일이 일어나고 있는지 반성적으로 돌아보는 것이다. 수업을 다르게 보고 다른 방법으로 실천하

기 위한 생각을 할 수 있다.

- 반복되는 수업의 일상에서 체험을 바꾸자. 수업 일상에서 학생들의 일탈, 교수 상황에서 낯선 마주침을 경험하지 않으면 색다른 깨우침과 반성을 가져올 수 없다. 교사가 체험하는 내용이 달라지면 생각이 바뀐다. 생각이 바뀌면 수업을 바라보는 시각이 변화한다.

- 다른 교사의 수업을 보자. 기회가 되면 이웃 학교와 다른 교사들의 수업을 참관하자. 이로써 내 안의 수업에 갇히지 않고 다른 생각을 하게 된다. 지루한 수업의 일상에서 탈출하고 다시 가르치는 활력을 얻을 수 있다.

- 지속적으로 만나는 사람을 바꾸자. 만나는 사람을 바꾸면 기존과는 다른 자극을 받을 수 있다. 분야가 다른 교과의 교사를 만나면 교육과 수업에 대한 시야가 바뀌고, 교육에 대한 시야가 다른 교사를 만나야 시각과 생각이 바뀐다.

- 읽는 책을 바꾸어라. 다른 책을 읽으면 지적 자극이 바뀐다. 체육 관련 전공 책이나 가르치는 활동과 직접 관련된 책만 읽어서는 생각이 바뀌지 않는다. 때론 평소의 지적 관심과 관련이 없는 분야의 책이 새로운 지적 자극을 준다.

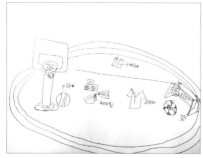

현재 교육에 대한 나의 생각은 내 교육적 삶의 반영물이다. 교육과 수업에 대한 내 생각의 크기와 깊이, 넓이도 학교에서 학생들을 가르쳐 온 삶이 결정한다. 한 교사의 생각이 바뀌는 일은 쉽게 일어나지 않는다. 그것은 교사의 교육적 삶을 바꾸는 일이기 때문이다. 따라서 스스로 자신의 교육적 삶을 바꾸려는 실천이 동반되지 않고서는 색다른 생각으로 색다른 나만의 수업을 할 수 없다. 수업에서 다른 생각은 다른 교수 행동을 만들고, 다른 교수 행동은 수업을 변화시킬 수 있다. 이는 학생들을 가르치는 교사만 할 수 있다.

지구인 여학생과 목성에서 온 남학생 이해 팁[*]

인간은 진화의 과정에서, 삶 속에서 남녀가 다른 경로를 거쳤다. 그래서 성별에 따라 인간에게 독특한 뇌의 특징이 나타난다. 그 결과 신체활동이 중심이 되는 체육수업에서 여학생과 남학생은 다른 태도와 모습을 보인다. 교사가 수업에서 과제를 제시하고 과제를 수행하도록 할 때, 남녀 학생이 과제를 받아들이고 수행하는 태도가 다르다. 그래서 당황하는 일이 자주 발생한다. 수업에서 학생들의 반응은 교사에게 '그들을 어떻게 가르쳐야 하는가?' 하는 근본적인 의문을 품게 한다. 학생들이 수업 중 교사에게 보일 수 있는 반응에 대해 교사가 충분히 이해하고 있다면, 혼란과 당황함 없이 의도한 대로의 수업 활동을 진행할 수 있을 것이다.

---

[*]여학생과 남학생 이해의 팁(Tip)은 오로지 나의 수업에서 만난 학생들의 이야기임을 밝힌다. 다른 교사는 다르게 볼 수 있다.

남학생: 선생님, 축구 해요.

여학생: 아무 이야기도 하지 않고 교사만 바라본다.

남학생은 습관처럼 '축구'를 하자고 이야기한다. 과거 수업 경험이 그대로 묻어나는 것이다. 여학생은 교사만 바라보며 지시를 기다린다. 그들에게는 습관처럼 굳어진 몸의 기억이 없다.

남학생: 고개를 돌려 바라본다.

여학생: '선생님, 화났어요?' 하는 표정을 짓거나 묻는다.

남학생에게 운동장에서 들리는 큰 소리는 언제나 있었던 일이다. 그러나 여학생에게 큰 소리는 사람의 감정이 반영된 소리이다. 여학생은 감정에 민감하고 소리에 감정이 있다고 생각한다. 따라서 큰 소리는 화가 난 교사의 표현 방식이라고 생각한다.

남학생: 선생님, 자유 시간 주세요.

여학생: 선생님, 교실에서 수업해요.

몸을 움직이는 체육시간이 귀찮게 생각되는 여학생에게 체육시간은 회피하고 싶은 시간이다. 따라서 이유만 있다면 회피하려는 경향을 보인다. 남학생의 체육시간은 신체를 움직여 운동을 하는 시간이다. 그런데 운동장 상황이 나빠지면 과제를 하지 않고 자유롭게 놀이를 할 수 있다고 생각해서 자유 시간을 달라고 외치는 것이다.

지각이나 복장 위반에 대한 지적을 당하는 경우

남학생: "못 가져왔어요. 빌리지 못했어요"라고 잘못을 인정한다.

여학생: "친구에게 빌리지 못했어요. 엄마가 세탁했어요"라며 핑계를 댄다.

학생들은 자신의 실수나 잘못을 인정하기보다는 핑계를 대고 그 상황에서 도피하려 한다. 남학생은 핑계를 대다 잘못을 인정하는 태도를 취하고, 여학생은 반복적으로 핑계에 핑계를 대며 상황을 모면하려 한다.

수행평가가 '예고'된 후 수행평가를 하는 날

남학생: 수행평가를 수용한다.

여학생: 모두에게 연습의 기회가 더 필요하니 연기하자고 이야기한다.

남학생이나 여학생이나 모두 체육 수행평가 결과가 중요하지 않다는 생각을 한다. 그러나 막상 수행평가를 한다고 하면 남학생은 수행평가 상황으로 간다. 하지만 여학생은 "선생님, 다음에 하면 안 돼요?"하며 연기할 것을 요구한다. 남학생은 신체활동의 오랜 경험을 통해 짧은 연습으로 결과를 변화시킬 수 없다는 사실을 알고 있다. 하지만 여학생은 신체활동의 경험이 상대적으로 적고, 현재 닥친 상황(수행평가)에서 벗어나고 싶은 생각에 연기를 요청하는 것이다.

수행평가 결과에 대한 수용 태도

남학생: 수행평가 결과에 대해 수용적 태도를 보인다.

여학생: 왜? B나 C가 나왔는지 설명을 요구하거나 다른 친구와 비교하며 불평한다.

남학생은 신체활동의 반복 속에서 자신의 위치를 정확히 알고 있다. 그래서 평가 결과를 수용한다. 그러나 여학생은 신체활동을 누가 잘하고 자신은 어떤 수준인지 정확히 알고 있지 못하다. 그래서 교사의 평가에 대해 '왜?'라고 묻는 것이다. 따라서 여학생에게 정확하게 객관적이고 구체적인 평가 기준을 제시하는 일이 필요하다.

친구가 과제를 수행하다 넘어진 경우(가벼운 부상)

남학생: 외면하거나 박수 치며 웃는다.

여학생: 부상의 경중과 관련 없이 모두가 몰려가 그 친구를 위로한다.

남학생은 신체활동을 하다가 넘어지는 일은 언제나 있는 일이라고 생각한다. 또한 넘어지는 일은 자신의 신체적 능력이 뛰어나지 못한 결과로 창피한 일이라고 생각해서 넘어지면 바로 일어선다. 친구들은 그 상황을 못 본 척한다. 그러나 여학생이 넘어지면 모든 학생들이 달려가 그 친구를 위로한다. 그렇지 않으면 내가 넘어졌을 때 외면당할 수 있다는 사실을 알기에 모두가 달려간다. 공감하려는 행동 특성과 관계적 뇌를 가진 이들이기에 가능한 행동이다.

과제 수행에서 교사 지도의 필요성

남학생: 과제가 제시되고 수행하는 과정에서 교사가 없어도 과제를 수행한다.

여학생: 과제를 제시하고 수행하는 과정에서 교사가 없으면 과제 수행을 멈춘다.

남학생은 신체활동에서 자기 주도적이다. 그래서 지도하는 교사가 없어도 과제를 수행하는 데 특별히 어려움은 없다. 교사가 없으면 잘하는 친구에게 묻고 수행할 수 있다. 남학생은 (신체운동능력이 떨어지는 학생들도 마찬가지인데) 활동의 위험을 즐기며, 잘 모르는 과제 영역에도 기꺼이 뛰어든다. 여학생은 과제 수행을 할 때 교사가 없으면 수행이 어렵고 과제에 대해 철저하고 정확하게 안내받기를 선호한다. 교사를 통해 지도를 받으려 한다. 교사가 없으면 배움이 없다. 여학생의 경우 반드시 교사가 있어야 한다.

학급 대항 경기에 대한 반응

남학생: 경기에 참가하는 선수들만의 게임이다.

여학생: 경기에 참여하는 선수는 선수대로 관중은 관중대로 모두가 다른 형태로 참여하는 모두의 경기이다.

남학생에게 학급 대항 경기는 운동을 잘하는 학생들이 주도하는 그들만의 리그이다. 그래서 경기에 참여하는 선수와 관객으로 참여하는 학생이 바라보는 세계가 다르다. 여학생에게 학급 대항 경기는 모두가 하나 되어 참여하는 게임이다. 선수는 선수로서 최선을 다해야 하고 응원하는 관중은 관중으로 친구들에게 최선의 응원을 보낸다. 선수와 관중은 뛰는 공간이 다를 뿐 경기에서 하나가 된다.

학급 대항 경기에서 규칙 판정에 대한 수용 반응

남학생: 조금 편파적이라고 생각해도 경기의 일부로 수용한다.

여학생: 경기 중 심판에 의해 발생하는 오심이 왜 경기의 일부가 되어야 하는지 수용하지 못한다.

남학생은 스포츠 경기에 참여하는 기회가 많다. 경기에 참여하면서 팀이 불이익을 받는 경우도 있었고, 팀이 이익을 보는 경우도 있었다. 경기 중 정확하게 심판을 하는 일이 어렵다는 부분도 이해한다. 그래서 오심을 경기의 일부로 받아들인다. 여학생은 게임에 참여하는 경우가 흔하지 않다. 따라서 게임에서 심판의 오심을 받아들이지 못하는 경우가 많다. 그러므로 여학생 게임에서는 경기에 따라 2심제 또는 3심제를 도입하여 더욱 공정한 게임이 되도록 하는 것이 필요하다.

수업에서 발생하는 문제행동 방지 팁

학생의 행동이 교사에게 수용 불가능한 이유는, 그 행동이 오직 부적절한 장소에서 부적절한 시간에 발생했기 때문이다. 수업이 이루어져야 하는 시간과 공간이 아니라면 충분히 수용될 수 있는 행동이 수업이기에 수용되지 못하는 것이다. 예를 들어 지각, 복장 위반, 비난과 욕설, 친구의 과제 수행 방해 행동 등은 교사가 수용하지 못한다.

> 수업시간에 5분 늦기, 교복 입고 나오기, 실내화 신고 나오기 등 사소하지만 지켜야 할 규칙들을 이들은 지키지 않고 있다. 그래서 교사인 난 그들에게 화가 난다. 그리고 몇 번씩 같은 이야기를 해야 한다는 사실에 그들을 혐오하게 된다. 하지만 난 분노도 혐오감도 숨기고 그들이 학습에 능동적으로 참여할 수 있는 학습 조건을 만들려고 한다. 모두가 기쁘게 과제 수행을 하게 되면 이들도 자연스럽게 학습에 적극성을 띨 수 있다고 생각한다.
>
> 난 오늘도 학생들이 소프트 테니스 수업에 즐겁게 참여하면서 테니스의 묘미를 느낄 수 있도록 운동장에 네트를 치고 백색의 라인을 그린다. _2009. 3. 23. 나의 수업일기

학습환경을 바꾸는 것만으로도 학생의 수용 불가능한 행동을 미연에 방지할 수 있다. 학생이 수업에서 보이는 문제행동은 과제 수행에서 오는 좌절감이나 따분함 때문에 또는 단조롭고 지루할 수밖에 없는 동일

한 학습환경 속에 오랫동안 갇혀 있음으로써 생긴 것일 수 있다. 따라서 학생들에게 흥미로운 과제나 풍요로운 학습환경을 제공한다면 무료함이나 골치 아픈 문제행동을 경감시킬 수 있을 것이다. 다음은 학생들의 수업 중 문제행동을 방지하기 위한 방안들이다.

- 학생의 이름을 기억하고 이름을 부른다(이름은 학생의 수업 이력이다).
- 과제에 적합한 최적의 학습환경을 미리 준비한다.
- 과제 수행 시 음악을 틀어 준다.
- 경기장의 라인을 항상 새롭게 그려 준다.
- 팀 과제 수행 시 팀별로 구분되는 조끼를 입게 한다.

- 동영상, 사진 등 과제 수행에 '집중을 돕는' 자료를 활용한다.
- 과제 수행에 불필요한 기자재는 모두 한쪽으로 치워 둔다.
- 모종의 행동(협의, 연습)을 위한 공간을 미리 지정해 준다.
- 학생들의 구체적인 과제 수행을 위한 공간을 지정해 준다.
- 학습 기자재를 돌아가면서 사용하도록 계획한다

동료 교사와의 갈등, 어떻게 풀어야 할까?

교사는 학교에서 학생들을 가르치는 일만 중심으로 하기 때문에 동료 간 갈등이란 존재하지 않을 것이라는 착각을 한 적이 있다. 하지만 교사는 학교에서 학생들을 가르치면서 동료 교사 그리고 학교 관리자를 다양한 사안으로 수도 없이 반복적으로 만난다. 학교에서도 사람과 사람이 관계를 맺고 일을 하므로 필연적으로 갈등이 생길 수밖에 없다. 그러면 동료 교사와의 갈등은 왜 생기는 것일까? 그 이유는 크게 세 가지로 나누어 볼 수 있다. 교육·학생·관계에 대한 인지 방식의 차이, 동료 교사의 생각을 통제하고 판단하는 습관, 내 감정의 원인을 타인에게서 찾는 태도가 그 이유가 아닐까 싶다.

교육활동을 하는 교사에게 똑같은 경험이라도 교사 각자가 인지하는 방식에 따라 서로 다른 의미를 가진다. 인간관계의 갈등이라는 맥락에서 보면 인지 방식은 꽤 까다로운 문제이다. 대체로 인간은 시각, 청각, 후각, 미각을 통해 주위 환경이나 다른 사람들과 접촉한다. 오감은 '사물의 상태'를 알려 주고, 개인의 인지 방식은 사물에게 '의미'를 부여한다.

교사가 인식하고자 하는 대상이 나무, 풀, 꽃, 운동장과 같은 사물이라면 문제는 간단하고 의미도 단순하다. 하지만 그 대상이 학생과 교사, 교사와 교사라면 사정은 훨씬 복잡해진다. 온갖 미묘한 의미를 모두 감안해야 한다. 보통은 드러난 사실보다 감추어진 사실과 의미가 교사의 마음을 불편하게 한다. 다른 교사의 마음을 알 수 있는 단서는 그의 말일 수도, 얼굴 표정과 몸짓일 수도 있다. 교사 개인의 인지 방식이 어떤지 알게 되면 그것이 동료 교사를 이해하는 데 도움이 되는지 아니면 방해가 되는지 깨달을 수 있다. 나에게 의미 있는 교육적 행위와 말이 다른 교사에겐 무의미할 수 있으며, 그 반대 경우도 성립한다.

사례 1. 나와 학교 관리자 및 부장교사와의 갈등 상황

　… 댄스 동아리반 학생들이 구기대회 결승전을 하는 사이에 발표할 기회를 달라고 하였지만 이런저런 핑계로 허락하지 않았다. 학교에서는. 그런데 순이랑 정이가 3교시 끝나고 "선생님, 점심시간 때 10분만 강당을 사용하면 안 돼요?"라고 물었다. 난 점심시간은 학생들의 시간이므로 괜찮겠다고 허락을 받아 주겠다고 이야기했다. 부장 선생님도 내가 이야기하니 마지못해 수긍했다. 그래서 댄스 동아리 학생들이 기뻐하면서 자신들이 그동안 연습한 공연을 했다. 그런데 공연이 시작된 지 5분 만에 교장 선생님이 나타나 "뭐 하는 거야. 당장 중단 못 해?" 하고 소리쳐서 공연이 중단되었다. 계획에 없던 일을 할 수는 없다는 핑계로, 강제로 중단시켰다. 학생들의 다양성을 길러 주어야 한다는 말은 앞세우면서 정작 학생들의 다양성을 죽이고 있다. 난 이러한 교장 선생님의 횡포에 분노를 느꼈다. 모든 것을 자신의 마음대로 하려는 그를 저주한다. 그러면서도 학생들의 공연을 지켜 주지 못한 나의 무능력함에 화가 난다. …

_2009. 7. 16. 나의 수업일기

··· 오늘 부장 선생님의 출장, 그래서 합반 수업이 되었다. 아직 나를 모르신다. 내가 수업을 어떻게 생각하는지! 교사가 교사일 수 있게 하는 것은 수업인데, 신설 학교라 일이 많다고 하지만 수업이 중심에 서야 한다는 평범한 사실을 망각하는 듯하다. 그래서 나의 수업까지 파행적으로 이루어지고 말았다. 나의 수업을 받는 학생들은 한 시간 자유구기를 한다고 겉으로는 좋아하지만, 또 다른 면에서는 체육수업에 대한 불신을 만들 수 있다. 갈등의 상황을 만들어 내지 않으려고 하는데 여러 상황이 발생한다.

_2007. 3. 22. 나의 수업일기

사례 2. 나와 동료 체육교사와의 갈등 상황

··· 마사토를 갖다가 부었다지만 주차장으로 몸살을 앓은 운동장은 차바퀴가 수없이 지나다녀 이전의 상태가 아니다. 왜 걱정 아닌 걱정으로 내가 힘들어야 하는가? 전혀 할 필요가 없는 걱정으로 내 머리가 아프다. 교사는 수업을 어떻게 해야 할지 학생들을 어떤 내용으로 만나야 할지를 가지고 고민해도 시간이 모자라는데, 전혀 불필요하게 생긴 일로 힘들어하고 있다. "너만 체육과야?" 하는 부장교사. 그래 막말로 나만 체육교사다. 왜 너희는 내가 얘기하기 전에 운동장 상황을 해결하려고 어떤 몸짓도 하지 않았나? 한마디로 너희는 소신이 없는 사람들이다. "비겁한 무소신주의자들." 오늘도 나의 운동장에서 분노를 누른다. _2010. 3. 10. 나의 수업일기

사례 3. 나와 다른 교과 교사와의 갈등 상황

… 수업을 시작하는데 농구장에 2학년 학생들이 농구를 하고 있다. 불러서 무슨 시간인데 종이 울렸는데도 교실로 들어가지 않느냐고 물었다. "진로 시간인데 선생님이 나가라고 했어요." "운동장은 체육수업을 하는 교실이다. 빨리 들어가. 알았니?" 이렇게 말하고 나니, 선생님 한 분이 내게 와 이○○ 선생님이 허락하셨는데 어떻게 운동장을 쓰면 안 되느냐고 묻는다. 난 운동장은 체육수업을 위한 교실이고 공간이 협소하여 수업이 아닌 반까지 수용할 수 없다고 했다. 기말고사도 끝나고 학생들이 중요하다고 생각하지도 않는 과목 수업을 교실에서 수업하기가 힘드신 것은 안다. 그렇다고 해서 운동장에 학생들을 내보내면 체육수업에 어려움이 있다. 왜 다른 교사들은 이를 모를까? … _2009. 7. 10. 나의 수업일기

이런 경우에 '왜 다른 교사의 입장을 생각 못하지?', '아니! 도대체 어떤 생각을 하고 수업에 임하는 거야?', '체육교사에게 수업은 무엇이지! 체육수업은 운동장에서 이루지는데, 어디서 수업을 하라는 거야. 수업! 중요하다고 하면서 체육수업은 무시하는군. 학생, 학생 하면서 역시 학생은 중요하게 생각하지 않네.' 이러한 나의 반응으로 갈등이 시작된다. 즉, '나처럼 좀 더 넓고 깊게 체육수업을 그리고 다른 교사와 수업, 학생을 배려하여 생각하고 행동하라'는 뜻이다. 하지만 내가 동료 교사와의 사이에서 겪는 갈등과 오해는 생각의 깊고 넓음 차이가 아니라 학생, 수업, 교육의 인지 방식 차이에서 비롯되는 것이다.

동료 교사의 생각을 통제하고 판단하려는 습관

동료 교사와의 의견 차이가 발생하면, 대부분은 나의 관점으로 상대방의 관점을 뜯어고쳐서 해결하려고 한다. 그런데 나의 뜻을 고집하고 동료 교사를 이기고 통제하겠다는 생각은 두 사람의 감정에 나쁜 영향을 미치고 갈등을 유발한다. 특히 나의 감정만 앞세우면 갈등을 해결하기가 쉽지 않다.

> 3교시 탁구 수업이 끝난 체육관에 4교시 3학년 7반 수업을 하러 내려간다. 체육관에 내려가니 탁구 테이블이 있고 체육관 마룻바닥 여기저기에 탁구공이 굴러다니고 있다. '내가 지난번 수업 후 마무리를 잘해야 한다고 이야기했는데, 왜 이런 일이 발생할까?'라고 생각했다. 수업을 하는 것도 중요하지만, 다음 선생님이 수업을 할 때 불편함이 없도록 정리 정돈을 해 주어야 한다. 이것은 교사에게 아주 기본적인 예의이다. 그런데 이 기본이 지켜지지 않으니 화가 난다. 그래도 잘 몰라서 그럴 수 있으니 다시 한 번 이야기해야 하겠다. 나의 일방적 주장이 아닌 객관적 사실을 이야기하며 상대 교사가 마음의 상처를 받지 않도록 주의해 전달해야 한다.
>
> _2019. 3. 27. 나의 수업일기

서로의 관점을 이해하고 대화하려는 노력 없이는 학교생활에서 생긴 갈등을 해결할 수 없다. 보통 교사들은 상대가 자기 말을 들어주고 이해한다는 느낌이 들지 않으면 갈등을 해결할 생각을 하지 않는다. 동료 교사의 생각이나 감정에 무조건 동의하라는 얘기가 아니라, 갈등이 발생하는 그 지점에서 동료 교사 나름의 사정이 있음을 인정하라는 뜻이다.

동료 교사를 자신의 관점으로 무조건 통제하려 해선 안 된다. 그가 나의 생각처럼 바뀌기만을 고집한다면 둘 사이에 갈등이 증폭될 뿐이다. 서로의 차이를 인정하고 이야기할 때 비로소 해결의 실마리를 찾을 수 있다.

동료 교사와의 갈등을 해결하려면 협력해라

학교에서 만나는 동료 교사는 모두 자신의 관점을 가지고 학생들을 가르치는 사람들이다. 자신의 교육적 신념과 삶의 가치가 분명하다. 그들은 학생들을 바라보는 관점과 교수 관점이 나와 같을 수도 있고, 또 전혀 다를 수도 있다. 같은 교사이지만 서로의 경험이 다르고 체험의 내용과 질도 다르다. 삶의 문화적 배경도 다르다. 그러니 각자가 사물과 세상을 인지하는 방식에 따라 수업, 학생, 지도 방법 등에 다른 가치와 의미를 부여한다.

차이점이 아닌 공통점을 찾아라

교육과정을 편성하고 각종 행사를 함께하기 위해서는 서로의 차이점이 아니라, 공통점과 합의점을 찾으려고 노력해야 한다. '학생들이 즐겁고 행복한 체육수업과 체육행사'라는 큰 틀에서 합의점이 마련될 수 있다면 서로에 대한 이해의 노력도 깊어지고 협력할 영역도 커진다. 이를 위해서 동료 교사와의 원활한 의사소통이 절대적으로 필요하다. 서로 체육교사로 존중한다고 느끼고, 체육수업을 통해 달성하고자 하는 목표가 비슷하다는 생각을 하게 되면 어떤 문제도 허심탄회하게 이야기할 수 있다.

… 이렇게 수업 기자재를 관리한다면 2010년 수업은 무엇으로 할 수 있을까? 정말 교사가 수업 관리를 잘 못하는구나, 하는 분노가 일었다. 그런데 점심시간 학교 라켓으로 탁구를 치고 있던 녀석들은 태연하게 '자기 라켓'이라고 말한다. 이 XX 새끼들이 거짓말을 해…. (중략) "라켓이 너무 많이 없어졌어요. 수업시간에 라켓 관리 좀 해 주세요." "아이 XX, 탁구장을 폐쇄해. 그럼 되잖아!" "그건 문제의 본질이 아니죠. 탁구장은 학생들이 운동하라고 열어 주는 것인데… 이런 선배 교사에게 나는 화가 치밀어 오르고 일을 잘하지 않는 것에 대해 분노하는 것이다. 교사인 내가 창피하다. 이런 일이 있어 학교 라켓을 가지고 자기 라켓이라고 버젓이 우기는 학생에게 욕을 했다. 내가 이 정도밖에 되지 않나 하는 생각이 든다.

_2009. 10. 16. 수업일기

세상에 나와 같은 교사는 없다. 교사들은 모두 독특한 존재이다. 그리고 그들은 그들의 세계에 갇혀 그들의 방식으로 학생을 만나 가르친다. 내가 수업에서 나의 생각과 가치 그리고 신념을 가지고 학생들에게 과제를 수행하게 하듯이, 그들도 그들의 세계에서 학생들을 만난다. 동료 교사와 다름을 인정하면서 그 다름이 교사로 살아가는 힘이 될 수 있다는 사실을 인정해야 한다. 나와 다른 교사의 모습을 통해서 내가 보지 못하는 다른 세계를 보고 다른 생각을 할 수 있다. 학교에서 학생들을 더 잘 가르치기 위해 교사들은 서로 소통해야 한다.

… 대단하다. 어떻게 그런 생각을 할 수 있지. 역시 장○○ 체육 선생님이다. 탁구 라켓과 배드민턴 라켓을 정리하는 도구를 멋지게 만들었다. 그래서 체육관에 지저분하게 나돌던 배드민턴 라켓

을 한 번에 정리할 수 있게 되었다. 그는 때론 수업 전후 마무리를 잘하지 못하지만 틀림없는 체육교사이다. 내가 그를 존중하고 좋은 수업을 위해 노력하려는 마음을 나눈다면 더욱 많은 일을 할 수 있지 않을까 싶다. _2019. 3. 25. 나의 수업일기

동료 교사와의 갈등을 없애고 원활한 의사소통을 하려면 무엇보다 동료 교사의 이야기에 대한 반발심을 없애야 한다. 예를 들어 서로 의견을 나누는 중 "선생님 이야기가 맞아요. 하지만 나는…"이란 말을 자주 한다. 굳이 이야기를 듣는 과정에 토를 달 필요는 없다. '하지만'이라는 말을 생략하고 동료 교사의 의견에 동의를 표시해서, 상대를 존중하고 그의 관점을 이해하는 모습을 보이는 게 좋다. 또한 사랑과 인정, 존중에 대한 인간의 욕구를 배려할 줄 알아야 한다. 다음과 같이 상대를 모욕하거나 무시하는 태도는 교사 사이를 멀어지게 하는 주범이다.

"아니 당신 같은 사람이 선생이야?"
"4년제 사범대를 졸업한 것 맞아?"
"교사 1~2년 한 것도 아닌데 어떻게 그렇게 일을 하지!"
"도대체 어떻게 교사가 되었지? 수준이 너무 떨어지는데."

판단이 아닌 공유가 중요하다

문제 상황에서 갈등을 해결하고 좋은 관계를 맺고 싶다면, 상대의 행동을 판단하지 말고 서로의 감정을 공유해야 한다. 동료 교사의 생각이나 행동에 대해 내 마음대로 판단하거나 공격하면, 상대방도 역시 반격하려고 한다. 반면 특정 상황에 대해 서로 감정과 의견을 나누면 그를 일방적으로 판단하는 것이 아니므로 상대방도 비난받는다는 느낌을 갖

지 않는다. 이렇게 하면 갈등이 발생하지 않고 신뢰가 쌓인다.

　　연속 이틀째 학부모 총회이다. 그러면 체육교사인 나에게 협조를 구해야 했다. 주차장이 협소하여 운동장에 주차를 해야 하는데 수업에 문제가 없겠느냐고 묻지 않았다. 그리고 아무도 나에게 얘기하지 않았다. 난 당연히 운동장에서 6교시 수업을 준비했다. 주차장으로 운동장을 내주고 수업을 반쪽짜리로 할 수는 없다. 부장교사가 나에게 운동장 절반을 사용해 수업을 하라고, 미안하다고 한다. 난 아무 대답도 없이 돌아섰다.

　　"수업이 가장 우선되어야 한다고 입버릇처럼 얘기하는 교육 관료들, 그리고 그 밑에서 일하는 사람들." 난 분노가 치밀어 올랐다. "나쁜 XY들, 내 언젠가 오늘 이 일을 밝히고 응징하리라." 특히 체육과 체육수업을 하찮게 여기도록 만드는 행위에 더욱 화가 났다. 체육시간에 수업은 하지 않고 체육관에 의자를 나르는 일에 학생을 동원하다니 정말 창피하고 부끄러운 일이다.

_2009. 3. 20. 나의 수업일기

아무도 나에게 학부모 총회 때문에 운동장이 주차장이 될 수밖에 없다는 사실을 이야기하지 않았다. 그들(교장, 교감, 부장교사)에게는 학부모 총회가 중요했지, 체육수업이 중요하지 않았다. 물론 학교의 행사이므로 사전에 이야기해 주었다면 나도 수업을 다른 곳에서 준비했을 것이다. 수업을 하지 못한다고 분노가 일어나지도 않았을 것이다. 너무나 일방적으로 학교 행사를 준비하고 운영한다. 교사와 관리자 간 소통이 거의 없다. 참 슬프고 가슴 아픈 일이다.

나도 관리자나 동료 교사가 사전에 "전 선생, 사정이 이러하니…." 하고 이야기하면 그들의 이야기에 귀를 기울였을 것이다. 동료가 어떤 말을 할지 미리 짐작하지 않고 끝까지 들어야 한다. 그가 하는 말에 옳고 그름을 따지면서 가치를 부여하는 대신, 서로의 입장과 감정에 귀를 기울이며 대화를 나누어야 한다. 그렇게 하는 경우 긴장할 필요 없이 서로의 이야기를 귀담아들을 수 있다. 바로 이런 태도가 갈등에서 협력으로 가는 지름길이다.

갈등 상황이 발생했을 경우, 솔직히 이야기하고 자신이 느낀 감정을 이야기해도 된다. 이때에도 주의가 필요하다. 솔직한 심정을 이야기했는데도 상대방이 당신의 의도와는 상관없이 자신의 가치와 신념이 공격당한다고 느낄 수도 있다. 말하는 어조나 표정 혹은 신체 언어가 그런 인상을 줄 수 있다. 그리고 말로 표현하지 않더라도 상대를 이기고 압박하겠다는 생각을 하고 있다면 그 느낌이 상대에게 그대로 전달될 수 있고, 이는 동료 교사의 감정을 해칠 수 있다.

쓰레기 분리 수거통 배치 건에 대해, 샘의 의견은 이번에 할지 안 할지 알려 주시면 좋겠습니다. 쓰레기 대란이 일어나는 사회 상황에서, 또 저는 1학년 통합사회 시간에 녹색 일기 쓰기 등 생활 실천 활동을 하도록 가르치는 상황에서, 이번 해에 꼭 시행했으면 좋겠습니다. 환경문제는 시간을 두고 여유 있게 대응할 문제가 아니라는 것을 학생들과 생활 속에서 가르치고 배우는 시간이 되길 바랍니다. _장 교사

"네, 선생님의 의견과 아이디어는 참 좋습니다. 그런데 올해는 이미 분리수거 통을 주문하여 학급에 지급했으므로 올해는 어렵고 내년에 반영하도록 노력할게요. 죄송합니다"라고 했는데, 교장실

에 찾아갔다. 그리고 자신의 의견을 관철시키려 주장에 또 주장을 했다고 한다. 난 화가 났다. 자신의 의견만을 강조하는 그의 태도에 이제 그의 의견은 보이지 않게 되고 다만 독단에 치우친 사람만 보인다. _2019. 3. 15. 나의 메모

교사 간 갈등 상황이 발생하면 정확하고 섬세하게 말해야 한다. 왜냐하면 오해로 인해 서로 간 소통에 장애가 생길 때 갈등이 고착화되기 때문이다. 관계 회복에 실패하는 이유는 내가 실제로 의도한 행위가 아니라 항상 상대방이 보고 듣고 해석한 내용 때문이라는 사실을 기억해야 한다. 갈등은 결국 서로의 행동과 생각을 조금씩 양보해야 풀 수 있다. 싸울 생각을 버리고 갈등을 해결하고자 하는 생각과 태도로 서로 의식적으로 노력해야 한다. 그러면 험악하고 냉랭한 분위기가 좋아지고 서로가 만족할 만한 분위기가 된다. 그래서 난 동료 교사와 학교의 일을 놓고 이야기할 때 항상 나 자신이 옳아야 하고 내가 이야기하는 것은 반드시 관철되어야 하며, 다른 교사를 이기고 통제하며, 나의 우월성을 입증하고 인정받으려는 것은 아닌지 스스로 되돌아본다.

"내가 옳다고 이야기하거나 주장하듯이 다른 교사도 자신의 의견과

생각이 옳다고 생각하며, 누구나 다 자신의 이야기를 하는 것이다"라는 관점이 중요하다. 그래서 동료 교사의 다른 생각과 의견을 듣는 태도가 절대적으로 요구된다. 교사 개개인은 모두 이중적인 본성을 가지고 있다. 이기적인 교사이지만, 그와 동시에 자신보다 크고 고결한 무엇의 일부가 되려는 열망도 있다. 그래서 일상적인 학교 삶의 관계 속에서 서로가 도의심, 존경, 호의, 배려 등의 감성을 교류할 수 있게 되고, 이를 공유한다면 교사 개개인을 서로 엮어 주는 중요한 힘이 되어 갈등을 일으키는 상황을 최소화할 수 있다.

2부

여학생 이야기

수업에서 교사는 학생들 누구나 당연하다고 생각하는
경험의 세계에 대해 어제와 다른 물음을 던지면서,
새로운 내용의 학습이 시작될 수 있도록 도전해야 한다.

여학생들을 수업에서 만나
그들에 대해 배우다

학생들은 언제나 "선생님, 오늘도 축구 한 게임 해요." 하며 넘쳐나는 끼와 에너지를 주체하지 못해 운동장에서 수업을 진행하려는 나를 흔들어 놓았다. 그들은 교육 경력이 부족한 나를 흔들어 정해진 과제 수행에서 이탈해 '축구'로 판을 바꾸어 놓곤 했다. 나는 그들의 생각을 충분히 짐작하면서도 '내가 한 시간 더 가르친다고 아이들이 무엇을 더 배울수 있을까?' 하는 회의적인 마음이 들어 기꺼이 '축구판' 속으로 들어갔다. 그렇게 축구만을 외치는 남학생들과 함께 흙먼지 가득한 운동장에서 동고동락하며 가르치다 남녀공학 중학교로 전근을 하게 되었다.

8년간 소중한 경험을 쌓았다고 생각했다. 운동장에서 체육수업을 진행하기 위해 교수 방법, 교육과정 선정, 학습환경 관리, 평가 등에 대해 학생들을 가르친 경험으로 보다 좋은 체육수업을 할 수 있다는 자신감도 얻었다. 그러나 남녀공학에 부임하여 여학생을 수업에서 만나면서 지식, 기술, 학생들에 대한 관점, 교수 방법 등 기존 경험을 통해 습득한 나의 지식이 무용지물이 되었다. 여학생들은 내가 수업에서 만난 남학생들과는 전혀 다른 존재였다. 내가 수업에서 만나 알고 있는 학생이 아니었다. 그들이 지구에서 오래전부터 살아온 지구인이라면 난 화성에서 온 외계인 같았다. 그처럼 그들은 수업에서 나에게 낯선 존재로 다가왔다. 이후 난 체육교사로서 운동장과 체육관에서 여학생들 만나 그들이 수업에서 기쁘고 즐겁고 행복해지고, 실패하여 좌절하고 다시 일어서는 등 정서적으로 성장하는 수업을 위해 그들을 지속적으로 탐구했다. 이는 여학생들이 학습해 나가는 과정을 더욱 깊이 있게 관찰하는 것이었으며 동시에 좋은 교사가 되기 위한 또 다른 수업 탐구의 과정이었다. 나는 남학생들과의 수업에서 축적된 반쪽의 수업 경험에서 여학생들과 함께하는 수업을 통해 그들을 이해하게 되어 온전한 교사로 가르칠 수 있는 과정으로 가는 길에 서게 되었다.

수업에서 여학생의 등장은 나에게 큰 충격이었으며 과거의 축적된 수업 경험으로 도저히 풀 수 없는 난제였다. 운동장에서 29년째 학생들을 지도해 온 나에게 수업은 언제나 긴장감과 설렘을 불러일으킨다. "학생들을 가르치기 위한 지식, 기술, 관점에 대한 이해가 필요할 때 운동장에서 직접 가르친 경험을 대신할 만한 것은 없다"Paul Schempp고 하지만, 축적된 수업 경험을 가진 나에게 지금도 여학생들은 도전적인 과제를 던져 준다. 가르치는 일은 언제나 교사를 긴장시킨다. 그리고 학생들은 교사에게 묻는다. "선생님, 움직이지 않으려는 저도 가르쳐야 하지 않나요?"라고 조용히 외친다.

… 양○○은 다칠 것이기 때문에 엑슬라이더를 탈 수 없다고 선언하였다. 그리고 황○○은 눈치만 보며 타지 않는다. 장○○은 수업에 나오지 않아 얼굴을 본 적이 별로 없다. 수업은 학생이 가장 우선하여 운영되어야 한다. 그런데 학생들은 "내가 하지 않아도 되는 과목"으로 대학입시와 관련되지 않은 과목은 하지 않는다. 학교에서 필수적으로 운영하는 과목은 입시와 상관없이 학생들의 성장에 필요하기에 편성된 것이다. 그러나 학생들이 하지 않아도 된다고

거부하면 다른 강제 수단이 없다. ○○처럼 수업에서 과제 수행을 하지 않겠다고 하면 어떻게 할 수 없다는 것이 학교체육 교육의 현실이다. _2018. 9. 11. 불의 날. 나의 수업일기

"2019년 현재 수업에 등장하는 여학생들을 온전하게 이해하고 있는가?"를 묻는다면 "탐구 진행 중입니다"라고 말한다. 수업에 등장하는 학생들은 교사가 가르치는 과제 내용에 따라, 함께 학습하는 친구들이 누구인가의 관계에 따라서도 과제 수행을 하는 태도가 달라진다. 그래서 교사인 나에게 수업은 언제나 미완성이며 현재 진행형이다. 수업에서 학생들로 인해 울고 웃는다. 나는 오늘도 그들을 수업에서 만나면서 여학생이 누구인가? 스스로 수없이 묻고 또 묻는다. 덕분에 여학생에 대해 조금은 알게 되었으며 그들 덕분에 수업에서 행복할 수 있다. 그래서 난 수업에서 만난 여학생들 덕분에 갖게 된 그들에 대한 지식을 다른 교사들과 나누고자 한다.

　나는 운동장과 체육관에서 만난 여학생들을 과제 수행 태도와 관련하여 크게 "적극형, 모범형, 방관형"으로 나누어, 그들의 학습 태도와 특성을 고려하여 학습 지도에 주의를 기울인다. 수업에서 적극형은 '리더형 적극형'과 '선수형 적극형'으로 나뉜다. 리더형 적극형은 신체운동능력이 뛰어나 과제 수행에 적극적이면서, 동시에 관계 능력도 좋아 친구들이 부여하는 권력(팀의 주장)을 수용하는 학생이다. 선수형 적극형은 신체운동능력은 뛰어나지만 성격적으로 전면에 나서는 것을 싫어하여 주장이 되기를 거부하고 단지 부여되는 역할을 수용하는 학생이다. 방관형은 다시 '선택적 방관형'과 '완전 방관형'으로 나뉜다. 선택적 방관형은 기본적으로 신체운동능력이 떨어지는 편이라 과제 수행에 어려움을 호소한다. 하지만 자신이 좋아하거나 과거에 경험해 본 과제 실천에서는

소극적이긴 하지만 과제 수행에 참여한다. 완전 방관형은 신체운동능력이 친구들에 비해 현저히 떨어지는 편이고 과거에 신체활동 경험도 거의 없는 편이다. 또한 성격적으로 소심한 학생이다. 그래서 과제 수행에 참여를 거부하고 회피한다.

적극형 학생

신체활동에 적극적이며 성격이 활달하고 타인과 맞서려는 특징을 보인다. 이들은 과제 수행의 과정에서 자신의 욕구를 채우기 위해 늘 우월감을 느끼려 하고, 과제를 지배하려 들며, 친구들과 환경을 통제하려 한다. 과제 수행에서 신체적으로 취약하고 무력한 느낌을 회피하려 한다. 반면에 과제 완성, 친구들로부터 명예, 권력(팀의 주장) 같은 목표를 손에 넣고 싶어 한다. 힘과 신체적 능력에 대한 우월감은 자기 의심, 자격 미달, 죄책감, 자기 경멸의 감정으로부터 자신을 보호해 준다.

이들은 겉보기에 침착하고 명랑하며 절제하는 태도를 보인다. 다른 친구들이 볼 때 부러울 만큼 신체능력이 유능하고 자신감이 넘쳐 보일 수 있다. 그러나 이들이 수업에서 움직이는 힘은 과제의 성공, 명성, 친구들의 인정과 존경에 의지한다. 그래서 이들은 교사의 비판과 모욕에 몹시 예민하게 반응한다. 또한 과제의 실패, 약점 들키기, 자신의 의견과 권위에 대한 문제 제기, 자존심과 자부심이 상처 입는 것을 두려워한다. 이런 일이 수업에서 발생하면 이들은 좌절감과 우울함을 느낀다. 이들은 자존감이 높고 타인(친구들)을 필요로 하지 않는 듯 행동하기도 한다. 하지만 이들이 수업에서 끊임없이 타인을 매료시키는 이유는 친구들과 교사로부터 자신의 능력을 '인정'받기 위한 노력의 과정이다.

체육이 있는 전날이면 체육복을 넣으면서 엄청 기분이 좋다. 나는 내가 몸으로 직접 뛰거나 달리는 체육활동을 자신 있게 한다. 초등학교 때부터 "운동 쪽으로 키워라"라는 말을 많이 들었다. 다른 과목에서는 몰라도 체육 과목에서는 남들에게 지는 것을 싫어하는 편이다. 그래서 지지 않으려고 이를 더 악물고 체육시간에 임하는 것이다. 내가 체육시간을 좋아하는 이유는 나의 능력을 친구와 선생님이 인정해 주니까 그들의 기대에 부응하기 위해 열심히 하니 그만큼 좋은 점수가 나오기 때문이다. 또한 체육시간을 통해서 스트레스를 풀기에 최대한 모든 분야에서 열심히 활동하려고 노력한다. _김○○, 나의 체육시간

적극형인 여학생들은 수업에서 언제나 적극적이다. 선생님이 자신들이 수행하기 어려운 과제를 제시해도 긍정적이다. 예를 들어 학생들이 꺼려 하는 높이뛰기, 이어달리기 등이 제시되어도 다른 여학생들이 "선생님, 이거 재미없어요. 이걸 왜 해요?"라며 볼멘소리를 할 때, "샘, 이거 재미있을 것 같아요. 빨리 해요"라며 수업의 분위기를 주도한다.

… 너무 평화롭다. 진짜 좋다. 친구들이 달리기에 대해 궁시렁거린다. 나는 저절로 미소가 지어지면서 운동장을 둘러본다. 오래 달리기가 나에게 주는 안락함과 행복감, 색다르면서도 나쁘지 않았다. 정말이지. 체육이란 그때그때마다 새로운 걸 안겨 준다니까…. 좋다. _이○○, 수업일기

때론 선생님이 학교의 행사 준비(체육대회)로 자유 시간을 가지라고 할 때도 친구들을 선동해 신체활동(배드민턴, 피구 등)을 한다. 이들에게

선생님은 있으면 좋은 존재이고 없어도 신체활동을 하는 데 큰 어려움이 없는 그런 존재이다.

모범형 학생

체육시간에 체육관이나 운동장에서 이루어지는 과제 수행에 참여하는 것, 그 자체가 교사와 친구들의 사랑을 받는 일이라고 생각한다. 그리고 자신의 과제 참여가 교사의 사랑과 수업을 함께하는 친구들이 마음에 상처를 입지 않도록 보호해 줄 것이라는 믿음으로 수업에 참여한다. 그래서 이들은 교사와 친구들이 수업에서 자신을 원하고 받아들이고 응원해 주고, 자신을 필요로 하고 이해해 주며 사랑해 주기를 바라는 욕구가 강하다. 이들은 교사와 친구의 관계에 의존하며, 성격이 수동적이고 유순하며 자기를 내세우지 않고 순종적이다.

권위 있는 타인(교사)과 친구들의 '인정'을 받으려고 호감이 가는 특성을 드러내고, 실제 자신의 감정을 감추고, 과제 수행에서 발생한 분노의 감정은 억누르며, 친구와의 관계에서 스스로 경계선을 긋지 않는다. 하지만 이들은 친구나 교사에게 보여 주는 모습과 자신의 실제 모습 사이의 불일치로 인해 수치심과 공허감을 느끼기도 한다.

나는 사실 체육을 좋아하는 성격은 아니다. 체육 쪽으로 별로 소질이 없기도 하고 남에게 질타받거나 비판을 듣는 것을 무서워하는 편이다. 일부 체육 쪽을 좋아하고 잘하는 학생들이 팀 승리를 위해 다른 친구들에게 요구하는 때가 있었다. 그때 이후로 별로 나서서 체육활동에 참가하려고 하지 않았다. 그냥 딱 중간? 같은 느낌이다. 닥치면 하긴 하지만 굳이 내가 먼저 찾으러 가지는 않는다. 칭찬도 받으면 기분이 좋지만 그냥 무난하게 넘어가는 편이다. 나는 굳이 체육시간에 빠지려고 애쓰지 않지만 엄청난 열정을 가진 학생도 아니다. _이○○, 나의 체육시간

이들은 팀 활동에서 주장을 맡거나 공격적인 역할을 수행하기보다 잘 드러나지 않는 순종적인 역할을 선호하는 등 팀 권력을 회피한다. 그리고 과제 수행에서 친구와의 경쟁을 피하고 팀 게임이 전개될 때 자신의 역할이 드러나지 않도록 억누르기도 한다. 실제로 1 대 1 게임에서 친구를 이기기라도 하면 "미안해"라고 하며 바로 죄책감을 느낀다. 수업에서 자신감 대신 열등감, 결점, 죄책감을 더 의식한다. 또한 이들은 과제 수행의 성공을 '행운'으로 돌리고 교사와 친구들의 '인정'을 회피한다.

○○○ 샘이 가장 열정적이고 적극적으로 수업을 해 주시는 시간, 모두가 참여할 수 있도록 해 주시고 우리들이 함께 협동하여 반끼리 단합할 수 있게 도와주신 시간. 선생님의 체육수업은 왠지 모르게 나 자신이 얼마나 잘 참여했는지 바로잡을 점은 없는지 나를 돌아보게 하는 시간이었다. 이어달리기, 시격 등 매 시간 열심히 참여할수록 내 실력이 더 늘고 있다는 것이 느껴져 뿌듯하기도 한 시간. _박○○, 나의 체육시간

모범형인 학생들은 수업에서 교사의 존재가 절대적이다. 이들이 수업에서 신체를 움직이는 일은 교사의 존재와 직접적인 관련이 있다. 교사의 지도가 반드시 있어야만 과제를 수행하거나 신체활동에 참여한다. 과제 수행에서 교사의 지도를 통해 성공과 기쁨, 과제 성취를 이루어 내

고자 한다. 이들은 주체적으로 과제를 수행하거나 신체활동을 즐기지 않는다. 그래서 수업에서 교사의 지도가 절대적이며 교사의 지도를 통해 거듭나려고 한다.

체육시간은 항상 기다려진 시간이다. 중학교 때부터 책상에 앉아서 졸고 있을 때쯤 체육시간이 오면 자고 싶어서 약간 슬프기도 하지만 지루하던 교실을 지나쳐 나오는 것은 항상 신난다. 내가 체육시간을 좋아하는 이유는 선생님들이 좋기 때문이다. 언제나 친절하게 가르쳐 주시고 길을 지날 때마다 인사하는 쌤들이 참 좋았다. 그리고 수업 내용이 매우 다양해 재미있다. _강○○, 나의 체육시간

따라서 교사의 구체적이고 친절한 과제 지도는 이들에게 수업의 참여 이유이자 동력이다. 또한 자신의 신체능력 향상과 과제 성공의 필수 요인이다.

여학생의 체육수업에서 교사는 어떤 자세로 어떻게 가르쳐야 할까? 여학생들에게 자율적으로 과제 수행을 하게 하는 것은 수행의 효과와 효율성 측면에서 적합한 방법일까? 교사는 여학생들에게 무엇을 해야 하는가? 이러한 면에서 과제를 제시하고, 과제 수행을 구체적으로 지시해야 한다. 여학생들은 신체활동에 적극적으로 참여하기보다 교사의 독려에 의한 소극적 참여가 몸에 습관적으로 남아 있다. 따라서 자율적으로 과제를 수행하게 할 때, 아주 극소수의 운동 적극파 학생들만 과제를 연습한다. 다수의 여학생들은 과제를 한두 번 연습하고 앉아서 수다를 떤다. 교육적으로 학생들이 자율적인 과제 수행을 할 수 있도록 해야 한다. 하지만 학생들

은 중2를 지나면서 학습을 해야 한다는 의욕을 급격히 잃었다. 그러니 고등학생에게 자율적인 과제 수행은 또다시 학습 무기력에 빠지게 할 수 있다. 따라서 교사는 학생들이 과제 수행을 할 수 있도록 수시로 변화된 과제를 구체적으로 제시하고, 과제 수행을 하도록 강제해야 한다. 신체활동을 몸으로 익히지 않고 신체활동의 가치를 마음으로 느끼는 일은 가능하지 않다. _2018. 10. 4. 나의 수업일기

그래서 교사가 성공적으로 이들을 지도하여 긍정적인 경험을 쌓게 되면 체육수업을 긍정적으로 바라보고 교사도 긍정적으로 바라보는 학생으로 성장하게 된다. 그리고 수업에서 주체적이고 자발적인 학생으로 변화한다. 다만 이러한 변화를 만들어 내기 전까지 언제나 교사의 가르침이 반복적으로 이루어져야 하며, 과제 수행에서 실패와 성공을 반복하면서 긍정적인 신체 경험을 내면화할 수 있어야 한다. 교사의 지도가 수업에서 사라지게 되는 순간 이들의 학습도 멈추고, 성장의 기회도 잃게 된다. 수업에서 학생에게 학습이 멈추면 학생에게 아무 일도 일어나지 않는다.

방관형 학생

체육시간에 과제 수행을 체념하거나 또는 초연한 태도를 갖는다. 마치 수업의 구경꾼처럼 과제 수행의 주체가 자신이 아닌 듯 행동한다. 이는 수업에서 자신의 욕구와 필요 또는 과제 수행에서 자신이 입을 실패와 좌절로 인한 마음의 상처를 피하기 위해서다. 수업에서 아무런 노력도 하기 싫어하는 이들은 경쟁, 목표, 과제 성취에 관심이 없는 것처럼

행동하거나 타인과 관련된 일에는 관여하지 않으려 한다. 심지어 학급에서 친구들이 소중하게 생각하는 친구나 팀이라 해도 스스로 상처받지 않으려고 자신의 감정을 외면하고 관계 맺기를 기피한다.

수업에서 학생이 느끼는 수치심은 자신의 신체운동능력이 매우 떨어져 친구들과 함께 과제 수행을 할 자격이 없다는 생각에서 출발한다. 그래서 이들은 수치심을 피하기 위해 친구들이 수행하는 과제와 거리를 두려 한다. 의도적으로 수업의 활동 반경을 줄여 어떻게든 '과제 수행 실패'로 발생할지도 모르는 마음의 상처를 줄이고 '마음의 평화'를 얻고 싶어 한다.

> 해도 안 되는 학생
> 열심히 할수록 마음 아픈 학생
> 그래도 열심히 하는 학생…
> 중간은 가고 싶어서, 노력하면 될 것 같아서.
>
> _이○○, 나의 체육시간

그래서 수업시간에 움츠러드는 태도로 일관한다. 여학생들은 수업에서 얻을 수 있는 친밀감에 대한 욕구, 친밀감에 따르는 불안, 친구로부터 분리되는 데서 오는 고통도 회피한다. 이 학생이 수업에서 움직이기를 멈추어 신체활동의 기회를 기피하는 순간 과제 수행에서 만날 수 있는 모든 부정적인 감정도 사라지게 된다. 이들은 자립적 성향이 강하며 자신만의 자유를 중요시한다. 따라서 체육시간에 교사에 의해 강제되는 과제 수행의 지시, 압박, 충고에 극도로 민감하게 반응하며, 스스로 벽을 쌓아 올려 그 누구도 필요로 하지 않거나 어떤 영향도 받지 않으려 한다.

'체육'은 항상 나의 적이다. 무려 초등학교 3학년 이후부터 쭉 그래 왔고 앞으로도 그럴 것이다. 단순히 귀찮아서가 아니다. 그냥 짜증 나고 싫다. 몸을 움직이는 것이 싫은 것이다. 나는 한국의 체육수업이 싫다. 공부에 지친 학생들의 심신을 위로해야 할 체육이 어째서 이마저도 '경쟁'으로 변질되어야 하지? 우리는 운동선수도 아닌데, 왜 힘들게 하는 거지? 어째서 열심히 노력하고 도전했음에도 불구하고 점수로 평가된 그 결과를 보고 실망해야 하지? 우리나라의 이러한 교육은 너무 잘못되어 있다. 모든 것이 대학으로 직결되는 것, 그래서 잠시나마 숨통이 트일 수 있게 환기시켜 줄 수 있는 학교 수업은 존재하지 않는다. _이○○, 나의 체육시간

이 학생들이 교사에게 가장 치명적인 존재이다. 교사는 이들과의 수업에서 만남으로 인해 '나는 학생에게 아무것도 하지 않았다'는 자괴감을 느끼며 지옥으로 떨어진다. 그러한 상처 속에서 교사로서 학생들을 가르쳐야 한다는 사명감과 책임감을 다시 생각한다. 이들은 기본적으로 과제 수행에 대해 부정적이다. 또한 교사에게도 적대적이고, 수업에서 교사와 상호작용하는 대화는 매우 거칠다. 그 이유는 '학생이 과거 체육 수업에서 과제를 어떻게 수행하고 그를 통해 어떤 평가를 받았는가?'라는 학습 이력과 깊은 관련이 있다.

너무 싫은 시간, 운동도 안 좋아하고 땀이 뻘뻘 나는 시간이 좋을 리 없다. ○○○샘과 수업을 하면서는 더 이상 지루하지 않고 재미없는 시간이 아니다. 다양한 수업을 하는 것뿐 아니라 우리에게 그 이상의 것을 전달해 주는 시간이다. _김○○, 나의 체육시간

학생들이 각자의 노력으로 자신의 한계를 극복하는 것은 어렵고 힘들다. 특히 수업에 참여해 성공보다 실패와 좌절을 경험함으로써 더욱더 아무것도 할 수 없다는 무력감과 아무것도 하지 말아야 한다는 신체활동 기피의 늪으로 빠져들게 된다. 이러한 학생들에게는 교사의 가르침이 절대적으로 필요하다. 교사가 수업에서 이들을 이해하고 그들이 자신의 한계라고 생각한 그 지점에서 새로운 가능성이 잉태될 수 있도록 가르쳐야 한다.

> … 체육시간이 싫어서 친구들하고 나무 그늘에 앉아 있기만 했는데, 이제는 체육수업에 최선을 다해서 임해야겠다는 생각이 든다. 예전에는 '체육이 뭐가 재미있다고 옷 갈아입고 나오는 걸까?' 하고 생각했다. 내가 조금은 부끄럽다. 내가 못한다고 생각했던 것을 해내니 이렇게 자신감이 생기고 즐거워지는데, 예전에는 왜 몰랐을까? 지금이라도 깨달아서 다행이다. _박○○, 수업일기

교사는 학생들에게 신체적 가능성과 정서적 가능성의 경험을 확대하기 위해 가르치는 것이다. 처음부터 수업의 방관자인 학생은 없다. 이들은 학습의 과정에서 참여의 기쁨으로부터 소외되고 반복된 실패로 좌절의 웅덩이에 깊게 빠져들어 헤어 나오지 못한 것뿐이다. 그래서 이들에게 긍정적인 신체 경험을 반복적으로 만들어 줄 수 있도록 과제 수행을 지도해야 한다. 과제 참여의 과정을 통해 '나도 할 수 있다'는 가능성을 발견하고 기쁨을 얻음으로써 방관자적인 자세에서 벗어날 수 있다. 이 과정에서 교사의 지도 노력이 절대적으로 필요하다.

> 나는 잘하는 것이 별로 없어서 내가 조금이라도 잘하는 것을

찾으면 다른 것은 도전도 해 보지 않고 한곳만 판다. 하지만 이렇게 생각하는 와중에도 체육 선생님은 계속해서 나를 격려해 주며 다른 아이들도 격려해 주시고 그렇게 모두를 이끌어 가려 하신다. 그래서 나는 용기를 가지고 열심히 하는 척이라도 하게 되었다. 나를 이제부터 원하는 것만 고르지 않고 다른 것도 열심히 하는 그런 아이가 되고 싶게 만드는 시간. _김○○, 나의 체육시간

방관적인 학생들을 과제에 참여시키는 문제는 쉬운 일이 아니다. 그들이 수업에서 과제에 성공하여 짜릿한 행복을 맛본 기억이 없기 때문이다. 하지만 교사가 그들에게 신체활동 기회를 제공하는 일을 포기하면 체육시간에 아무것도 하지 않는 학생으로 남을 수밖에 없다. 가르침이 불가능하다고 생각되는 한계 지점에서 그 한계를 넘어서는 교사의 도전이 필요하다. 그런데 그러한 도전으로 또다시 시련과 역경이 발생할 수 있다. 하지만 거기에 교사의 꿈과 희망이 다시 접목되고, 학생이 수업에서 움직이게 될 때 학생이 변화하고 성장하는 생각지도 못한 수업의 기

적과 신화가 창조될 수 있다.

> … 뛰는 횟수가 늘수록 입김은 더 늘어 가고 숨은 차 온다. 얼굴도 뜨거워서 뛰기가 힘들었다. 예전 같으면 불만을 터트렸을 것이다. 하지만 몸은 힘들어도 내 마음은 원기충전 100% 상태였고 언제까지나 뛸 수 있을 것 같은 기분이었다. 참 신기한 일이다. 예전에 그렇게 싫어했던 종목을 하며 마음이 풍요로움을 느끼다니. 체육이란 참 신기한 과목이다. 힘들게 숨을 몰아쉬며 교실로 들어가면서도 기분은 구름 위를 달리고 있었다. 예전의 '나'라면 상상도 못 했을 말이지만 30분 오래달리기는 무척이나 재미있다. _이○○, 수업일기

한 학생을 수업에서 만나 이해한다는 것은 대단히 어려운 일이다. 그것은 학생이 살고 있는 전체(가정, 신체·정신적 활동 경험, 경제적 배경, 사회문화적 배경)를 아는 것과 같기 때문이다. 학생을 둘러싼 문화는 학생의 인성과 능력을 잉태하는 어머니와 같다. 그래서 학생을 알기 위해서는 그를 둘러싸고 있는 많은 부분을 이해해야 한다.

내가 수업에서 본 모습이 그들의 전부가 아니다. 여학생들의 일부 조각일 뿐이다. 그 수많은 조각을 많은 교사들이 함께 맞추기를 한다면 하나의 퍼즐이 완성될 것이다. 나는 지난 수십 년간 수업에서 만난 여학생들 덕분에 그들에 대한 축적된 경험적 지식을 얻을 수 있었다.

학생들을 가르치면서 그들과의 만남에서 얻은 경험적 지식은 내가 수업 전문성을 확보하는 데 큰 자산으로 작용했다. 나의 수업 전문성은 다른 교사들과의 인간적 관계 속에서 자란 사회적 산물이자 수업이라는 특정 맥락에서 발아된 교육적 산물이다. 체육교사인 내가 여학생들에 대해 지니게 된 전문성은 독자적인 경험이나 지식이 아니라 다른 교

사의 전문성을 활용하여 나의 수업 목적을 달성하는 과정에서 직간접적으로 영향을 미친 사회적 관계의 산물이다. 수업에서 만난 여학생, 학교현장에서 만난 체육교사들 그리고 교육 연구자들, 그들 덕분에 수업의 실천 속에서 생성하여 얻은 수업 전문성이다. 수업에서 얻은 여학생들에 관한 이야기가 나의 수업만을 위한 전문성이 아니라 많은 체육교사와 공감의 장으로 공론화되고 좋은 체육교육의 공동선을 이루는 데 마중물이 되었으면 한다.

체육시간, 그들을 멈추어 세우다

체육교사가 수업에서 과제 수행을 실천하면서 겪게 되는 불안감, 죄책감, 좌절감과 실패를 수용하고 인정해 주면, 학생들은 자신을 받아들이고 실패를 딛고 다시 시도하는 사람으로 성장할 수 있다. 교사가 학생들에게 자신의 능력과 수준에 맞는 현실적이고 성취 가능한 목표를 세우도록 가르치는 것은 유익한 일이다. 또 목표에 이르는 단계에서 과제 수행에 성공할 때마다 학생을 인정해 주고 따뜻한 격려를 하는 것도 교육적으로 의미 있는 행동이다. 교사에게 수업은 가르치는 일에 대한 끊임없는 배움의 과정이며, 학생, 교과 내용, 가르치는 일 자체에 대해 새로운 것을 지속적으로 배우는 장이다. 따라서 교사는 학생들이 수업에서 무엇을, 왜, 어떻게 수행하고 있는지 항상 깨어 있는 마음과 눈으로 바라보아야 한다.

'불안감'이다

불안은 실제적인 공포가 아니라 '내가 친구들로부터 낮은 평가를 받지 않을까?'라는 마음에서 오는 공포이다. 친구들의 평가에 따른 불안은 초등학교 또는 중학교 체육수업에서 경험한 것처럼 과제 수행 중 친구들 앞에서 큰 실수를 해서 창피당하거나 팀원 선발 과정에서 마지막까지 주장에게 지명당하지 못해 '버림'받는구나 하는 예측이 일어날 때 만들어진다. 여학생들은 수업의 공간에서 교사와 친구들에게 사랑받고 인정받고 싶은 욕구가 강하다. 그래서 약간의 '불만'이나 '버림받음'의 신호에도 민감하게 반응한다.

> 자신감이 없고 열등감을 많이 느끼는 사람이라 내가 못하는 종목을 배울 때 정말 별 생각이 다 든다. '와, 쟤는 저것도 잘하는데 나는 왜 못하지….' 이런 생각. 팀 활동(배구, 핸드볼 등)에서 자기 팀을 뽑을 때 주장이 선발하는 경우 내가 운동을 못해 늦게까지 이름이 불리지 않는 것이 두렵고 힘들다. _권○○, 나의 체육시간

과제를 회피하거나 기피하려는 여학생들은 수업에서 발생할 수 있는 친구들의 거절, 팀원으로부터 버림받음, 심지어 자신의 성공적 과제 수행마저도 불안해한다. 학생들의 이런 행동은 불안과 수치심을 더욱 높이고 지속시킬 수 있다. 이렇듯 여학생들이 수업에서 느끼는 불안은 수업 상황에서 스스로 하는 말이나 행동조차 걱정하게 한다. 그리고 앞으로 하게 될 말이나 행동에 대해서도 초조해한다. 또 친구들이 자신을 바라보며 한 말의 의도와 행동에 숨겨진 의미가 있는 것은 아닌가 하고 끊임없이 의심하게 만든다.

체육시간 과제 수행 과정에서 경험할 수 있는 '불안'은 다른 감정과 마찬가지로 학생의 생각과 태도로 인해 생겨난다. 과제 수행을 하기도 전에 자신은 신체운동능력이 전혀 없다고 생각하면 처음부터 과제 달성에 실패한 것이나 마찬가지다. 이런 마음가짐은 학생을 이미 두려움에

사로잡히게 만들어 친구들의 격려와 교사의 조언마저 듣지 못하게 만든다. 과제 수행에 대한 불안으로 인해 발생한 부정적인 태도는 자신과 과제 수행 사이를 가로막는 장벽이다.

무섭고 두려운 시간, 실패를 해 봤거나 다치거나 트라우마가 있기 때문이다. 한 번쯤 이것들을 이겨 내고, 해 봐야 이것을 이겨 낼 수 있다. _김○○, 나의 체육시간

수업에서 일상적으로 과제에 실패한 학생은 과제가 낯설고 어렵다고 느끼며 불안에 시달린다. 이런 학생은 자신이 처한 수업 상황이 얼마나 위협적이고 두려운지 속으로 중얼거리며 불안에 사로잡혀 과제를 향해

움직이지 못한다. 일단 '불안'이 마음속을 차지하면 '성공할 수 있어'라는 긍정적인 마음은 모두 잃어버린다. 그리고 자신이 맞이하고 있는 과제 수행 상황을 '난 할 수 없어'라며 비관적으로 바라본다.

이러한 상황에서 교사는 힘든 과제에 도전해 한 걸음 한 걸음 나아가는 학습 태도를 견지할 수 있도록 학습환경을 조성하고 지도에도 최선을 다해야 한다.

> 학교 체육 선생님은 수행평가 보는 날이 아니면 우리한테 관심을 두지 않았고, 항상 땡볕에서 공이나 던지면서 수업을 했기에 별로 좋은 기억이 아닌 시간, 그러나 지금은 선생님이 항상 열정이 불타오르셔서 덩달아 나도 열심히 수업을 하게 되는 시간.
>
> _안○○, 나의 체육시간

이렇게 불안으로 과제를 회피하려는 학생이 운동장이나 체육관 구석에 틀어박히지 않고 과제 수행을 위해 나설 수 있도록 하려면 무엇보다 교사의 숨은 노력이 있어야 한다.

학생이 과제 수행의 기회를 저버리지 않고 움직이려면 용기가 필요하고 활동의 기회가 주어져야만 실패와 성공이 나타날 수 있다. 그리고 과제 수행에 따른 실패보다 성공의 횟수가 증가하면서 몸을 움직여 과제를 수행하는 불안감은 줄어들게 된다.

학생이 과제 수행을 맞아 '불안'을 느낄 때 교사의 대처 방법

- '내가 해야 할 일은 무엇인가'를 스스로에게 묻게 하고, 두렵다는 생각보다 수행해야 할 과제에만 집중할 수 있도록 지도한다.
- 잠시 심호흡을 하고 온몸의 긴장을 풀게 하며, 마음이 편안해지고

여유가 생길 때 과제를 수행하도록 지도한다.
- 스스로가 처한 과제 수행 상황을 객관적으로 바라보게 하고, 마음의 준비를 단단히 하고 과제에 임할 수 있도록 지도한다.
- 교사는 학생이 과제 수행에서 가질 수 있는 '불안'을 모두 없애려고 하지 말고, 그저 불안한 마음에 휩쓸리지 않고 자신을 추스릴 수 있도록 지도하는 것이 중요하다.

'죄책감'이다

학생들이 느끼는 죄책감은 그들 안에 있는 수치심에 의해 촉발된다. '내가 팀에 피해를 주었구나'라는 생각이 수치심으로 유발되어 갖게 되는 죄책감은 수업에서 아무런 행동도 할 수 없게 그들을 마비시킨다. 이들은 친구들이 기대하는 자신의 수행과 관련된 '당위성'에 못 미칠 때 죄책감을 느낀다. 왜냐하면 자신의 행동이 친구들의 불만을 불러일으키고, 그래서 친구들에게 버림받을 위험에 처할지도 모른다고 생각하기 때문이다. 이들은 수업 상황에서 자신과 친구들의 욕구가 충돌할 때, 운동을 잘하지 못하는 자신이 의견을 내세우는 것을 이기적이라고 여겨서 자기주장을 하지 못한다. 대신에 친구들의 주장을 모두 수용하는 편이다.

> 팀플레이를 해야 하는 종목들이 많아서 내가 못하는 종목 경기를 할 때는 재미있다는 마음보다는 공을 잡아야 한다는 부담감과 팀에 민폐를 끼치지 않도록 열심히 해야겠다는 마음밖에 없는 시간. _박○○, 나의 체육시간

팀 활동에서 친구들이 '패배'로 인해 실망해도 자신의 잘못 때문이라는 죄책감을 느끼고, 언제든 친구들의 의견을 순순히 따르고 책임지려 한다. 과제를 기피하는 여학생들은 더 잘하지 못하거나 더 많이 수행하지 못해서 끊임없이 친구들에게 미안한 마음이 들고 죄책감을 갖게 된다. 때론 친구들의 슬픈 감정을 달래려는 목적으로 자신의 잘못이라는 죄책감을 인정하기도 한다. 이것은 팀 활동 과정에서 발생한 일을 책임지는 것이 아니라, 자기 행동에 책임을 질 때 느끼게 될 뿌리 깊은 수치심을 피하는 방식일 뿐이다. 수업에서 여학생이 느끼는 죄책감은 이렇듯 수치심을 방어하기 위해 사용되기도 한다.

> 아주 절실하게. 내가 공을 친다고 하더라도 공이 마음대로 움직여서 조절이 가능하지가 않다. 분명히 나는 내 앞으로 공을 친다고 했는데 나가는 방향은 왼쪽 또는 오른쪽이다. 그때마다 친구들에게 너무 미안한 감정이 커져서 정말 쥐구멍에 숨고 싶고, 그 현장을 빠져 나오고 싶다. 친구들의 눈길과 안타까움이 섞인 말들이 들리면서 울컥울컥했다. 그래도 친구들이 내가 운동을 잘하지 못하는 것을 알고 있어 다행이라는 생각이 든다. _이○○, 나의 체육시간

반면에 수업에 적극적으로 참여하는 여학생들은 죄책감에 개의치 않을 가능성이 크다. 이들은 수업에서 자신의 성공 기준과 완벽함의 기준을 채우기 위해 충분히 노력하지 않았을 때 죄책감을 느낀다. 또는 친구들 앞에서 자신의 방식을 지나치게 고수했을 때 죄책감을 느낀다. 그러나 이들은 과제 수행과 관련해 스스로 어떤 책임을 지려 하기보다는 친구들에게 죄책감을 느끼게 하려고 비난이나 투사를 사용하는 경우가 많다. 설령 수업에서 발생한 일들에 대해 책임을 진다고 하더라도, 이들

은 재빨리 책임감을 놓아 버린다.

"죄책감은 인간에 대한 가치 평가와 행동에 대한 가치 평가를 혼동하는 데서 오는 감정이다. 인간은 단순히 그 행동으로만 평가될 수 없다. 모든 인간은 그의 행동 이상의 가치를 가진다."Water O & Elizabeth Hooker

이 두 심리학자에 따르면 죄책감은 사람이 한 행동에 대해 느끼는 불편한 감정이 문제가 아니라, 자기가 저지른 행위 때문에 스스로를 '못난' 사람이라고 단정하는 태도가 문제이다. 체육수업 시간 과제 수행의 과정에서 '나의 실책으로 팀에 피해를 주었구나.' 하는 죄책감을 느낀 학생은 자신의 행동을 수정하는 대신 원치 않는 감정을 경험한 사실에 대해 괴로워할 뿐이다.

실제로 죄책감을 경험하는 학생은 낮은 과제 수행 능력과 참여 태도를 쉽게 바꾸지 못한다. 그들의 몸과 마음을 지배하는 습관에서 벗어나지 못하는 것이다. 대신에 그들은 죄책감을 수행 능력이 떨어지는 스스로에게 부여하는 면죄부의 성격으로 사용하는 경향이 있다. 따라서 학생이 자신을 변화시키려고 노력한다면, 행동을 바꿀 수 있도록 교사가 적극적으로 학습의 과정에서 그 학생을 도와주어야 한다. 또한 학생도 과제 수행에서 죄책감을 느끼는 대신 과제 수행 연습에 적극적으로 참여하려는 태도와 의지를 갖는 등 변화를 위한 자신만의 노력을 경주해야 한다.

나는 달리기를 정말 못해서 팀원들에게 피해를 끼칠까 봐 항상 걱정했다. 그런데 내가 실수를 해도, 잘못해도 괜찮다면서 위로를 해 주었다. 이 계기를 통해 체육을 좀 더 열심히 해야겠다는 생각이 들었다. _강○○, 나의 체육시간

　그런데 대부분의 학생들이 '못난이'라는 죄책감을 느끼는 순간, 마음이 뒤로 달아나 과제 수행을 멈춘다. 학생에게 적극적인 자세로 과제 수행에 참여할 기회가 주어지지 못한다면 과제 수행을 통해 신체운동능력을 변화시킬 기회를 얻을 수 없고, 결국 신체운동능력도 변화시키기 어렵다는 것은 누구나 아는 사실이다. 그래서 팀 활동이나 개별 과제 수행에서 느끼는 죄책감은 학생들의 신체적·정서적 성장과 변화를 위한 체육수업에 꾸준한 참여를 방해하는 요인이 된다.

'우울감'이다

수업시간에 느끼는 자기 소외, 자신의 욕구 무시, 신체활동 능력 부족으로 인한 수치심은 과제 수행 참여를 기피하고 회피하는 우울함으로 발전할 수 있다. 과제 수행과 맞물려 생기는 우울은 과제로부터 달아나려는 여학생들에게 많이 나타난다. 여학생들은 체육수업에서 과제 수행에 실패할 때 신체운동능력이 떨어지는 자기를 탓하고 성공을 이루어도 외부 환경과 행운으로 돌리는 경우가 대부분이다. 자신의 신체적 능력을 신뢰하지 못하기에 일어나는 일이다.

　　체육수업은 공을 이용한 체육활동이 많은데, 나는 반사 신경, 민첩성, 체력이 안 좋아서 못하고, 못하니까 하기 싫고 움직이는 것도 귀찮고, 여름에는 땀이 많이 나고 덥고 겨울은 추워서 움직이기 싫은 시간이다. 또한 내 몸이 내 몸이 아닌 느낌이고, 나에게 너무나 많은 것을 바라는 것 같아서 버겁고, 그래서 너무나 큰 벽처럼 느껴지는 시간이다. _유○○, 나의 체육시간

여학생이 과제 수행에서 느끼는 우울감은 자신의 감정 억압, 특히 분노와 수치심을 억누름으로써 스스로의 감정이 마비될 수 있다. 하지만 많은 여학생들은 과제 수행 활동, 교사의 보살핌, 친구들과의 불안한 관계 속에서 주의가 산만해지기 때문에 스스로 알아채기 힘든 가벼운 우울감만을 느낀다.

　　나는 체육시간이 싫다. 맨날 슬리퍼 갈아 신는 것 까먹고 가서 짜증 난다. 체육복 입고 바닥에 앉는 것도 싫다. 무엇보다 못해서

싫다. 체육 선생님의 에너지에 훨씬 못 미치는 그런 느낌이다. 나는
별로 재미가 없는데 앞에 선생님이 뭔가 열정적이니까 하기는 해야
겠는데 하기는 싫고, 부담스럽기도 하고 죄송스럽다. 체육은 다른
과목과 다르게 하지 않으면 좀 티 난다. _신○○, 나의 체육시간

체육수업에서 우울감을 느끼는 학생은 이 감정으로부터 벗어나기가
쉽지 않다. 왜냐하면 이 감정이 수업 상황에서 유용한 점이 있기 때문이
다. 즉, 우울감이 내포하는 목적으로 인해 학생이 과제 수행에서 자신의
행동에 대한 책임을 회피하는 근거가 된다. 어떤 학생은 신체적 나약함
을 내세워 다른 친구들의 기대치를 낮춘다. "나, 운동을 잘 못해. 알지?"
이렇게 사전에 친구들에게 말함으로써 과제 수행에 따른 성공 압박감과
실패로 인한 마음의 상처를 줄인다. 그리고 교사와 친구들의 보호와 배
려를 은근히 기대하고 희망하기도 한다. 나아가 이들은 과제 수행 실패
에 대한 변명과 비판에 대한 방어수단으로 자신의 '우울감'을 이용하기
도 한다.

체육수업에서 모든 학생들은 과제를 수행해야만 한다. 체육수업시간
과제 수행은 반드시 신체활동을 동반하게 된다. 그리고 나의 과제 수행
은 관중들, 즉 나의 친구들 앞에서 수행하게 된다. 과제 수행하는 '나'를
바라보는 '타인의 눈(친구들)'이 항상 따라다닌다. 나를 바라보는 눈이
있어 '내'가 과제를 수행하는 일이 힘들고 어렵다. 멋지게 과제를 수행하
여 '친구들'에게 인정받고 싶은 마음이 간절하다. 그런데 몸은 성공적으
로 수행을 하지 못한다. 그래서 마음의 생채기만 늘어 간다. 그 생채기
가 학생을 과제로부터 멀어지게 한다. 체육수업에서 수행해야 할 과제
를 모두 잘하기는 쉽지 않다. 따라서 필연적으로 체육수업에서 학생들
은 기쁨, 슬픔, 좌절, 공포, 수치심, 불안, 죄책감, 환희, 우울, 자부심 등

의 감정을 만날 수밖에 없다. 그리고 과제를 성공적으로 수행하지 못함으로써 갖게 되는 부정적 감정(수치심, 우울, 슬픔, 좌절 등)으로 인해 힘들어한다.

> 늘 히는 체육시간을 통해 친구들과의 협력, 협동심도 배우고, 양보도 배우고, 경기를 하면서 승리의 기쁨도 많이 느꼈다. 패배의 아픔도 느껴 보고 승자에게 축하해 주는 마음가짐도 배웠다. 또한 분하고 억울한 마음이 생길 때 마음을 조절하는 능력도 키우게 되었다. 싫어하는 것, 못하는 것도 있었지만 정말 체육시간은 내 기억 속에 항상 설레고 즐거운 시간이다. _최○○, 나의 체육시간

학생들은 수업에서 경험하는 감정들을 통해 스스로 성장한다. 실패를 통해 과제에 도전하려는 의지를 키우고, 제시된 과제를 통해 공포감을 느끼고 그 공포를 극복하는 방법을 터득하게 되기도 한다. 또한 팀에 피해를 준다는 죄책감 때문에 최선을 다하려는 마음가짐으로 과제 수행을 위해 노력하려는 의지를 갖게 된다. 이런 과정에서 자신의 신체적 능력을 키우려 노력하는 의지가 발동된다.

문제는 학생들이 과제 수행의 과정에서 자신이 겪게 되는 감정을 어떻게 다루어야 하는지 잘 모른다는 사실이다. 왜냐하면 그들은 한 번도 자신의 감정을 다스리는 방법을 배워 본 적이 없다. 그래서 때론 선생님에게 매우 거칠고 격렬하게 말하고 행동하는 경우가 발생한다. 교사는 학생들의 이런 모습에 크게 상심하고 교육에 대한 의지를 잃기도 한다. 학생들에게 발생하는 감정이 무엇인지, 이런 감정을 어떻게 다루어야 하는지 가르쳐야 하는 이유가 여기 있다.

배구 게임 시 갈등이 생겼을 때 상대방 앞에서 화를 내면 안 된다. 게임에서 불만을 토로할 때는 나머지 사람들의 역할이 매우 중요한데, 절대 동조해서는 안 된다. 샘이 스포츠 게임에서 발생하는 감정을 즉시 표현하고 다른 친구들에게 좋지 않은 말을 해서는 게임이 지속될 수 없다는 말씀을 하셨는데, 이 말이 생각났다. 나와 팀원들은 그 불만에 절대 동조하지 않고 대안만 제시했다. 이렇게 하여 팀 게임에서 발생한 갈등을 확대하지 않고 해결할 수 있었다. _이○○, 나의 체육시간

수업에서 경험하는 긍정적 감정은 학생에게 유해하게 작용하는 일이 거의 없다. 다만 부정적 감정 경험으로 인해 학생들이 과제를 회피하거나 기피하는 일이 반복적으로 발생해서 자신이 '못난이'라고 믿게 되는 일이 흔하게 일어난다. 부정적 감정 경험이 학생을 힘들게 하고 수업에서 달아나게 만드는 것이다. 이는 또 학생이 체육수업을 넘을 수 없는 '벽'으로 여기게끔 한다. 그러므로 교사는 학생들이 과제 수행하면서 느낄 다양한 감정에 어떻게 대처해야 하는지를 알려 줄 수 있어야 한다. 학생이 감정적 한계에서 벗어날 수 있다면 과제의 성공적 수행을 위해 한걸음 전진하게 된다.

체육수업, 과제 수행과 관련된
내 감정 경험 선택의 7가지 원칙

체육시간, 학생들이 과제를 수행하면서 겪게 되는 감정은 다양하다. 학생들은 과제의 성격에 따라 수행 과정에서 실패함으로써 좌절도 만나

고, 자신의 수행을 바라보는 친구들로 인해 '못난이'라는 수치심을 느끼기도 한다. 학생이 이러한 감정으로부터 벗어나지 못하면 성공적인 과제 수행 능력을 갖기 어렵다. 따라서 '수업에서 발생하는 자신의 감정에 어떻게 대처할 것인가'에 대해 교사의 적절한 지도가 필요하다. 이를 통해 학생이 과제로 인한 감정에 대처하면서 과제를 수행하는 능력을 키우는 것이 중요하다.

과제 수행 방식 탐구하기

학생들이 스스로의 과제 수행 방식이 어떤지 알고, 그것이 자신에게 도움이 되는지 생각해 보도록 한다. 도움이 되지 않는다고 생각하면 새로운 과제 수행 방식을 선택하도록 한다.

내 감정을 있는 그대로 받아들이기

과제 수행에서 경험하는 부정적 감정은 '나쁜' 감정이 아니다. 어떤 감정이든 편안하게 받아들여야 수업에서 나를 있는 그대로 인정할 수 있고, 나를 인정하면 과제 수행에서 새로운 감정 경험을 만드는 일이 더욱 수월해진다.

과거 수업 경험에 얽매이지 않기

학생들의 과거 경험은 바꿀 수 없다. 지난 수업의 일을 아무리 후회해 봤자 소용이 없다. 과거 경험에 지배당하지 말고, 오직 현재 과제 수행에 충실해야 한다. 학생들 누구나 과거에 얽매이지 않을 자유가 있음을 수시로 지도한다.

수업에서 내가 무슨 생각을 하는지 깨닫기

현재 나의 생각이 과제 수행을 좌우한다. 과제 수행에 앞서 부정적인 생각('나는 못해', '나는 언제나 실패했어', '나는 운동능력이 없어')을 하면 부정적인 경험을 만들게 된다. 반대로 긍정적인 생각을 하면 긍정적인 신체 경험이 다가오므로, 이를 잘 지도한다.

수업에서 일어나는 감정의 목적 인식하기

과제 수행에 앞서 나에게 일어나는 감정에는 분명한 목적이 있다. 그것이 무엇인지 알고, 그 목적대로 내가 행동하면 어떤 결과가 생길 수 있는지 곰곰이 생각해 볼 수 있도록 한다.

감정	목적	설명
화(분노)	• 통제 • 승리 • 앙갚음 • 권리 보호	통제력을 되찾고 싶거나, 논쟁 따위에서 승리하고 싶거나, 상대에게 앙갚음하고 싶은 마음의 표현이다. 권리를 보호하고 싶을 때도 화를 낸다. 다시 말해 상대방을 '물러서게' 하고 싶을 때 화를 낸다.
우울증	• 분노 표출 • 통제 • 시간 벌기 • 도움 요청 • 슬픔의 표현	모든 사람은 때때로 우울한 기분에 빠진다. 우울한 감정은 강한 슬픔의 표현이다. 이 감정은 소리 없이 울화통을 터뜨리는 심리 상태일 수 있는데, 그 표적이 된 당사자는 죄책감까지 느낄 수 있다. 우울한 사람은 이런 식으로 상대방을 통제하려 든다. 또한 이 감정을 이용해 시간을 벌기도 한다. 다른 사람에게 자신의 책임을 떠넘기고 자신에게는 아무것도 기대하지 말라는 뜻을 표명할 때도 쓰인다.
공포와 불안	• 자기 보호 • 흥분 • 조치를 취함	두 감정은 모두 긴급 상황에 대비하는 마음가짐을 갖추고, 그에 대응하는 행동을 하도록 돕는다. 즉, 자신을 보호하는 감정이다. 실패에 대한 두려움이 실패 자체보다 파괴적인 영향을 미치기도 한다.
걱정	• 관심의 표현 • 두려움의 표현 • 어떤 일이 일어나지 않기를 바라는 마음	어떤 일에 대한 관심이나 두려움을 표현하기 위해 사용된다. 주술적인 의미로 사용되기도 한다. 마치 어떤 일을 충분히 걱정하면 그 일이 일어나지 않고, 걱정하지 않으면 그 일이 닥칠 것이라고 믿는 식이다.

죄책감	• 자기 처벌 • 의무 방기 • 자기변명 • 우월감 표시	자기 자신을 처벌하는 감정이다. 공개적으로 거부감을 표시하지 않은 채 해야 할 일을 방기하고 싶을 때도 죄책감을 빌미로 삼는다. 해야 할 일을 알고 있지만 하지 않을 때, 그저 죄책감을 느낌으로써 마음의 부담감을 없애고자 한다. 잘못을 저질렀을 때 '적어도 잘못했다는 점은 알 정도로 바른' 사람임을 자부하는 식이다.
슬픔	• 실망의 표현 • 다른 사람에게 책임 떠넘기기 • 공감 표시	자기 자신, 타인, 혹은 상황에 실망했을 때 슬픔을 느낀다. 슬픔을 통해 타인에게 공감을 표시할 수도 있다. 어떤 사람에게 안 좋은 일이 생겼을 때 느끼는 슬픔은 유감의 뜻을 표명하는 감정이다.

게리 D. 맥케이(2002), 『아들러의 감정수업』에서 인용

언어 습관 바꾸기

"나는 못해. 할 수 없어. 역시 난 안 돼"라는 말을 사용하면 과제 수행의 주체로 설 수 없다. 부정적이고 단정적인 말을 하면 수업에서 과제 수행을 기피하고 회피하면서 스스로 '할 수 없다'는 편견에 빠질 수도 있다. 학생이 자신에게 부정적·단정적인 말을 피하고, '나도 할 수 있어'라는 능동적이고 긍정적인 말을 하여 내 감정의 새 경험을 만들도록 한다.

부정적인 생각을 긍정적으로 바꾸기

수업의 실천에서 긍정적 경험을 만들어 내려면 "발이 아파요. 난 못해요. 해도 되지 않아요. 머리가 아파요"라며 참여를 기피하는 부정적인 생각에서 "나도 할 수 있어. 도전해 보자"라는 긍정적인 생각으로 나를 바꾸어야 한다. '나는 신체적 운동능력이 떨어져서 운동을 못해'라는 자신의 비합리적인 믿음을 논박하고, 부정적인 상황에서도 긍정적인 가능성을 찾을 수 있도록 노력해야 한다.

수업시간,
어떻게 학생과의 감정적 격돌을 최소화할 수 있을까?

학생과 교사들이 교수학습의 과정에서 겪게 되는 감정적 경험이 정서이다. 정서는 합리적이지도 않고 비합리적이지도 않다. 그보다는 매우 상황 적응적adaptive이다.Darwin, 1955

교수학습의 과정에서 만나는 정서는 교사와 학생에게 주의를 조절하고, 학습이 일어나는 수업의 현장에서 적응해야 할 일들이 어떻게 일어나는지 환경을 감시하게 하며, 그런 일들이 일어나면 경각심을 갖게 한다.

예를 들어 학생이 과제 수행에서 두려움을 느끼면 자신에게 위험하다는 경보를 보내 과제를 회피하거나 기피하게 한다. 학생이 느끼는 수치심은 과제로부터 학생을 물러서게 만든다. 반면, 학생이 수업에서 느끼는 연민은 과제 수행을 힘겹게 수행하는 친구들의 고통을 함께 나누게 한다. 제시된 과제로 인한 분노와 두려움 같은 정서는 학생이 과제를 수행하는 과정에서 활동에 주의를 기울이도록 위험을 알려 준다.

> 너무 짜증 나고 화가 났다. 왜냐면 오늘 체육 높이뛰기 시험을 봤는데, 역시나 점프도 안 되고. 지난주만 해도 잘될 것 같아서 은근히 시간이 지나면 좋아질 거라고 생각했는데, 모든 게 다 틀린 것 같았다. 내 머릿속에서 지우고 싶은 것들뿐이다. _박○○, 수업일기

수업에서 학생이 겪게 되는 감정은 다양한 맥락 속에서 일어나며, 각기 다른 기능을 수행한다. 수치심이나 죄책감은 학생에게 자신이 잘못한 점들을 일깨워 준다. 반면에 기쁨, 즐거움, 행복, 사랑 같은 긍정적 감

정(정서)은 학생의 삶을 고양시키고 행복을 추구하게 만든다. 특히 교수 학습의 과정에는 교사와 학생의 관계에서 다양한 감정(정서)이 발생할 수 있다. 수업에서 슬픔이 없다면 기쁨을 얻으려는 노력도 없을 것이다. 다만 '학생들이 수업에서 어떤 감정에 지배당하게 되는가?'가 문제이다. 그러므로 일반적으로 교수 맥락에서 교사와 학생의 관계에서 일어날 수 있는 다음의 경우에 대한 경각심이 필요하다.

사례 1

"넌 참 착한 학생이구나!" 또는 "와! 선수처럼 잘했어!"와 같은 긍정적인 칭찬은 학생에게 지나치게 막연한 느낌을 줄 수 있다. 그리고 막연한 자기 평가를 이끌 수도 있으며, 이와는 반대로 "난, 별로야"라고 추측할 수도 있다. 만약 교사가 수업시간에 칭찬에 인색하거나 전혀 칭찬하지 않고, 혹은 칭찬을 지나치게 많이 하거나 칭찬과 비난 사이를 오락가락 한다면, 학생들은 자신이 어떤 상태인지 혼란스러워한다. 이러한 상황이 되면 학생들은 자기 감각 또는 재능에 대한 자신감을 갖지 못한다. 그리고 타인과 관계를 맺으려고 애쓸 때마다 자의식과 불안에 시달리게 될 수도 있다.

사례 2

교사가 학생들을 가르치는 방식이 "내 방식이 싫으면 당장 꺼져!"라면, 학생들은 수업에서 스스로 선택하고 통제할 수 있는 것은 아무것도 없다고 생각할 것이다. 그리고 교사가 수업에서 모든 힘을 장악하게 된다. 힘이란 타인에 의해 발휘되는 것이라는 메시지를 받으며, 학생들은 열등감과 무력감에 빠진다. 이런 교육 방식으로 성장한 학생은 자신에게는 아무런 권리가 없으며 자신의 생각이나 감정 따위는 중요하지 않다는 생각에 빠질 수도 있다.

사례 3

교사의 비난과 비판, 벌, 평가는 학생들에게 수치심을 일으키는 반면, 교사가 학생의 실수를 너그러이 참아 주고 용서하며 만약 교사가 실수했을 경우에 사과를 하면 수치심은 약해진다. 또한 학생이 과제 수행에 실패했을 때 공감해 주고, 고통받을 때 위로하고, 학생의 수치심, 죄책감, 부끄러움, 좌절을 기꺼이 받아 줄 때 수치심은 약해질 수 있다. 이때 교사는 학생의 기분이 나아지거나 바뀌도록 압박해서는 안 된다.

사례 4

교사가 수업에서 항상 학생들을 존중하고 지속적으로 위로하고 지지하며, 스스로의 힘으로 과제를 해결할 수 있도록 이끌어 준다면, 과제 수행의 과정에서 만날 수 있는 감정인 실망감과 수치심을 더욱 잘 극복해 나갈 수 있다. 학생들은 이러한 수업의 참여 과정에서 교사를 신뢰하는 법과 친구들과 상호 의존하는 능력을 발전시키는 법을 배우게 된다. 이러한 가르침을 받은 학생들은 다른 사람들이 배려한다는 믿음, 언제든 도움을 받을 수 있다는 믿음, 타인을 돕는 데 필요한 의지와 공감 능력이 자신에게 있다는 믿음을 갖게 된다. 또한 고통, 상실, 거절, 외로움을 받아들일 용기가 있으며 문제 해결을 위한 수단도 갖춘 학생으로 성장하게 된다.

사례 5

수업시간에 외톨이가 되곤 하는 학생은 수치심을 경계하는 것이다. 방어 행동으로 자신이 노출되는 것을 막으려는 것이 그 동기이다. 하지

만 학생의 이런 방어 행동은 훨씬 더 심각한 수치심을 일으킬 수도 있다. 과제 수행을 포기하고 숨어 버리는 행동은 대개 수치심 불안에서 오는 반응이다. 이로 인해 정서적 유대의 끈이 끊어지지 않을까를 두려워하게 된다. 이때 학생이 경험하는 정서적 유대 욕구의 크기는 중요하지 않다. 친구들과 함께 과제 수행을 할 수 있는 기회로부터 나를 숨기는 것은 내가 밖으로 드러나는 것을 막아줄지도 모르지만, 친구들과 친밀해질 수 있는 기회, 즉 모두가 그토록 갈망하는 기회를 스스로 거부하는 행위이기도 하다.

사례 6

학생이 과제 수행이 이루어지는 수업에서 경험하는 경멸은 무시와 거절로 일관하는 교사에게 배운 것일 수도 있다. 교사는 학생들을 지도하면서 경멸의 본보기를 보이기도 한다. 예를 들면 "한심한 놈 같으니, 뭐하고 있니? 내가 언제 그렇게 하라고 했어! 어휴! 정말 바보 같기는. 할 거야, 말 거야? 정말, 내가 너 때문에 미치겠다." 등과 같이 무시하는 말이다. 어떤 교사들은 학생들과 경쟁하기도 한다. 학생들을 비웃듯이 자기 자랑을 일삼을 뿐만 아니라, "선생님이 네 나이였을 때 어땠는지 알아?" 하고 소리를 버럭 지르며 자신과 학생을 부정적으로 비교한다. 또한 학생들을 서로 비교하기도 한다.

"넌 왜 순희처럼 선생님 말에 집중을 못하니?"
"철수, 너! 연수처럼 성실하게 못하니?"
"순범아, 영수도 똑같은 처지인데 너처럼 수업시간에 지각을 하지 않잖아!

과제 수행과 관련해 교사가 학생들에게 오만한 모습과 경멸적 언어를 사용해 수치심을 자극할 때도 있다. 교사는 학생들이 수치심을 느껴 자신의 태도와 행동을 교사가 생각하는 방향으로 수정할 것이라고 믿고 이런 식으로 하는 것이다. 그러나 학생들에게 마음의 상처를 주는 이러한 지도 방법은 교사와 학생 모두에게 바람직하지 않다. 과제 수행에서 학생이 느낀 수치심은 보통 무의식 상태로 남아 있다가 자신에게 닥친 큰 좌절이나 상실을 겪으면서 표출될 수도 있다.

학생이 친구들과 교사의 시선을 의식하지 않는다면 수치심을 느끼지 않을 것이다. 그러나 학생은 수업에서 언제나 타인들의 시선을 의식한다. 특히 교사보다는 친구들의 시선을 의식하면서 과제 수행을 한다. 따라서 교사는 친구들이 보는 앞에서 학생이 수치심을 느낄 만한 말과 행동을 삼가야 한다. 교사는 학생이 과제 수행을 당당히 할 수 있도록 배려하고, 자존감을 지킬 수 있는 교수활동이 되도록 주의해야 한다. 수업은 친구들의 시선 속에서 자신이 온전히 드러나는 무대이다. 그 무대에서 학생 스스로 성장할 수 있도록 가르치는 일이 교사의 역할이고 책임이다.

학생, 그들을 과제 수행으로 이끄는 힘

체육수업에서 학생이 경험하는 긍정적 감정은 과제 수행의 생기를 북돋우는 특별한 역할을 한다. 긍정적 감정 경험은 학생에게 체육수업이 이루어지는 운동장과 체육관에서의 생존과 자기 성장을 향해 걸음을 내딛게 하는 결정적인 역할을 수행한다. 그럼에도 불구하고 공포, 분노, 좌절, 슬픔, 우울, 죄책감, 수치심 등 부정적인 감정이 학교생활과 학습에서 자기 성장에 훨씬 더 강력한 영향력을 미치곤 한다. 그래서 긍정적인 감정 경험이 간과되고 경시된 측면이 있다. 그러나 학생들이 과제 수행의 과정에서 경험하게 되는 공감, 배려, 흥미, 흥분, 행복, 즐거움 등의 긍정적 정서는 수업 속의 세상에서 교사와 친구들과 접촉하게 하며, 교실에서의 생존과 학습의 자기 적응력에 중요한 기능을 수행한다.

학생이 과제 수행에서 경험하는 긍정적 정서(배려, 흥미, 행복, 즐거움)는 교사가 제시하는 과제에 숙달하는 즐거움을 추구하게끔 하고, 자신의 유능감을 성취하며, 사회적 결속이나 유대를 이루는 데 없어서는 안 될 핵심적인 감정 경험이다.

친구들과 경기를 하거나 함께하는 활동이 있을 때는 숨이 차오르고 금방이라도 쓰러질 것 같지만 최선을 다해서 뛴다. 친구들과 함께하는 것이 좋기 때문이다. 친구들과 함께하는 과정에서 뿌듯함을 느낄 수 있어 움직이게 된다. 그러나 처음 해 보거나 잘 못하는 운동을 계속 연습해 보다가 '아무리 해도 안 된다'는 생각이 들면 그때부터 의욕이 뚝뚝 떨어져 가만히 있게 된다.

_임○○, 나의 체육시간

수업에서의 긍정적 정서 경험은 현재의 과제 수행 과정에서 표현되고 향유되어야 하며, 한 학생의 수업 실천의 과거와 미래에 반영되어 자리 잡을 수 있어야 한다.

아쉽게도 다수의 여학생들은 과제 수행에서 경험했던 긍정적 정서 경험을 자신의 것으로 온전히 받아들이지 못한다. 이들은 수업에서 만난 희망이나 행복감 또는 흥분과 같은 감정을 자신의 능력과 관련지어 신뢰하지 못한다. 이런 좋은 감정을 과제 수행 과정에서 경험했다고 해서 자신의 신체적 능력이 향상되거나 변할 것이라고 기대하지 않는다. 또한 자신을 괴롭히던 좌절, 슬픔, 두려움, 공포, 수치심, 죄책감, 우울의 감정이 사라질 것이라고 믿지도 않는다.

교사도 학생을 지도하면서 학생들이 경험하는 긍정적 정서를 주목하지 못해 은연중에 그 타당성이나 중요성을 무시하고 간과할 수도 있다. 교사는 학생이 수업에서 경험하는 긍정적 정서를 인식하고 지지해야 한다. 수업 실천 과정에서의 긍정적 정서 경험은 학습의 장에서 학생을 성장시키고 과제 수행을 위해 움직이게 하는 데 빼놓을 수 없는 강력한 힘이다.

공감과 배려가 시작이다

"선생님, 못해요. 저 아파요, 오늘 쉴게요."

수업이 시작되자마자 나에게 다가와 이야기하는 학생들이 예쁘게 보이지 않는다. 나는 가르쳐야 하는 교사로서 무력감을 느낀다. '학생들이 과제를 기피하고 회피하려고 하는구나. 어렵고 힘든 과제도 아닌데 학습 무기력이 그대로 나타나는구나'라는 생각에, 학생들이 어리석은 선택을 한다고 여긴다. '왜 하려고 하지 않는가?'를 그들의 입장에서 깊이 있게 생각하지 못했다. 그리고 과제로부터 달아나는 학생들만 탓했다.

> 체육을 엄청 싫어하고 귀찮아하고 못하는데,
> 스스로 이상하게 생각할 정도로 열심히 하는 학생,
> 열심히 하고 노력해도 안 한 것처럼 보이는 학생.
>
> _박○○, 나의 체육시간

그들은 체육수업 속에서 언제나 '나'가 위축되는 경험을 수없이 반복했다. 그러면서 '나'는 사라지고 있었다. 내가 희미해질수록 학생들은 그만큼 더 강렬하게 더 멋진 모습으로 수업에서 자신의 존재감을 드러내고 싶어 한다. 그러나 과제 수행 속에서 '나'를 구축하기는 힘들다. 신체운동능력이 뒷받침되지 못하기 때문이다. 그래서 또 자신의 이미지가 땅에 떨어질 수밖에 없는 과제 수행으로부터 달아난다. 달아날수록 수업에서 신체운동능력이 떨어지는 자신의 존재가 희미해진다. 내 존재가 친구들에게 희미해지고 있다고 느끼게 된다. 그러면 자기 존재 증명을 위해 때론 감당하기 힘든 행동도 불사한다. 그래서 수업시간에 자존감에 상처를 입은 학생은 교사에게 거친 말과 행동을 쏟아 낸다. 그들은 자신만의 세계에서 할 수 있는 수단과 방법으로 자기 존재 증명을 위해 안간힘을 쓴다. "선생님, 저 못해요. 아파요"라고 이야기하는 것은 사실 마지막으로 자신을 드러내기 위한 아우성인 것이다.

> 학교생활이 힘들다 보니 체육수업은 힐링의 시간이었다. 그래서 운동이 좋아져 열심히 하려고 했다. 그러나 주변의 친구들의 말 때문에 나는 위축될 대로 위축되었다. 친구의 말로 '나는 운동을 못하는구나' 생각하고 점점 소심해졌다. 괜히 같은 반 친구들의 눈치가 보이고 말이다. '체육'이라는 말은 나에게 예민한 단어가 된 것이다. 나는 체육시간에 열심히 참여하고 싶은데…. 운동 좋아하는데! 숨기게 된다. _안○○, 나의 체육시간

수업이라는 공간에서 '나'를 제외한 모두가 과제 수행을 하면서 행복하고 즐거운 모습이다. 그러나 나는 단지 신체운동능력이 부족하다는 이유만으로 친구들의 대열에서 멀어지고 있다. 수업에서 나의 존재를 친구들에게 보이고 나를 느끼고 싶을 때, 교사가 다가가 그의 존재를 인정하고 따뜻하게 공감해 주어야 한다. 그러한 교사의 행동과 말이 '나'를 잃어 가는 학생에게 달아나지 않고 한 번 더 용기를 내게 하는 힘이 된다.

"지금 네 마음은 어떠니?"
"과제 수행을 앞두고 얼마나 힘이 드니?"

교사의 질문에 학생이 대답하지 않아도 된다. 대답은 중요하지 않다. 수업에서 달아나려는 자신의 존재에 주목하고 질문을 던져 주는 교사

가 있다는 사실이 중요한 것이다. 과제를 기피하는 자신에게 진심으로 다가서는 사람이 있다는 사실을 확인하는 것, 그것이 신체운동능력이 떨어져 과제로부터 달아나는 학생에게 수치심을 떨쳐내고 다시 과제에 다가설 수 있는 강력한 힘이 될 수 있다.

친구들이 가득한 수업 공간에서 과제 수행에 따른 힘겨움과 어려움, 수치심으로 인해 자신의 신체적 능력과 교사에 대한 신뢰를 전부 잃어버린 학생도 자신에게 공감해 주는 교사를 만나면, 그를 통해서 자신이 잃어버린 신뢰를 회복하기 위한 행동을 하게 될 것이다. 과제를 기피하고 회피하며 달아나는 학생을 다시 과제로 돌아오게 하는 힘은 교사의 따뜻한 공감이고 배려이다. 학생들은 자신이 교사나 친구로부터 배려를 받는다고 느낄 때 과제가 어렵더라도 순간적이지만 즐거움과 기쁨을 경험한다. 또 누군가에게 이해받고 받아들여진 것 같다고 느끼면서 학급의 친구들과 하나가 된 듯 일체감을 경험한다. 무엇보다 복잡하고 어려운 과제 앞에서도 희망을 발견하고 수행에 나서는 자기 확신을 하게 된다.

신체운동능력이 낮은 학생이 과제를 앞두었을 때, 교사의 든든한 보살핌을 받고 있다는 느낌은 과제 수행에 따른 불안을 가라앉힌다. 교사가 보여 주는 배려와 공감은 신체운동능력이 뛰어난 학생이나 부족한 학생 모두에게 불안을 극복하게 하는 근원적인 힘이다. 학생이 과제 수행을 통해 획득하게 되는 자기 확신과 유능감 역시 교사의 적절한 배려를 통해 자라난다. 그런데 배려가 교사-학생 관계에서만 일어나는 것은 아니다. 배려는 팀 동료와 친구들 사이에서 더욱 빈번하게 일어날 수 있다. 수업에서 학생들이 서로 배려할 수 있도록 분위기를 만들고, 그러한 방향으로 가르치는 것이 교사의 몫이다.

흥미와 흥분이 힘이다

흥미는 학생들이 수업에서 과제를 만났을 때 가장 일반적으로 경험하는 정서이다. 흥미는 수업에서 학생의 과제 수행 행동을 인도하며 지각과 주의를 유도하는 데 중요한 기능을 한다. 흥미가 생기면 교사가 준비하는 과제의 학습환경이 변화하거나 새로운 과제, 새로운 학습도구 등이 출현하는 것으로 느껴진다.

나는 체육에 항상 자신감이 없고 자존감이 낮은 편이어서 참여도가 매우 낮았다. 그런데 비비탄 사격수업을 한다는 얘기를 들은 순간부터 수업이 정말 기대가 되었다. 지금까지 살면서 한 번도 총을 쏴 본 경험이 없기 때문이다. 비비탄 사격수업 첫날, 나는 총을 처음 들어 봤는데 생각보다 무거워 놀랐다. _류○○, 나의 체육시간 과제 수행에 앞서 느끼는 학생의 흥미와 흥분은 학습자를 각성시키고 목표 달성을 지향하게 한다. 학생은 흥미를 느낀 상태에서 과제 수행에 대한 주의가 높아지고, 수행 의지가 강해진다. 또한 학습자가 과제를 앞두고 흥분하면 제시된 과제를 신속하게 탐색하고 적극적으로 정보를 얻어 내고자 한다. 이렇듯 학생이 느끼는 흥미는 섬세한 인지적 활동을 동반하고, 학습 시간 내내 무엇인가를 추구하고 헌신하게 한다. 따라서 과제와 관련해 학생이 느끼는 흥미와 흥분은 과제에 접근하고 수행하게 하는 일차적인 힘이다.

처음에 나는 체육이 축구, 농구 등 구기 종목만 수업하는 시간이라고 생각했다. 하지만 매트운동, 이어달리기, 사격, 야구, 인라인 등등 정말 다양하고 색다른 기구, 수업을 통해 체육에 대한 새롭고 호기심이 가득한 관점을 갖게 되었다. 그런데 새로운 종목을 접할 때마다 즐거움과 호기심보다는 두려움과 걱정이 앞섰다. 그러나 나는 도전이라는 정말 좋고, 새로운 경험이라는 귀중한 것을 얻게 해주는 황금보물을 발견하면서 처음과 많이 달라졌다. 내가 나중에 사회에 나가서도 이 도전이라는 보물을 간직하고 긍정이라는 황금 열쇠를 버리지 말고 살아야겠다고 생각했다. 그러면 마지막에는 나의 인생이라는 황금 문을 열고 이 세상을 열심히 살아갈 수 있을 것 같았다. 체육수업은 나에게 커다란 전환점이 되었다.

_안○○, 나의 체육시간

수업에서 흥미가 유발되지 않는다면 어떤 학생도 과제 수행에 참여할 수 없을 것이다. 그렇게 되면 자신의 신체적 능력의 가능성을 탐색할 수도 없고, 새로운 신체활동에 대한 호기심도 느낄 수 없다. 과제 수행에서 흥미가 없는 상태는 학생이 아무것도 하지 않는 상황이 될 수 있음을 의미한다. 특히 신체활동을 하면서 성공의 경험을 가져 보지 못한 학생은 과제를 수행하려는 의지가 없이 과제로부터 달아나는 기피 행동을 하게 된다.

> 나는 체육을 할 때 가장 조용한 사람이다. 항상 친구들 뒤에 묻어가려고 하고 먼저 앞에 나서지 않아 최대한 눈에 띄지 않으려 한다. 체육을 잘 못하는 데다 체력도 안 좋아서 친구들 뒤에 숨는 것이다. 나는 그만큼 늘 체육에 자신이 없었다. 낮은 점수가 나오기 일쑤였고, 하면 할수록 실패만 했다. 그러나 이번 체육시간은 달랐다. 실패를 많이 했지만 연습에 열중하여 시험에서 나름 좋은 결과를 얻어 나 스스로가 발전할 수 있다는 생각을 하게 되었다. 그리고 언제나 옆에서 격려해 주고 열정적으로 가르쳐 주시는 샘이 있어서 왠지 체육시간에 자신감을 가질 수 있었다.
>
> _김○○, 나의 체육시간

성공 경험과 운동능력이 떨어지는 학생이 과제를 자발적으로 수행하려면 먼저 학습에 흥미가 유발되고 움직이고자 하는 흥분 상태가 활성화되어야 한다. 새로운 학습 과제에 대한 학생의 호기심은 과제 수행을 하게 만드는 기본적인 동기다. 그것 없이는 학생이 과제 수행에 나설 수 없으며 학습을 위해 움직이지 않는 잠든 상태와 마찬가지다. 흥미는 학생이 수업 목표를 추구하게 하며, 학습 과제를 성취하고 그 결과를 유지하는 데 결정적인 역할을 한다. 따라서 교사는 학생의 흥미를 유발할 수 있도록 학습환경을 조성하고 학습 기자재 선정에 세심한 관심을 기울여야 한다. 학생이 수업에서 느끼는 흥미와 호기심에 의해 신체활동에 대한 새로운 탐색이 시작된다.

행복과 즐거움이 나를 과제 앞에 서게 한다

수업시간에 행복하고자 하는 마음은 학생 모두가 갈망하는 것이자, 학교생활에서 추구하는 보편적이고 긍정적인 정서이다. 학생이 수업에서 행복해지기 위한 즐거움의 원천적인 경험이 되는 내용은 다양하다.

> 첫 수업시간에 무용실로 들어가자마자 보이는 총 여러 대가 눈에 확 띄었다. 총을 보니 걱정도 되었지만 기대감이 굉장히 더 컸다. _고○○, 나의 체육수업

> 내가 가장 좋아하는 운동 종목, 야구를 배운다고 했을 때 기대했었다. 처음에는 튀어 오르는 공을 잘 치지도 못했지만 연습하다 보니 잘하지는 못해도 공을 칠 수 있어 기분이 좋다.
> _김○○, 나의 체육시간

수업에 참여하는 학생들은 처음 보는 학습 도구에 대한 기대감으로 미소를 짓고 친구들과 땀을 흘리면서도 행복해한다. 그리고 기분 좋게 몰입하여 방아쇠를 당기는 BB탄 사격에서 표적지의 10점에 가득한 총알 흔적을 보았을 때 무엇인가 이루어 내었다는 성취감을 느낀다. 즉, 수업의 과제 수행에서 학생들은 모든 것이 완벽하게 이루어지는 않지만 어떤 가능성을 발견하고, 무엇인가에 의해 마음이 흥겨워질 때 즐거움이 활성화되는 것이다.

처음 사격판을 바라보았을 땐 아주 작고 까만 점에 불과했다. 그리고 그 점과 친해지기 쉽지 않았다. 표적지의 점과 마음의 거리가 멈춰 버린 후 발견한 문구는 선생님이 표적지 위에 써 놓은 '마음을 모아서'라는 말이었다. 그 문구를 발견한 후로 그 말의 뜻을 찾기 위해 노력했다. 마음을 모은다는 말은 굉장히 추상적이었다. 눈에 보이지 않는 마음을 사물처럼 모으기는 여간 어려운 일이 아니었다. 나는 마음을 '집중'이라고 생각했다. 나만의 뜻을 만들고 저 점과 친해지기 위해 다시 노력했다. 호흡을 참을 때 머리부터 발끝까지, 아니 털끝까지 저 점에 집중했다. "탕." 성공이었다. 점이 나에게도 마음을 열었는지 그 작던 점이 점점 크게 보이기 시작했다. 정신을 집중하니 표적지의 중앙점도 마음을 열어 나에게 가까이 다가왔고, 어느새 자신의 내면까지 보여 줬던 것이다. 약 두 달에 가까운 시간 동안 나만의 친구가 생긴 듯해 행복했다.

_우○○, 나와 사격수업

학생이 수업에서 경험하는 즐거움은 체육수업에서 운동능력이 떨어져 도망가려는 마음을 과제에 적극적으로 참여하게 끌어들이는 힘이 된다. 그리고 과거 신체활동의 과정에서 만났던 슬픔, 좌절, 수치심 등을 이겨 내게 하는 힘이기도 하다. 언제나 과제 수행의 과정에서 슬픔과 자신감 상실을 경험한 학생에게 과제를 향해 앞으로 나아가라고 소리치는 교사는 학생의 감정과 경험을 전혀 이해하지 못하는 교사이다. 그러한 강압적인 지시로는 학생이 과제를 통한 성취나 기쁨을 맛보지 못한다. 이는 또 다른 지옥의 고통 속으로 들어가라고 학생의 등을 떠미는 행동이다.

신체적 운동능력이 떨어지고 학습 과정에서 긍정적인 경험보다 부

정적인 경험을 많이 한 학생은 과제를 향해 움직이기 쉽지 않다. 자신을 지배하는 부정적인 감정과 경험으로부터 벗어나기가 어려운 것이다. 이러한 학생을 움직이게 하려면 무엇보다 과제 수행 과정에서 작은 성취를 통해 즐거움을 느껴 기분이 좋아지는 경험을 하게 해 주어야 한다. 그래야 학생에게 과제를 수행할 힘이 생긴다. 몸과 마음이 기억하는 나쁜 추억을 지워 낼 힘이 필요한 것이다. 즐거움은 신체적 능력이 떨어져 어려움을 느끼는 학생에게 과제를 향하게 하는 힘이다.

> 야구 때문에 정말 체육시간이 기다려졌다. 처음에 못한다고 해서 '그냥 망가져 버릴까?'라고 생각도 했다. 하지만 선생님이 격려와 칭찬을 해 주시니 용기가 났고, 내가 원하는 결과가 나올 수 있을 것 같아서 노력하고 또 노력했다. 그리고 내가 원하는 결과가 나와서 행복했다. 비록 완벽하지는 않지만 점점 노력하고 연습하는 날 보니, 내가 해 왔던 생각과 다르게 내가 열심히 하고 있는 것 같아 뿌듯했다. 노력과 연습만 하면 원하는 대로 이루어질 수도 있다는 것을 알게 해 준 체육수업이었다. _김○○, 나의 체육시간

교사는 수업에서 학생의 성장 잠재력에 초점을 맞추면서 공감과 배려, 흥미와 흥분, 즐거움과 기쁨에 반응하고 주의를 기울여야 한다. 이러한 학생들의 감정적 경험에 대한 자각을 늘려 그 가치를 깊이 인식하고, 수업에서 학생의 건강한 성장을 촉진할 수 있을 때 학생들은 더욱더 적극적으로 자신의 신체적 한계를 넘어 과제에 도전할 수 있을 것이다.

수업에서 움직이는 학생 한 명 한 명을 지도하기 위해 교사가 다가서야 한다. 이렇게 될 때 학생이 수업에서 자신들을 가르치려고 다가서는 교사의 필요성을 존중하고, 교사도 가르치는 학생을 존중할 수 있을 것

이다. 학생과 교사가 서로의 필요성을 존중하는 수업은 교사와 학생 모두를 성장시키는 수업이다.

학생의 이름은 그의 수업 이력이다

　여학생들이 윈체스터 카빈을 들고 팔을 들어 올린다. 표적지를 바라보며 호흡을 멈춘다. 그리고 호흡이 잔잔해지고, 표적이 눈에 들어오는 순간 가볍게 방아쇠를 당긴다. BB탄 사격수업에서 학생들은 과제를 수행하고 있다. 난 과제를 수행하는 학생들 한 명 한 명을 보며 동작을 수정해 준다. "아니 어깨가 처져 있잖아. 총을 받치는 왼손이 V 자를 그려야 힘들지 않지. 두 발은 어깨 넓이만큼 유지해야 균형을 잡을 수 있다"라고 이야기한다. 그런데 나의 과제 수행에 대한 수정 지시는 누구에게 하는 이야기인지 모른다. 학습자의 '이름'이 빠져 있다.

　　　내가 그의 이름을 불러 주기 전에는
　　　그는 다만
　　　하나의 몸짓에 지나지 않았다.

　　　내가 그의 이름을 불러주었을 때,
　　　그는 나에게로 와서
　　　꽃이 되었다.

내가 그의 이름을 불러준 것처럼
나의 이 빛깔과 향기香氣에 알맞은
누가 나의 이름을 불러 다오.
그에게로 가서 나도
그의 꽃이 되고 싶다.

우리들은 모두
무엇이 되고 싶다.
너는 나에게 나는 너에게
잊혀지지 않는 하나의 눈짓이 되고 싶다.

_김춘수,「꽃」

　김춘수의「꽃」을 이야기하지 않아도 교사가 학생들의 이름을 부르는 행위는 수업에서 가장 큰 출발점이고 학습의 신뢰를 쌓는 일이다. 학생을 "야, 너, 17번, 거기 뒤에 있는 사람, 머리 긴 여학생"이라고 지칭하며 부르고 싶지 않다. 그래서 학생들에게 솔직히 이야기한다.

　"선생님이 너희들의 이름을 암기하는 일이 쉽지 않구나. 이름을 부르고 싶은데. 그래서 너희들이 왼쪽 기슴에 이름표를 달아 주었으면 한다." 난 간곡히 부탁하였다. 그러나 일주일에 두 시간 학습의 장에 나오는 학생들은 반복된 나의 요청에도 이름표를 달지 않는다. 학생들의 빛깔과 향기에 맞는 그들의 이름을 부르는 운동장이고 체육관이 되게 하고 싶었다. 나는 수업에 이름표 없이 나오는 학생들을 원망한다. "그래 너희들이 이름을 부르는 것을 중요하게 생각하지 않으니 난 너희들의 이름을 부르지 않겠어. 난 분명히 노력했고 선택은 너희들이 한 거야." 하면서 학생들의 무성의한 행동 뒤에 숨어들어 교사의 책임과 의무를 저

버린다.

　내가 그들의 이름을 부르지 않으니 학생들은 수업에서 자기 행동에 책임을 지지 않으려 한다. 익명성 속으로 자신을 감춘다. 수업이 시작되어 과제인 '엑슬라이더 타기'가 시작되자 체육관 구석으로 들어가 담요로 덮고 잠을 청하는 학생, 2~3명이 모여 앉아 수다 떠는 학생들, EBS 수능 특강 책을 펴고 읽는 학생, 슬리퍼를 신고 나와 엑슬라이더를 탈 수 없다고 이야기하는 학생 등 이들 모두는 교사인 내가 자신들을 모르기에 수업에서 이런 행동이 가능하다고 생각한다. '선생님이 나를 모르는데. 내가 어떻게 행동한들 그것이 나에게 영향을 미칠 수 있겠어?'

　교사가 학생들의 이름을 기억하여 부르지 않으니, 수업에서 그들이 보여 준 행동과 태도가 오래 기억되지 않는다. 그래서 학생들의 거친 모습과 냉소적 태도로 인해 반복적으로 마음에 생채기가 생긴다. 그리고 "정말 나를 힘들게 하는 나쁜 녀석들이군. 너희들 말로 왕짜증이고 재수 없다"라고 마음으로 외치며 분노를 삼킨다. 만약 수업에서 하는 행동들이 모두 자신들의 이력履歷이 되어 기억된다고 하면 지금처럼 행동이 거칠고 눈빛이 냉소적이지 않을 것이다. 나는 그들의 이름을 부르려는 나의 의도와 학생들이 보이는 태도와 행동을 보고 '왜 학생들의 빛깔과 향기에 알맞은 그들의 이름을 수업 공간에서 불러야 하는지' 깨닫는다.

　　권나현 권지호 김다연 김민정 김민주 김서연 김수연 김예람 김
　지현 노경현 문지현 박기연 박수은 서규원 안예원 양채연 우지수
　이지예 이혜림 장은서 정민영 정지수 지나연 차은비 최서윤 최수빈
　최진아 한경아 홍수민

　　권다은 김다빈 김민정 김민지 김소연 김수현 김영우 김예림 김

유진 김진아 김진희 노현지 노효정 유나영 윤다예 윤상은 윤지원
이성은 이수미 이은정 이현정 이현진 이희서 임채원 장예은 조수빈
조은혜 조자영 주지혜 진유리 최시윤 최유선 허나윤 황선민

　　　…

150여 명의 학생 이름을 사진을 들여다보면서 외운다. 사진은 1학년
때 찍은 것이다. 사진과 이름을 연결 지어 머릿속에 집어넣는다. 막상 수
업에서 학생들을 만나면 순간 머릿속이 여러 이름으로 뒤죽박죽된다.
이름이 섞여서 누가 누군지 전혀 연결이 되지 않는다. 당황스럽다. 사진
과 연결하여 학생들의 이름을 기억하려는 나의 행동에 중대한 결함을
발견한다. 사진과 이름을 기억하려고 했지 정작 '이름의 주인공이 누구
인가?'를 생각하지 않았던 것이다. 학생의 이름에는 그의 수업시간 이력
이 고스란히 담겨 있다. 난 사진을 보며 단순히 이름을 기억하려 했을
뿐 그를 이해하려고 하지 못한 치명적 실수를 범했던 것이다.

　지하* 신체적 조건이 다른 친구들에 비해 몸집이 크고 살이 많다. 체
육시간을 싫어한다. 특히 남녀공학이었던 중학교 시절 남학생들과 체육
시간을 함께하면서 그들의 놀림 대상이었다. 그래서 운동장에서 체육을
하기보다는 앉아서 친구들을 구경하는 관람자였다. 체육수업에서 신체
활동에 참여해 성공한 경험이 거의 없다. 운동을 잘할 수 없는 사람이
라 생각한다. 매번 과제 수행에서 어려움을 느낀다.
　예수 마른 체형으로 바람이 불면 날아갈 것 같다. 팔다리가 길고 근
육이 없다. 친구들과 스포츠 활동을 하는 것이 크게 즐겁지 않다. 친구

----

*글에 등장하는 학생 이름은 가명임.

들과 어울려 팀 운동을 하기보다는 BB탄 사격, 엑슬라이더 등 개인적인 종목의 과제 수행을 선호한다. 운동을 좋아하지도 않고 싫어하지도 않는다. 학급 전체의 분위기를 타는 편이고 운동을 잘하는 편이 아니다. 과제의 종류에 따라 성공과 실패가 갈린다.

경애 팔다리에 적당히 근육이 붙어 있고 상체와 하체가 조화롭다. 신체적으로 운동하기에 알맞은 조건이다. 친구들이 하는 활동에 같이 참여하면 즐겁고 재미있다. 그래서 친구들과 함께 활동에 적극적으로 참여한다. 그러나 성격이 친구들을 이끌고 가는 리더는 아니다. 팀의 구성원으로 주어진 역할과 책임을 조용히 수행한다. 과제 수행을 하는 데 별다른 어려움이 없다.

지현 155cm의 키에 체중은 50kg 정도이다. 운동을 좋아하여 점심시간에 체육관에 머물며 배드민턴, 농구, 배구, 엑슬라이더 등을 한다. 체육수업에서 친구들과 함께하는 모든 활동이 좋다. 언제나 체육시간 과제 수행에 적극적으로 임하며 과제를 빨리 습득한다.

현아 깡마른 체형이다. 팔다리에 살이 없다. 수업시간에 목소리를 내지 않는 수동적인 학생이다. 친구들 앞에서 자신을 드러내고 싶지 않다. 그런데 체육은 다른 친구들 앞에서 과제를 수행해야 한다. 그래서 운동을 잘하지 못하는 자신에게 시선이 주목되는 체육시간이 싫다. 이를 배려하지 않고 과제 수행을 강요하는 선생님도 싫다. 체육수업에서 즐겁고 행복한 적이 없다. 과제 수행이 너무나 어렵고 힘들다. 그래서 체육시간에 다른 곳으로 도망가고 싶다.

참 어리석다. 학생의 이름을 부르려고 하면서 어찌 이름의 주인공이 누구인지 알고자 하지 않았을까? 사진과 이름을 대조하면서 머릿속으로만 암기하고자 했기에 수업에서 얼굴을 마주하는 순간 어떤 이름도

떠오르지 않았던 것이다. 학생의 이름은 학생 한 명 한 명이 수업에서 무엇을, 어떻게 경험하고 있는지 구체적인 활동과 연결되어 있다. 이름은 그가 수업에서 어떤 모습으로 어떻게 과제를 수행해 왔는지를 그대로 보여 주는 그의 분신이다. 그래서 나에게 학생의 이름은 수업시간 그의 이력履歷이다.

'지호'라는 이름과 함께 엑슬라이더 위에서 바퀴를 자유자재로 지배하며 나아가는 모습이 떠오르고, '예수'와 함께 "저 수행평가 빵점 받으면 안 돼요"라고 이야기하는 눈빛이 생각난다. 학생의 이름은 나와 학생들이 수업에서 만남을 나타낸다. 나는 모든 학생들이 과제 수행을 적극적으로 해 주었으면 하고 희망하면서도 기억하는 소수의 이름만 불렀다. 나머지 학생들은 마치 그들의 그림자처럼 여겼다. 수업에서 그들의 모습을 기억하지 못했다. 이제 그들의 이름을 기억하려는 노력으로 수업에서 학생들을 스치듯 지나가지 않고, 그들과 이야기를 만들어 내고 있다. 학생과 나 사이에 있는 수업시간 이야기가 그의 이름을 기억하게 한다.

학생의 이름은 수업시간 이력이다. 그것은 학생을 생생하게 기억할 수 있도록 해 준다. 따라서 교사는 수업 공간에서 학생들에게 이력을 창조할 수 있도록 지도해야 한다. 학생들은 수업시간 이력을 통해 자신의 빛깔과 향기에 어울리는 이름으로 불려야 한다.

학생의 이름을 부르는 행위는 단순히 이름을 기억하는 일로 끝나지 않는다. 이름을 부르는 행위는 교사의 교수 방법뿐 아니라 무기력한 학습자들을 학습으로 이끄는 주요한 수단이다. 학생들이 장막 뒤로 숨지 못하게 하는 힘이다. 그리고 교사인 나와 학생들이 수업에서 신뢰를 맺게 해 주는 힘이다.

나는 수업에서 김민수, 김지수, 김하여, 자은서, 기다연, 지하수, 맹하늘, 반다은, 반지연, 지나연, 홍수빈, 황수아… 등을 부른다. 그들의 얼굴에 피어오르는 환한 미소를 보며 나 또한 미소로 답한다. 학생의 이름을 그의 수업 이력으로 기억한다. 수업 이력은 학생을 선명한 모습으로 굳건히 세워 자신의 빛깔과 향기로 불리게 한다.

학생들의 아우성:
좋은 수업, 나쁜 수업, 이상한 수업

수업은 학생과 교사가 만나 상호작용하면서 만들어 가는 시간이다. 교사는 과제를 계획하고 학습환경을 준비해 학생들이 과제 수행을 할 수 있도록 한다. 학생들이 수업에서 교사의 필요성을 존중하고, 또한 교사는 과제 수행에서 학생들을 존중할 수 있어야 한다. 서로의 존중을 통해 수업의 목적이 달성된다. 학생을 존중하기 위해 필요한 것은 '그들이 누구인가? 그리고 체육수업에 대해 어떻게 생각하고 있는가?'에 대한 이해이다. 현재 운동장에 서 있는 나의 존재는 지금의 체육교사가 되기까지 운동장에서 만난 수많은 학생들과 맺어 온 관계의 역사성이 투영된 결과이다. 관계의 역사성은 수업을 진화하게 한다. 나쁜 수업, 이상한 수업에서 좋은 수업으로 거듭나게 한다. 그 중심에는 학생들이 있다. 학생들이 수업에서 그들의 민낯을 더하고 뺌 없이 보여 주어 고맙고 기쁘다.

학생, 그들의 수업 체험 이야기

화려한 색의 바람막이와 방수 바지를 입고, 검정색 선글라스를 끼고, 70~80년대에나 볼 법한 머리카락이 풍성한 단발머리를 찰랑이던 선생님이 기억되는 시간이다. _김○○, 나의 체육시간

　　평상시에 움직이는 걸 좋아하지 않는 나에게 그리 달갑지 않은 존재, 잘하지 못하기에 시도조차 하지 않았던 시간이다. 하지만 계속하다 보니 실력도 점점 늘고 방법을 터득해서 결과가 좋아져 흥미도 붙는 시간이 되었다. 매번 노력도 하지 않고 한번 해 보고 안 되면 포기해 버렸다. 도전을 무서워했었다. _김○○, 나의 체육시간

　　체육을 잘하지 못하는데 조별로 하는 활동까지 있어 항상 싫었던 시간이다. 체육 선생님이 좋은 분이면, 잘하지 못해도 나를 비난하는 사람이 아무도 없어, 조별로 하는 활동이라 더욱 협동심을 느꼈고, 좋은 기록을 내서 기뻤다. 단합력, 즐거움을 느낀 시간이다. 잘못 만난 체육 샘은 체육을 잘하고 못하는가에 따라 학생들을 차별하고 우선 자기 눈에 든 학생이 아니면 우리에게 별관심이 없었다. 체육수업에 대한 의욕이 바닥을 쳤다. 그냥 하던 활동도 그만두고 싶을 정도의 차별이 이루어지던 시간이다. _김○○, 나의 체육시간

　　체육수업은 나의 가치관과 신념까지 긍정적이고 자신 있게 바꿔 주어서 할 때마다 '기대'가 되는 시간이다. 앞으로도 나의 가능성의 폭을 넓히고, 한계점을 축소하는 시간이 되었으면 한다. 사격 수업과 발야구, 배드민턴을 하면서 나름 온 노력을 다하고 연습했던 결과 나 스스로 만족했지만 좋은 결과는 나오지 않았다. 그래도 나는 그 과정에 중점을 두었기에 후회하지 않았다. 이런 '과정'을 통해 달리기 또한 내가 계속 좋아하고 연습하면 되지 않을까? 이렇

게 생각하여 가장 싫어하고 못하는 종목을 극복하게 된 것이다.

_임○○, 나의 체육시간

체력이 없다+약하다+운동신경이 떨어진다=체육을 못한다=나
이 공식은 내가 얼마 전까지 체육에 대해 가지고 있던 생각이
다. 나는 늘 운동을 못했다. 9년 동안 쌓여 버린 내 운동능력에 대
한 불신감으로 체육과목을 포기하게 되어서 고등학교를 들어갈 즈
음에는 이미 꼴찌를 예상하고 있었다. 하지만 ○○여고의 수업은 내
가 일반적으로 예상하던 체육수업이 아니었다. 사격 과제 수행에서
받아 본 수행 만점은 어이가 없음과 동시에 자신감을 심어 주었다.
또한 특출나게 잘 뛰는 친구가 있던 것도 아니었던 우리 이어달리
기 팀이 1등으로 들어오는 경험, 사격수업에서 처음 받은 만점과 함
께 나는 점점 '체육을 못한다'라는 타이틀을 벗을 수 있게 되었다.
나같이 신체능력이 모자란, 체육에 자신감이 없던 학생들에게 희망
을 주어 몸을 움츠러들게 하지 않는 시간이다. _허○○, 나의 체육시간

체육을 좋아하지 않았던 나에게 특별한 시간, 체육에 대한 관
심이 쭉쭉 올라 하늘에 닿을 정도이다. 체육수업은 나에게 특별하
다. 한 번 더 나를 되돌아보게 된 계기가 되었고, 나를 변화시키고
성장할 수 있도록 도움을 준 시간, '○○○와 나'라는 글쓰기 과제를
통해 과거의 나와 현재의 내 행동을 되새겨 보고 반성하고 좀 더
노력해야 할 부분에 대해 생각하게 된 시간이다. _김○○, 나의 체육시간

난 체육수업에서 병풍이었다. 시키는 대로 보드 타고 총도 쏘
고 발야구도 하고. 하지만 즐거웠다. 솔직히 중요한 역할, 그런 게

없어서 좋았던 시간이다. 나는 달리기를 정말 못해서 팀원들에게 피해를 끼칠까 봐 항상 걱정했다. 그런데 내가 실수를 해도, 잘못해도 괜찮다면서 위로를 해 주었다. 이 계기를 통해 체육을 좀 더 열심히 해야겠다는 생각이 들었다. 고등학교에서 체육은 정말 중요한 과목인 것 같다. 왜냐하면 계속 교실에 앉아 있기만 하면 피로도 쌓이고 운동을 소홀히 생각하기 때문이다. 근데 체육수업을 하게 되면 피로가 쌓인 몸이 풀리고 뇌가 맑아져서 공부에 더 집중할 수 있게 된다. _김○○, 나의 체육시간

체육시간은 항상 기다려진 시간이다. 중학교 때부터 책상에 앉아서 졸고 있을 때쯤 체육시간이 오면 자고 싶어서 약간 슬프기도 하지만 지루하던 교실을 지나쳐 나오는 것은 항상 신난다. 내가 체육시간을 좋아하는 이유는 선생님들이 좋기 때문이다. 언제나 친절하게 가르쳐 주시고 길을 지날 때마다 인사하는 쌤들이 참 좋았다. 그리고 수업 내용이 매우 다양해 재미있다. _강○○, 나의 체육시간

중학교 때는 남녀공학이라 체육을 좋아하지 않았다. 선생님들도 교육과정을 따라가기 위해 그냥 줄곧 수업만 했다. 그래서 남자애들만 열심히 하고 여자애들은 앉아서 수다만 떨었다. 여고에 와서 가장 좋은 것은 눈치 안 보고 내숭 안 부려도 되어 좋은 시간이다. 전문적이고 어려운 시간이 아니라 재미있는 사격, 엑슬라이더, 이어달리기 등을 재미있게 할 수 있어서 행복하고 좋은 시간. 그리고 친구들과 함께 실컷 즐길 수 있는 유일한 시간이다. 수업을 할 때마다 느끼는 거지만 선생님께서 어떻게 하면 아이들이 부담을 덜 느낄까, 즐거워할까, 잘 이해할 수 있을까 등을 고민하고 수업을 준

비하시는 모습이 보인다. 덕분에 신체활동에 대한 용기도 많이 얻었고, 체육시간에 대한 부정적인 인상이 긍정적으로 바뀌어 기분이 좋아진 시간. _정○○, 나의 체육시간

내가 조금씩 발전한다는 것을 느끼게 된 시간. 사격에 서툰 나는 시간이 지나면서 점차 방법을 터득하게 되어 전보다는 나아졌다. 이어달리기는 정말 힘들었다. 평소에 달리기를 별로 하지 않는 나인데 친구들과 같이 하면 얼마나 부담스러울까 싶어서 걱정이 됐다. 나는 체육수업을 통해 친구들에게 민폐 끼치지 않게 노력하고 연습을 하면 발전할 수 있다는 것을 알게 되었다. 수업 때 마다 나를 조금 더 발전시켰으면 하는 마음이 들게 하는 시간이다.

_서○○, 나의 체육시간

나는 체육을 굉장히 싫어했다. 체육을 잘하는 편도 아니어서 체육이랑 멀어져 갔다. 하지만 고등학교 들어와서 처음으로 체육이 재미있다는 생각이 들었다. 중학교 때는 남자애들이 운동장이건 체육관이건 장악해서 그냥 놀기만 했던 것 같다. 체육 하면 안 좋은 기억만 있었는데, 이렇게 재미있고 신나는 과목인 줄 몰랐다. 전보다 체육 실력이 늘어 가는 게 느껴졌고, 그때마다 그게 그렇게 행복했던 시간이다. _김○○, 나의 체육시간

신체적 힘이 약하기 때문에 광속으로 피구 공을 던지는 일은 잘 못하지만, 빠르게 날아오는 피구 공을 날렵하게 피하는 일은 잘하고 좋아한다. 피구 공이 날아오는 0.001초의 짧은 순간이 나를 심장 떨리게 한다. 그리고 그 공을 인식하고 재빨리 몸을 움직여 공이

내 몸을 지나쳐 갈 때 진한 짜릿함을 느낀다. 마치 롤러코스터를 탈 때와 같은 감정을 느끼게 해 주는 시간이다. _허○○, 나의 체육시간

체육수업, 특히 사격수업을 통해 많은 것을 느낄 수 있었다. '노력하면 어느 정도의 발전이 생기고 포기해 버리면 얻는 게 없다'고. 나는 체육뿐만 아니라 공부할 때도 포기를 잘한다. 그러나 사격을 통해 도전해 이룰 수 있다는 경험을 하게 되었다. 포기하는 습관을 버리고 앞으로 못한다는 생각을 버리고, 열심히 해야 한다는 것을 깨닫게 된 시간이다. _박○○, 나의 체육시간

중학교 때는 남녀공학인 데다 체육 선생님도 잘못 만나 늘 체육시간이 싫었다. 체육을 잘하지 못해서 조별로 하는 활동이 있으면 나는 항상 짐이 되었기 때문이다. 하지만 고등학교에 와서 모두 같은 여자아이들이고 체육 선생님도 좋은 분을 만나게 되어 못하는 것도 더 노력했고, 잘하지 못하더라도 나를 비난하는 사람이 아무도 없는 것이 좋았다. 유대감과 단합력, 즐거움을 느낀 시간이다.
_김○○, 나의 체육시간

결과가 아닌 과정을 추구하는 수업이다. 그리고 그 과정을 중요시하는 수업을 거듭하면서 성장하는 것이 느껴진 시간이다. 나의 가치관과 신념까지 긍정적이고 자신있게 바꿔 주어서 수업을 할 때마다 '기대'가 되는 수업시간이다. 나의 가능성의 폭은 넓히고, 한계점은 축소하는 수업이다. _이○○, 나의 체육시간

나에게 별것 없는 수업, '운동장 수업', 이 정도밖에 안 되는 수

이건, 니가가 내려갈 바면 중요한긴 두뇌.
네특우권이 그어인데 영우 직접 부사나에 들여온.
네뭐이 앞게 없으면 선송그리해가처림
네어지를 저하로 짐중 들어가지 않고 거었된 서맘게 된다.

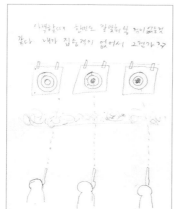

사격할때 한번도 맞약혀 본 적이없을것
같다. 내가 집합력이 없어서 그건가 ㅋㅋ

중학때에 처음배가에 맞아요
없어다 그러 내가 될가도 좋다
그땐 다님을 얼마여지 어쩐 무언이
원... 겠다 (그걸 중어)
오 시구로 끝날분 옥시 짜라인아동에게 주고
짐마 닫기가 싫어다

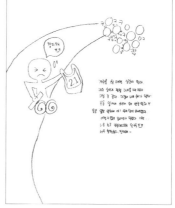

 speech: 장미의 미녀 몽치

가을이 찬 대면 살먼 있다
나가 옼애가 짜짐 여겨고 때 여셨
기분 좋고 고내와 기꼐 찾야 었다
기붐 일에 여자 몽 내꾸믔고
일은 없이 잃아와 이 쌔 학박 몽래었고
여겨진 기웟에게 짜꼅는 여가
내 한 뇌 여사제에 함뀨 뚜고
나는 뾰쌓었고 진여에 ~

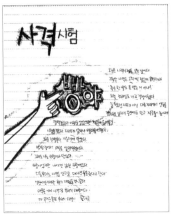

업이었다. 그러나 고등학교 체육수업은 충격과 기대감이 느껴진 시간이다. 사격수업에서는 말로 표현할 수 없는 쾌감과 뿌듯함을 느꼈다. 이어달리기 수업을 할 때는 '괜히 팀원들에게 민폐를 끼치지 않을까?', '나 때문에 다른 애들까지 수행평가 점수가 까이면 어떻게 하지?' 이런 고민들을 했다. 하지만 그 걱정은 물로 씻겨 내려가듯이 사라졌고, 친구들과 사이가 더 돈독해지고 정말 재미있는 수업시간이었다. _김○○, 나의 체육시간

중학교 체육수업은 수행평가 때 빼고는 여학생들은 쉬거나 자유 시간이어서 친구들과 얘기를 하거나 휴대폰을 했었다. 그래서 중학교 "체육시간=노는 시간"이었다. 그리고 나는 체육을 매우 못해서 수행평가 때마다 고역이었던 시간이다. _김○○, 나의 체육시간

배구 경기를 하면서 내가 느낀 최대 매력은 친구들과 함께한다는 것, 바로 협동심이었다. 나와 함께 경기를 하던 친구들은 스릴도 있었지만 정말 열심히 배구를 했고, 또 진지하게 경기에 임했고, 경기를 할 때도 아무 말 없이 하는 게 아니라 서로 조언해 주고, 실수하면 위로해 주고, 잘할 땐 칭찬도 해 주며 그야말로 훈훈함이 넘쳤다. 과거에 체육은 숨차고 힘든 과목이었지만 지금은 즐겁고 사람과 사람이 만나는 시간이라는 생각이 든다. _지○○, 나의 체육시간

학생들이 체육시간에 인라인 스케이트의 바퀴를 굴려 나아가고, 윈체스터 카빈의 방아쇠를 당겨 표적지를 향해 한 발 한 발 방아쇠를 당기며, 2.5g짜리 백색 공을 라켓으로 밀어 상대 코트로 보낸다. 이렇듯 몸이 인라인의 바퀴를 굴리고 방아쇠를 당기며 체험하고 의식해서 학생들

이 느끼는 바에는 거짓이 파고들 틈이 없다. 문제는 교사가 학생들에게 수업시간에 과제 수행을 통해 몸의 체험을 의식시키는 과정이다. 이때 교사의 각색된 의지와 희석된 감정이 개입될 수 있다. 몸을 움직여 활동을 하는데 교사의 신념과 체험적 이야기를 장황하게 설명할 필요는 없다. 간단하게 안내만 하면 된다. 그러면 학생들은 체육시간에 몸의 행동을 통해 자신을 정직하게 드러낸다. 따라서 교사는 학생의 몸이 체험하고 의식하는 소리에 집중해 교수활동을 해야 한다. 이렇게 될 때 나쁜 수업, 이상한 수업에서 좋은 수업으로 나아갈 수 있다.

좋은 수업이란?

"좋은 수업은 민주적인 수업 문화의 틀 아래서 교육 본연의 과제에 기초하여 그리고 성공적인 학습 동맹이라는 목표를 가지고 의미의 생성을 지향하면서 모든 학생 능력의 계속적인 발전에 기여하는 수업이다."_힐베르트 마이어, 『좋은 수업이란 무엇인가?』 재인용

팀 달리기 수업

육상에서 유일한 팀 게임인 이어달리기를 지도하고 있다. 6월이라 운동장은 매우 덥다. 이 더운 날 이어달리기를 해야 하느냐고 학생들이 볼멘소리를 한다. 그러한 아우성도 백색의 트랙에 서고, 출발 휘슬 소리가 울리면 잠잠해진다. 이어달리기를 통해 '팀이 어떻게 서로를 배려하고 성장할 수 있는가'를 가르친다. 팀에 문제가 있으면 이 문제를 해결할 수 있도록 지도한다. 팀의 리더가 팀을 잘 이끌지 못할 때 팀원들이 침묵하지 않고 문제를 제기하도록 지도한다. 팀의 정체성은 리더가 정하는 것

이 아니라 팀원 모두가 만들어 가는 것임을 강조한다.

"여러분, 우리 팀에 50미터를 13초에 달리는 친구가 있어요. 이 친구가 4번 주자입니다. 3번 주자와 5번 주자는 배턴존의 어디에서 배턴을 받아야 4번 주자인 친구가 힘들지 않을 수 있을까요?" 이렇게 말하며, 이어달리기에서 학생들이 어떻게 자신의 이기심을 이겨 내고 팀원들과 협력하며 배려할 수 있을까에 대해 지도한다. 내가 팀 속에서 서로 협력하고 배려하는 사람으로 성장하도록 지도하는 까닭은 차이를 인정하는 사람, 다름을 인정하는 사람으로 성장하기를 희망하기 때문이다.

… 운동장에 나오는 학생들 얼굴이 무표정하다. 생기가 느껴지지 않는다. 그들은 '하기 싫다, 힘들다, 잠자고 싶다, 귀찮다'는 마음으로 보인다. 모두 이유만 있다면 달리고 싶어 하지 않는다. 왜 그럴까? 전체적인 분위기가 학습 무기력증에 빠진 듯하다. 영어나 수학 등 다른 교과 시간에 늘 엎드려 잠을 자니. 체육도 하지 않으려

학생들만 무기력한 게 아니다. 우리 사회가 전체적으로 무기력한 듯하다. 청년들은 일하고 싶고, 연애하고 싶고, 집도 가지고 싶고, 결혼도 하고 싶어 한다. 그러나 시스템이 허용하지 않고 있다. 그래서 그들은 마음을 접고 모두 포기했다. 걱정이다. 하고자 하는 의욕과 열정의 온도가 떨어지는 것이 무섭다. 특히 학생들까지 무기력에 전염되어 열정이 사라지는 것이 안타깝기만 하다. 학생들이 무기력과 용감하게 마주했으면 좋겠다. 학생들이 자신의 삶 속에서 무엇인가 하려는 의욕을 되찾게 하고 싶다. 각자가 서로 똑같은 꿈이 아니라 자신의 능력에 적합한 꿈을 향해 앞으로 나아가는 모습으로 성장하기를 희망한다. 그래서 난 이어달리기 속에서 학생들에게 서로 다른 팀원들을 이해하고 능력의 차이를 인정하여 달릴 거리를 조정해 주게끔 한다. 이러한 나의 노력은 개인이 느끼는 무기력을 팀을 통해 극복하고 경쟁적인 이기심을 협력으로 이겨 낼 수 있도록 하고자 하는 바람의 실천이다.

나의 이어달리기

이어달리기를 한다는 체육 선생님의 말씀에 나는 걱정부터 했다. 17년 동안 살면서 나는 체력이 좋은 것과는 거리가 멀었기 때문이다. 이어달리기는 체력이 바탕이 되어야 하는 종목이다. 당연히 내가 속한 조는 나 때문에 꼴등을 할 것이라는 생각부터 들었다. 어쨌든 조는 편성이 되었고, 나는 조원들에게 피해가 가지 않도록 연습을 했다. 첫 번째 연습에서 우리 조는 썩 좋은 결과가 나오지 않았고, 그래서 나는 속으로 자책하고 있었다. 하지만 아이들은 나를 포함한 모두에게 잘했다며 칭찬을 했고, 다음에는 이번보다 분명 더 잘할 수 있을 것이라며 서로를 격려했다. 이것을 보며 내 마음속에서 작고 뜨거운 열정이 생겨나기 시작했다. 그 후 수업 시간부터는 아이들과 서로 격려하며 실력을 향상시켰고, 나도 체력이 부족했지만 아이들의 따뜻한 말들로 견디었다. 그 결과 우리 조는 매번 연습 때마다 조금씩 진전을 보였고, 심지어 여러 조 중에서 2등을 하기도 했다. 나는 이어달리기 활동을 통해 우리 5반 친구들과 더욱 유대감을 느끼게 되었다.

이어달리기는 다른 종목과 달리 타인과 함께하는 종목이다. 그래서 팀에 방해가 되지 않도록 다른 종목보다 더 열심히 했고, 그러한 노력들이 모여 우리 팀 실력이 향상되었다. 솔직히 처음에는 달리기를 잘하지 못하는 나에게 아이들이 질타와 타박을 일삼을 것 같았다. 하지만 친구들은 내 예상보다 더욱 따뜻했고, 그런 친구들의 모습에 감동받아 더 열심히 달렸다. 그리고 이번 활동은 친구들이 학교 안에서 매번 경쟁을 해야만 하는 사이에서 모두가 바라보는 한 목표를 향해 같이 협력을 하는 사이가 되게 하였다. 그 과정에서 별로 가깝지 않던 친구와 깊은 이야기를 나누며 생각을 공유하고 친구가 되기도 하였다.

나는 또 달리기를 하면서 우리 사회를 생각해 보았다. 누군가가 남보다 뒤처지는 속도로 달리면 그 뒤를 이어 가는 또 다른 누군가가 그의 부족을 메우기 위해 훨씬 더 노력하게 된다. 이것은 우리 사회도 마찬가지다. 누군가가 자신이 해야 할 일을 하지 않으면 어느 누군가는 그 사람 몫까지 부담해야 한다. 그러므로 자신의 뜻이 아니더라도 함께 살아가는 사회에서 자신의 의무를 다하지 않는 것은 도리가 아니다.

　나는 이어달리기에서 타 구성원들에게 피해가 가지 않도록 최선을 다했던 것처럼, 미래에 사회의 구성원이 되어 내가 맡은 일에 최선을 다함으로써 더불어 살아가는 사람으로 성장하고 싶다.

_문○○, 나와 이어달리기

BB탄 사격수업

총의 무게를 느끼다

　나는 학생들에게 비비탄 사격을 지도한다. 학생들이 정신을 집중해 방아쇠를 한 발 한 발 당기면서 경험하는 세계가 특별할 수 있기 때문이다. 특히 여학생들에게 사격은 특별한 의미가 있다. 남성과 여성이라는 성의 정체성으로 인해 여학생은 살아가면서 총을 잡는 일이 거의 없다. 총은 남성의 전유물이었다. 인류가 진화하면서 남성은 생존을 위해 사냥을 했고 여성은 채집 활동에 집중했다. 남성에게 사냥 능력은 자신과 가족 그리고 부족의 생존과 번성을 위해 무엇보다도 중요한 능력이었다. 그래서 남자는 세상에 태어나 물체를 인지하고 놀이를 하는 시기가 되면 자연스럽게 생존을 위한 도구가 놀이기구가 된다.

　그러나 여학생들은 총, 칼, 도끼, 활 등을 선택해서 놀이하지 않는다. 여자는 문화적으로 남자와는 다른 길을 걸었다. 따라서 여학생이 총을 들고 호흡을 멈추어 방아쇠를 당겨야 하는 사격을 하는 것은 매우 이례적이다. 특별한 경우를 제외하고 대부분의 여학생들은 총을 어떻게 사용하는지 모른다.

그래서 여학생들은 체육시간에 비비탄 사격이지만 사격수업을 한다는 사실에 매우 흥미를 보인다. 한 번도 해 보지 않아 낯설고 익숙하지 않아 어색하지만 총을 들고 표적지를 향한다는 사실에 흥분한다.

사격에 관해 백지 상태이니 모든 것을 가르쳐야 한다. 탄창에 총알을 넣는 방법, 탄창을 총에 끼우는 방법, 총의 개머리판을 어깨에 견착하는 방법, 가늠쇠와 가늠자 그리고 표적지를 일직선에 놓는 조준선 정렬, 방아쇠를 검지손가락 마지막 마디로 서서히 당기는 방법 등 모든 사항을 가르쳐야 한다. 그리고 한 번의 가르침으로 끝나지 않는다. "어어! 선생님 총알이 나가지 않아요." 하는 말이 여기저기서 나온다. 이러한 말이 나오지 않도록 비비탄 사격을 몸과 마음으로 기억할 수 있을 때까지 반복적으로 지도한다. 여학생들이 자연스럽게 호흡을 멈추고 방아쇠를 당기게 되기까지 시간이 필요하다. 4시간 정도 과제를 진행하면 조금 자연스럽게 탄창에 총알을 넣고 호흡을 조절하며 방아쇠를 당기게 된다.

7명의 여학생이 표적지를 향해 나란히 섰다. 난 "1발 장전 호흡 멈추고." 이렇게 전체적으로 구령을 넣는다. 학생들은 총을 어깨에 견착한다. 오른쪽 뺨을 개머리판 앞쪽에 밀착하여 가늠쇠와 가늠자를 통해 표적지 중앙을 바라보는 조준선 정렬을 시도한다. 오른쪽 눈을 지그시 감고 표적지를 바라보는 영희, 왼쪽 팔을 V자로 하지 않고 쭉 펴 힘들게 총을 받치는 지영, 표적지를 바라보는 순간 중심이 뒷발에 가 뒤로 꺾인 듯 자세를 취하는 은영, 가늠자와 가늠쇠를 바라보는 시선이 심히 삐딱한 은수, 표적지를 향한 가늠자와 가늠쇠를 바라보는 시선이 딴판인 지수, 얼굴에 상기된 미소를 띠며 집중력 없이 방아쇠에 손가락을 올려놓는 은희가 있다.

학생들이 방아쇠를 당기는 모습과 태도는 저마다 다르다. 난 학생들 모두가 한결같은 모습으로 방아쇠를 당기도록 지도하지 않는다. 사격의 기본자세를 취할 수 있도록 지도할 뿐이다. 학생들은 다르다. 살아온 삶의 배경이 다르고 그들이 지금까지 경험한 신체적·정신적 경험이 다르다. 그래서 똑같은 자세를 취할 수 없는 것이다. 그들이 만나 경험한 세계가 다르기에 난 수업에서 다름을 인정한다. 즉, 과제 수행에서 모두가 한결같은 동작으로 과제를 수행하도록 하지 않는다. 다만 과제 수행에 방해가 될 수 있는 동작의 오류만 수정해 준다.

학생들의 총 끝이 흔들리지 않고, 시선이 표적을 향하는 모습을 확인한 후에 "1발 발사"를 외친다. 나의 말이 떨어지는 순간, 학생들은 검지 손가락에 미세한 힘을 전달해 방아쇠를 당긴다. 학생들의 총에서 '픽' 하는 소리와 함께 일제히 0.2g의 백색 탄환이 날아간다. 극히 짧은 시간 일직선의 궤적을 그리며 날아간 백색 탄환은 '팍 팍 팍' 하는 소리를 만들어 내며 표적에 지울 수 없는 흔적을 남긴다.

탄환이 표적지에 맞는 순간, "아아! 에이!" 하는 작은 신음소리가 표적을 바라보는 학생들의 입에서 흘러나온다. 1발, 2발, 3발, 4발, 5발… 마지막 15발이 총구를 떠난다. 집중하여 방아쇠를 당기면 탄환이 날아가는 그 짧은 시간 누구나 자신이 목표를 향해 어떻게 방아쇠를 당겼는지 느낌이 오고 눈으로 볼 수 있다. 한 발 한 발 방아쇠를 당겨 마지막 15발을 표적지를 향해 날려 보낸다. 학생들은 미세한 힘을 전달해 눈으로 무엇을 보며 어떻게 방아쇠를 당기는지 깨닫는다. 학생들은 방아쇠를 당기는 매 순간 지금 무엇을 어떻게 하고 있는지 인지하고 느낄 수 있다.

그래서 난 사격수업이 좋다. 사격은 학생들이 과제를 수행하면서 짧은 시간이지만 자신의 행동에 대해 생각해 볼 수 있는 시간을 제공한다. 마음을 모아 집중하지 않으면 결코 표적지의 중앙 X10에 탄환의 흔적을 만들 수 없다. 학생 개개인이 흔들리는 마음과 몸을 굳건히 지켜내

야 목표를 향해 정확히 방아쇠를 당길 수 있으며, 찰나의 순간에 백색 탄환이 목표에 가서 닿는다. 학생들의 총구를 떠난 탄환은 표적지를 향해 날아간다. 0.2g의 백색 탄환은 바로 학생들 저마다의 집중력이 실린 마음의 무게이다. 교사인 난 학생들이 자신을 볼 수 있게 해 주는 비비탄 사격수업이 좋다. 학생들이 수업에서 자신을 보고 느끼며 배우고 있어 행복한 교사이다.

BB탄 사격수업과 나

새로운 일에 도전하는 것은 언제나 두려우면서도 기대되는 일이다. 사격수업이 그렇다. 어렸을 때부터 나는 '총'이라는 것에 관심이 없었다. 총과 사격은 나와 맞지 않는다고 여겨서 애초에 관심을 둘 생각조차 하지 않았다. 그런데 ○○여고에 입학하고 나서 체육시간에 사격을 한다는 이야기를 듣고 약간의 설렘과 기대심이 생겼다.

사격이란 총으로 표적을 맞히는 스포츠로 고도의 집중력이 필요하다. 기다란 총구를 표적지를 향해 겨누고 호흡을 가다듬는 그 순간에 오로지 표적을 맞히겠다는 의지만 남겨 두고 잡생각을 버려야 한다. 한번은 내가 총을 기댄 어깨가 무거워 잠깐 다른 생각을 한 적이 있다. 잡생각을 하던 와중에 얼떨결에 방아쇠를 당겼는데 총알이 엉뚱한 곳으로 가고 말았다. 단 한 발의 총알이 잘못 나간 것이었지만 바로잡지 않는다면 결국 수십 발의 총알을 그대로 잃을 것만 같았다. 그다음엔 다른 생각을 하지 않고 머리를 비우기로 마음을 먹고 방아쇠를 당겼다. 마음먹은 뒤의 총알은 표적지의 검은색 중앙을 뚫고 지나갔다. 다시 한 번 호흡을 가다듬고 표적을 향해 방아쇠를 당겼다. 총알이 방금 뚫고 지나간 찢어진 사이로 지나갔다. 누구든 바로 알아볼 수 있을 정도로 진귀하고 멋진 광경이었다. 찢어진 종이가 다시 한 번 펄럭이면서 뒷장의 하얀 부분이 드러났다. 아직도 잊을 수 없는 기억이다.

사격은 신체능력이 뛰어나지 않아도 충분히 노력하면 해낼 수가 있다는 것을 깨달았다. 지금까지 몰랐던 나의 숨은 재능이 드러난 것 같아 뿌듯했다. 지금까지 내가 남들보다 혹은 남들만큼 잘하는 무언가를 찾을 수 없어서 고민했고 걱정했다. 체육은 내 길이 아닌가 보다 하면서 좌절하기 일쑤였다. 나는 이번 사격수업을 통해 내가 체육에서 하나쯤은 남들만큼 잘할 수 있다는 것을 알게 되었고, 자신감이 생겼다. 총알이 표적지를 뚫기 전 나의 눈에 총알이 날아가는 것이 보이면 기분이 좋아지고 힘이 솟는다. 또한 연달아 총알이 표적지의 중앙에 모일 때는 내가 마치 로빈후드가 된 것 같은 착각마저 일으키게 된다.

나는 사격을 통해 내 자신을 돌아보게 되었다. 또한 나에게 숨겨진 능력이 있음을 알게 되었고, 새로운 것에 도전하기를 두려워하지 않고 환영하게 되었다. 이번 수업이 여러모로 나에게는 성장할 수 있는 계기가 되었다. 만약 누군가 훗날 나에게 인상 깊었던 수업을 말하라고 하면 나는 자신 있게 사격수업이라고 대답할 것이다. 또한 내가 앞으로의 다른 체육수업을 잘하게 될지 못하게 될지는 모르겠지만, 적어도 지금까지 해 왔던 것처럼 좌절하지는 않을 것 같다. 사격으로 인해 나는 나의 한계를 인정함과 동시에 넘어설 수 있게 되었다. _임○○, 나와 사격수업

BB탄 사격수업 2

　　호흡을 멈춘 순간 총의 무게를 느끼다

　　윈체스터 카빈을 들고 표적을 향해 방아쇠를 당기기 위해 난 탄창에 총알을 15발 넣는다. 적은 무게이지만 0.2g짜리 비비탄 총알을 탄창에 정성스럽게 밀어 넣는다. 하얀 총알이 질서정연하게 탄창 안에서 줄을 맞추어 선다. 그 모습에 마치 출격을 대비해 활주로에 일렬로 선 로켓같이 경건함이 있다. 방아쇠를 당기면 언제든 목표를 향해 날아가야 하는 숙명적 운명을 가진 존재이다. 방아쇠는 총알에겐 '명령'이다. 탄창에 준비된 총알에게 방아쇠는 절대적 힘을 가지고 있는 신이다. 방아쇠를 당기면 언제든 총알은 표적을 향한다.

　　탄창에 총알이 준비되고 저 멀리 표적지도 준비되었다. 표적지는 여름날 빨랫줄에 매달린 빨래와 같이 축 늘어져 언제든 총알을 맞을 준비가 되어 있다. 이제 난 표적지를 향해 방아쇠를 당길 준비가 완료되었다.

나는 사격을 위한 준비를 마치고 사선대에 선다. 방아쇠 레버를 후퇴하여 1발 장전 그리고 개머리판을 어깨에 견착한다. 가늠자와 가늠쇠를 통해 표적의 중앙을 바라보며 조준선을 정렬한다. 방아쇠를 당기기 전, 짧은 시간 호흡을 멈춘다. 호흡으로 인해 총이 흔들리는 것을 방지하기 위해서다. 호흡을 멈추었다. 그리고 가늠자와 가늠쇠를 통해 표적을 노려본다. 표적을 향한 총 끝이 미세하게 흔들린다. 나는 총 끝이 흔들리는 가운데 최적의 타이밍을 잡아 방아쇠를 당긴다. 정신을 집중해 서서히 방아쇠의 촉감을 느끼며 검지손가락 마지막 마디에 힘을 준다. 방아쇠를 당기는 순간, 총이 흔들리면 목표로 하는 곳에 총알이 가지 않고 빗나간다. 나는 작은 흔들림도 없도록 혼신의 힘을 다한다.

1발 발사, 미세한 흔들림이 있었지만 조준선이 표적의 중앙을 향한 순간에 방아쇠를 당겼다. 아! 하는 탄성과 함께 총알의 궤적이 눈에 들어온다. 총알은 일직선의 궤적을 그리며 날아간다. 총알이 표적에 맞는 순간 난 깨닫는다. 아아! 틀렸다. 목표로 하는 표적의 중앙, 'X10'에 맞지 않았다. 날아가는 궤적을 보면 총알이 맞는 표적지의 위치가 예측된다. 0.0001초, 그 짧은 시간에 내가 본 표적과 총의 목표가 순간적으로 달라진 것이다. 총을 잡은 나의 몸이 흔들리고 마음이 흔들린 것이다. 방아쇠 레버를 후퇴하여 2발 장전 그리고 호흡을 멈춘 상태, 목표를 바라보며 최적의 타이밍에서 2발 발사, 좋다. 표적을 향해 날아가는 총알의 궤적이 선명하게 눈에 들어온다. 총알이 날아가는 모습이 표적의 중앙을 명확하게 향한다. 총알이 날아가는 궤적에 대한 느낌이 좋다는 기분 또한 방아쇠를 당기고 총알의 비행을 보면 알 수 있다. 즉, 총알이 눈에 보이고 총구를 떠난 총알의 비행이 선명하게 느껴진다는 것이다. 방아쇠를 당겼을 때 이러한 느낌이 오면 총알이 표적지의 중앙에 잘 맞는다. 하얀색 총알이 날아가 표적지 중앙의 X10을 뚫는다. 표적지가 '찍' 하고 찢어진다. 총알이 표적지 중앙을 뚫는 이 순간을 위해 난 혼신의 힘을 다해 방아쇠를 당기는 것이다. '좋아' 하는 마음의 짜릿한 흥분을 자제하며, 연속하여 방아쇠를 당긴다, 몸과 마음이 만들어 낸 최적의 타이밍을 기억하며 제3발, 4발, 5발, 6발, 7발, 8발 차례로 방아쇠를 당긴다. 방아쇠를 당기는 검지손가락 끝에 살짝살짝 힘을 전달한다. 손끝의 미세한 움직임으로 방아쇠를 당기고 그 힘이 총알을 날아가게 한다.

표적지의 중앙에 커다란 구멍이 뚫렸다. 한 발, 두 발, 세 발, 네 발 연속하여 날아든 총알에 의해 표적지의 중앙이 산산이 유린당했다. 기분 좋다. 방아쇠를 당기는 순간순간 몸에서 느껴지는 흔들림을 극복하고 이루어 낸 결과이다. 총 끝의 흔들림을 눈으로 보고 그 흔들림을 순간적으로 극복하며 총알이 날아갈 궤적을 멋지게 만들어 내었다. 흐흐, 성공이다.

그렇다. 내가 총의 방아쇠를 당기는 몸과 마음의 타이밍이 결국은 표적지를 향해 날아가는 총알의 궤적을 만든다. 표적지를 향해 비행하는 총알은 표저지에 돌이킬 수 없는 흔적을 만든다. 난 총알이 만들어 낸 흔적을 통해 내가 총을 쏘는 순간 어떠한 상태였는지 점검한다. 총구를 떠난 총알이 표적에 맞는 시간은 매우 짧다. 그러나 그 짧은 시간, 방아쇠를 당기는 순간의 나를 볼 수 있다. 비비탄 사격의 즐거움은 여기에 있다. 내가 당기는 총알 한 발 한 발이 어떻게 날아가는지 볼 수 있으며, 이 총알의 날아감은 곧 나를 반영한다. 방아쇠를 당기는 내가 긴장하여 불안해하면 총이 흔들린다. 나의 불안과 긴장이 그대로 방아쇠를 통해 총알이 되어 날아간다. 그리고 불안과 긴장이 묻어난 총알은 목표하는 곳으로 날아가지 못한다.

멋지게 생긴 윈체스터 카빈을 어깨에 견착하고, 0.2g짜리 비비탄 총알을 날려 보내는 사격이 재미있다. 하얀 총알이 종이 표적지를 향해 날아가는 모습을 볼 수 있어 즐겁고 행복하다. 사격은 마음의 상태를 몸이 반영하고, 또한 몸의 상태를 반영하여 마음이 결과를 만들어 내는 신체활동이다. 난 노리쇠 레버를 후퇴하여 총알을 장전하고 표적을 향해 호흡을 가다듬으며 손끝으로 아주 서서히 힘을 전달하여 방아쇠를 당긴다. 방아쇠를 당기는 매 순간 긴장과 흥분이 몰려온다. 긴장과 흥분을 잠재우며 방아쇠를 당긴다. 총구를 떠난 총알의 비행을 통해 나를 보고 나를 느낀다. 총의 무게가 온전히 나에게 전해지는 이 순간이 참 좋다.

_사격수업을 지도하는 교사 전용진

나의 사격수업

체육시간에 비비탄 사격수업을 했다. 비비탄 사격수업을 한다는 것을 듣는 순간부터 과제 수행이 정말 기대되었다. 왜냐하면 지금까지 한 번도 총을 쏴 본 기억이 없기 때문이다. 초등학생 때 장난감 비비탄 총으로 다른 친구들을 쏘아 대던 남자애들에 대한 기억 때문에 비비탄 총을 가까이한 적이 없었다. 비비탄 사격 첫 수업 날, 나는 총을 처음 들어 봤는데 생각보다 무거워서 놀랐다. 비비탄 총알 12개를 장전하고 조준선 정렬을 한 후, 손가락 끝으로 방아쇠를 당길 때, 나는 지금까지 느껴 보지 못한 감정을 느낄 수 있었다. 방아쇠를 당기는 순간 희열이 느껴지면서 참고 있었던 숨을 다시 쉬는 순간의 그 쾌감은 잊지 못할 것 같다. 첫 시간에는 표적의 10점에 많이 맞히지 못한 채 어설프게 끝났다. 여러 번의 사격수업 중에서 첫 사격수업의 느낌과 그때 느꼈던 감정이 제일 생생하게 남아 있다. 사격을 계속할수록 표적에 생기는 구멍의 수가 늘어났고, 나는 표적지의 10점에 늘어나는 총알 흔적을 보며 매 시간마다 뿌듯함을 느꼈다.

언젠가 아빠가 군대에 있을 때 사격을 잘해서 휴가를 받은 적이 있다는 이야기를 하셨다. 그 기억이 나서 사격수업에서 받은 표적지를 집에 가져와 아빠께 자랑했더니, 아빠는 '나를 닮아 사격을 잘하는 것'이라면서 크게 웃으셨다. 얼굴에 미소를 가득 지으시던 모습이 생생하다. 이처럼 사격은 체육시간에 나에게 즐거움을 주었을 뿐만 아니라 가족끼리의 대화에 공통분모를 형성해 각자의 경험을 나눌 소중한 시간도 만들어 주었다. 수행평가 전 마지막 사격에서 한 발을 제외하고 모든 총알을 표적지의 10점에 맞혀서 뿌듯했다. 사격을 계속하다 보니 방아쇠를 당기고 나서 날아가는 총알이 보였다. 나의 사격 실력이 향상되고 집중력이 많이 향상되는 것 같아 기분이 좋았다.

사격을 하기 전까지 나는 '총'이라는 단어를 연상하면 '전쟁, 남자, 총알, 군대' 등과 같은 단어들이 떠올랐다. '총'은 나외는 관계가 전혀 없다고 생각했고, 연습하지 않았기 때문에 절대 잘할 수 없을 것이라고 생각했지만, 사격수업 이후 내 생각과 고정관념이 바뀌었다. 무의식적으로 내 머릿속에 자리 잡았던 '총은 남자가 사용하는 물건'이라는 편견이 사라졌다. 기회가 된다면 다시 총을 잡고 집중하면서 방아쇠를 당기는 쾌감을 맛보고 싶다.

_1-8 류○○, 나의 사격수업

나와 사격수업

매주 목금이 되면 내가 그토록 기다리던 시간이 찾아온다. 바로 사격수업, 본래 체육을 싫어해서 체육시간을 꺼려 했던 나에게 사격수업이 그 모든 것을 뒤집어 놓았다고 해도 결코 과언이 아니다. 하지만 사격수업이 처음부터 즐겁기만 했던 것은 아니다.

나는 항상 경쟁의식 속에 사로잡혀 있었다. 언제나 남과 나를 비교하고 그보다 내가 뛰어나다고 생각되면 안도하고, 한편으로는 상대가 나를 추월해 갈까 두려워했다. 만약 반대가 내가 그보다 뒤처진다고 생각되면 열등감에 빠져 자괴감에서 헤어 나오지 못했다. 사격수업 역시 처음에는 불편했다. 최초로 방아쇠를 당겨 목표물을 향해 총을 겨누었을 때, 나는 표적지에 단 한 발도 맞히지 못했다. 다른 친구들이 월등히 잘 맞힌 것도 아니었지만 대부분은 표적에 몇 발을 성공시켰다. '나는 처음이니까 그럴 수도 있지.' 하며 대수롭게 여기지 않았다. 하지만 그 자기합리화는 두 번째, 세 번째 수업에서도 보기 좋게 깨져 버리고 말았다. 다른 친구들의 실력은 어린아이가 자라듯이 하루가 다르게 쑥쑥 자랐다. 그렇지만 나는… 여전히 첫 수업 때와 별반 다르지 않았다. 나의 열등감도 커져 갔다. 수업이 반복될수록 표적지 중앙 10점에 총알을 맞히는 친구들이 늘었다. 잘 쏘는 친구들에게 끊임없이 물었다. 혹시 비법 같은 게 있느냐고. 요령이라도 좀 얻어 보려고 하였다. 그러나 그때마다 돌아오는 대답은 대부분 '감'이었다. 심지어는 날아가는 총알이 간간이 보인다는 친구들도 있었다. 나는 그 말을 도저히 믿을 수 없었다.

선생님이 표적지 중앙을 조준하고 고개를 약간 옆으로 기울이고, 숨을 멈춰 보라는 조언을 해 주셨다. 나는 자포자기의 심정이었다. 총에 총알을 장전했다. 총 끝을 어깨에 대었다. 가운데 까만 점을 향해 총을 조준했다. 수전증이라도 온 듯 총 끝이 미친 듯이 흔들렸다. 옆 친구들은 이미 모두 총을 쏘고 있었다. 나는 기다렸다. 흔들리던 총 끝이 안정될 때까지 쏘지 않았다. 움직임이 좀 잦아들었다. 드디어 나는 방아쇠를 당겼다. 그 결과를 확인해 보니 비록 여백이었지만 저 끝에 총알이 명중되어 있었다. 그 순간 환희와 쾌감이 오래 묵은 때가 물에 씻겨 내려가듯 흘러넘쳤다. 한 발을 성공하고 나니 자신감이 차올랐다. '나'도 할 수 있다. 그 후 나에게도 천천히 무엇인가 일어났다. 여백에 맞는 총알의 수가 늘어 갔다. '또 실패하면 어떻게 하지.' 총을 장전하고 쏘는 순간까지 들던 온갖 잡생각이 사라져 갔다. 그것이 어느 정도까지 진행되었을 때야 나는 가운데 까만 점에 맞는 총알의 개수까지 헤아릴 수 있게 되었다.

　　나의 실패 요인은 '타인을 너무 의식하는 것'이었던 것 같다. 방아쇠를 당기는 순간에는 나만이 존재해야 한다. '다른 친구들은 얼마나 맞혔지?', '또 나만 뒤처지는 건 아닌가.' 하고 전전긍긍해서는 안 된다. 나는 사격수업을 통해 많은 것을 배웠다. 항상 주변을 의식하던 나를 되돌아보게 되는 계기가 되었다. 나는 줄곧 학업에서도, 스펙에서도, 내 행동, 내 말 하나하나까지 남에게 어떻게 보일지 예민하게 신경을 썼다. 그것이 나를 병들게 하고 발전을 가로막는 독인지도 모르고. 그렇지 않았어도 되었는데…. 타인에 대한 경쟁의식은 어느 정도는 필요하다. 하지만 내 경우에는 그것이 너무 과했다. 물론 이를 고쳐 나가는 것은 골초인 사람이 금연을 시도하는 것처럼 쉽지 않을 것이다. 습관화되어 있는 것처럼 고치기 힘든 것은 없다. 그래서 내가 생각해 낸 해결책은 현재 나의 경쟁의식을 타인이 아닌 나에게로 돌리는 것이다. 운동선수들은 항상 이전의

'자신'을 뛰어넘기 위해 노력한다고 한다. 나도 그들을 본받고 싶다. 나와의 경쟁을 통해 부족한 점들을 고쳐 나가고 싶다. 계속 그렇게 노력하면 표적지의 중앙 까만 점이 너덜너덜해질 정도로 13발의 총알 모두 명중시킬 수 있지 않을까. _음○○, 나와 사격수업

3부

신체활동, 생각 더하기

몸의 신체성이 느끼는 감각으로 체험적 상상력과 통찰력을 얻는 과정이 바로 신체 운동이다.
나는 신체 운동의 과정에서 운동이 이루어지는 장소가 어떤 곳인지 깨닫고,
그곳에 사람이 있음을 본다. 그리고 그 사람들 속에서 나와 타인들과의 관계를 배운다.
나의 몸이 체험하는 세계에 거짓이 끼어들 틈이 없다.
지식생태학자 유영만은 "교육의 본질은 몸을 움직여 체험적 깨달음을 스스로 체득하는 과정"
이라 했다. 체육교사인 난 몸을 움직이는 신체활동을 통해 나를 교육한다.
그래서 나에게 신체활동은 수업 속에서 생각하지 못한
다른 생각과 질문을 갖게 하는 특별한 시간이다.

그래도 하키공은 구른다

하키부 아이들의 아침은 언제나 뜨겁고 격렬하게 시작된다. 등교를 서두르는 아이들이 빼곡하게 교문으로 몰려들 때면, 운동장은 이미 하키부원들이 가로세로로 치달리며 일으킨 흙먼지와 그들이 쏟아 내는 거친 고함으로 뽀얗게 뒤덮인 뒤다. 붉은 바탕에 새겨 넣은 배번도 땀에 절어 등짝에 허옇게 달라붙은 지 오래고….

"태민아, 오른쪽 주호를 보고 공을 쳐야지! 주호, 너는 날개잖아. 좁혀 들어오지 마! 운동장을 넓게 사용하란 말이야. 야! 모두들 서 있지 말고 움직여 줘야지."

"공간 확보해! 상대 수비가 앞에 있으면 공을 줄 수 없잖아!"

아이들 사이에 섞여 속사포처럼 작전지시를 쏟아붓다가 잠깐 물러서 시계를 보니 7시 50분. 이미 몇 녀석은 유니폼을 던져 버린 채 알몸뚱이로 뛰고 있다. 모두 15명. 지난 2주 동안은 그 뜨거운 폭염 아래 운동장을 스무 바퀴씩 도는 체력훈련을 견디느라 고생들을 많이 했다.

그동안 학교에서 선임한 코치에게 모든 것을 맡겼으나 성에 차지 않아 지난달부터 아침 훈련은 내가 맡았다. 그 첫 훈련 일정으로 잡은 것이 운동장 돌기였다. 후반전에 다리가 풀려 시합을 망치는 일을 더 이상 반복하지 않으려면 힘과 근성을 키우는 수밖에 없었다. 내가 악을 쓰며 함께 뛰었으니 엄살 한번 제대로 부리지 못했을 것이다.

2주 체력훈련에 잇대어 이제 팀을 나누어 하는 실전연습이다. 아이들의 몸놀림에 힘이 붙은 게 한눈에 느껴진다. 하키를 그만두겠다고 나갔다가 다시 들어온 1학년 대봉은 스틱에 공을 붙이고 다니는 기술이 제법 늘었고, 후배들 사이를 거칠게 헤집고 다니는 3학년 상협도 몸에 탄력이 붙었다. 문지기이면서도 가끔 골문을 비워 두고 뛰쳐나와 육중한 몸으로 상대 진영을 누비는 성철이나 볼을 다루는 재간이 월등한 주장 상훈이도 요즘 들어 한결 듬직해졌다. 지난 춘계대회 때 시합에 지고 나서 저희들 스스로 깎은 빡빡머리가 밤송이만큼 자랐는데, 먼지 속에서 보니 영락없는 동자승 모습이다.

가난한 아이들의 가난한 운동

올해 전근을 와 보니 내가 학교 다닐 적에도 있었던(난 용산중학교 1982년도 졸업생이다) 하키부가 그대로 있었다. 1954년에 하키부가 생겼으니 올해(1994)로 40년째. 부임 인사차 처음 학교에 들렀던 날, 운동장 구석에 녹슨 채 서 있는 하키 골대를 오랫동안 바라보았다. 그런네 그 하키부를 나보고 맡으라 했다. 체육교사라고는 하지만 하키에 관한 한 문외한이나 다름없었다. 하긴 부장교사를 포함해서 체육교사가 셋밖에 안 되는 작은 학교에 농구부와 하키부, 운동부가 둘이나 있으니 어쩔 도리가 없기도 했을 것이다. 농구부를 맡은 선배 교사가 내 등을 툭 치며 웃었다.

"감독은 특별히 할 일이 없어. 아이들 단속만 신경 쓰면 된다고."

부장 선생님도 한 말씀 거들었다.

"체육선생이라면 운동부를 한번 지도해 봐야지 진짜배기가 되는 거야. 그리고 젊었을 때 안 해 보면 언제 하겠어?"

그때 고개를 끄덕이기는 했으나, 내게 소중한 것은 수업시간에 아이들을 가르치는 것이지 합반 수업까지 해 가며 소수 학생만의 운동부 감독으로 어깨를 세우고 다니는 것이 아니었다. 게다가 운동부만 따로 떼어 놓고 봐도 사실은 운영이 간단한 문제가 아니었다. 특히 선수 지도 문제가 그랬다.

남산 밑 해방촌과 후암동을 주거지로 하는 학부모들은 거의 단순노무직, 잘산다는 축이 가내수공업을 경영하는 정도로 아주 가난했다. 그런 아이들 가운데 운동에 조금 소질이 있되, 공부에 아예 등을 돌린 몇몇이 짝을 지어 하키부로 들어온다. 그들은 하키채를 벗 삼아 상급 학교 진학에 목을 건다.

솔직하게 뒤짚어 놓고 보면 학교 운동부도 빈부의 논리에서 한 발짝도 자유로울 수 없다. 똑같은 입시수단으로 운동을 택하더라도 경제적

여유가 있는 집 아이들은 골프나 승마 같은 고급스러우면서도 희소가 치가 있는 종목을 골라잡지만, 이 동네처럼 가난한 집 아이들은 선택의 여지가 없다. 특별한 재주가 없으면 하키처럼 몸을 던지는 고달픈 운동 밖에는. 제 키의 반이 넘는 하키채를 움켜쥐고 몸을 잔뜩 웅크린 채 거의 한 시간 이상 주먹만 한 공을 쫓아 뛴다는 게 얼마나 힘든 일인가. 그래도 그것을 상급 학교 진학, 더 나아가 장래 진로에 대한 목표로 잡을 아이들의 그 지친 가슴을 과연 채워 줄 수 있을 것인가.

하키부를 맡기로 작정하고 나서 보니 이번엔 선수 선발 문제가 앞을 막았다. 농구부는 넘쳐나는 지원자 때문에 골머리인데 하키부는 지원자가 거의 없다시피 했다. 요즘 아이들이 얼마나 영악한가. 일도 그렇지만 힘든 운동이라면 고개 먼저 저었다. 게다가 농구나 야구처럼 화려하게 매스컴의 각광을 받는 종목과는 거리가 멀었으니. 세간의 화제를 모았던 드라마 〈마지막 승부〉 이후 완전히 농구 쪽으로 돌아가 버린 아이들의 관심은 좀처럼 돌아오지 않았다. 한동안 왜 하키를 소재로 하여 멋진 주인공과 최진실 같은 미인이 등장하는 드라마는 만들지 않나 괘씸할 지경이었다.

사정이 그러하니 수업시간에 체육활동을 하는 아이들을 눈여겨보았다가 그중 운동능력이 좋은 이이를 따로 불러 꼬드기는 수밖에 없었나. 간신히 아이 허락을 받아 놓고 보면 이번엔 부모들이 다시 반대를 했다. 우리 애는 머리가 엔간해서 공부를 시켜야겠다고. 1학년 기홍이 같은 아이는 공부도 공부지만 운동감각이 남다른 아이였다. 하키채를 겨우 20여 일 잡고 시합에 출전했는데도 상대방 공격수들을 옴짝달싹 못하게 묶어 놓는 재주로 응원단의 혀를 내두르게 할 정도였다. 그러나 그아이도 시합 다음 날로 내게 작별인사를 하러 왔다. "아버지가 하키 끊고 공부하라는데요."

도대체 하키 연구시범학교고 뭐고 후보 선수는 차치하고 팀원 11명도 채우기가 힘들 지경이었다(1학년 학생들은 하키 수업을 통해 지금까지 14명 들어왔다가 다 나가고 여섯 명 남았다).

안쓰러운 모정

올 첫 시합은 4월 전국춘계체육대회였다. 신입생을 맞아 손발을 맞춘 지 한 달이 못 되었으니 애당초 기대를 걸 수도 없었다. 게다가 시합 시작하는 날 주장인 상훈 아버지께서 돌아가셨다. 어느 때보다도 타격이 컸다. 잔뜩 지친 몸을 이끌고 시합장에 나타난 상훈은 꼭 어른 같은 목소리로 "선생님, 아버지 가시는 길에 최선을 다하는 아들의 모습을 보여 드리고 싶습니다"라고 해서 아이들을 울렸다.

첫 시합에서 아이들은 참 열심히 뛰었다. 태민은 상대 공격수의 공을 쳐내기 위해 슬라이딩하다가 이마가 터졌다. 상훈은 몹시 지쳐 있던 터라 몸이 마음과 공을 따르지 못했다. 얼마나 허둥대고 악을 쓰는지 지켜보기에도 안쓰러울 지경이었다. 결과는 4 대 0 패. 맥없이 스틱을 끌고 경기장 밖으로 나오는 아이들의 등을 나는 말없이 두드려 주었다. 그만해도 잘한 거라고. 다음에는 좋은 시합할 수 있을 거라고.

경기 끝난 뒤에 아이들을 챙기는 것은 어머니들 몫이다. 공부 못하는 대신 운동이라도 시켜 상급 학교 진학도 시키고 사람 구실 하게 하려는 게 어머니들 마음이다. 어머니들은 경기장을 따라다니며 감독 교사나 코치 못지않게 정성으로 뒷수발을 감당해 낸다. 하니 마음 고달프기로 말하면 수험생 둔 부모보다 더하면 더했지 덜하지 않았다. 육성회 찬조금이 금지되면서 학교체육진흥회비가 없어져 한 달에 60만 원 남짓

되는 코치 수당이나 간식비에 쓰이는 운동부 후원회비도 그네들 몫이었다. 철저하게 '수익자 부담원칙'을 적용받은 것이다.

그 춘계대회를 마치고 나서는데 몇 어머니들이 나를 불러 세우더니 쭈뼛쭈뼛 봉투를 하나 내밀었다. 말로만 듣던 운동부 촌지였다. 거절하니까 "왜 그러시느냐"며 "작년에도 한 건데요. 정말 수고 많이 하셨기 때문에 드리는 겁니다"라고 하며 촌지를 내민다. 반 우격다짐이었다. 시합이 끝나면 감독 교사와 코치에게 사례비를 건네주는 것이 관례화되었다는 이야기는 귀동냥으로 들은 적이 있었다. 난 단호하게 뿌리쳤다. 구리동전처럼 새까맣게 그을은 아이들을 앞에 두고 생각할 수도 없는 일이었다. "전 고생한 것 없습니다. 감독으로서 해야 할 일을 한 것뿐이고요. 이거 받으면 제가 아이들 앞에 못 섭니다. 뜻은 고맙지만 그냥 넣어두셨다가 아이들 간식이나 사 주세요."

"우린 매가 필요해요."

특별한 일이 없는 날은 대부분 6교시 후에 하키부 종례시간을 따로 갖는다. 무슨 작전회의 같은 게 아니라, 하루 생활을 잘했는지, 어려운 것은 없는지. 아이들에게 확인하며 이야기를 나누는 시간이다. 처음엔 아이들에게 자근자근 이야기로 풀어 가는 방식이 파격으로 비쳤던 모양이었다. 얼마 지나지 않아 주장을 맡고 있는 상훈이 녀석이 올해 시합에서 이기기는 틀렸다고 오금을 질렀다. 왜냐고 물으니까 대답이 아주 간단했다.

"감독 선생님이 무섭지 않으니까요."

이제는 내 방식을 아니까 서로 잘 통하는 편이지만, 처음에는 상훈이 말마따나 이야기가 거의 먹혀들지 않아 맘고생을 꽤 했었다. 어쩐 일인지 겨우 열다섯, 열여섯 난 아이들인데도 착실하게 매에 길들어 있었다. 물론 선배와 후배, 선수와 코치, 감독 교사 사이의 위계는 어느 정도 필요하지만, 그렇다고 그것이 꼭 구타와 기합을 전제로 하는 것은 아니다. 그런데도 아이들은 매의 필요성에 대해 아예 한 수 접고 생각하고 있는 듯싶었다. 나보다는 코치를, 코치보다는 선배들을 더 무서워하는 것도 아이들 머릿속에 계산된 기합의 정도 때문일 것이다.

가끔 하키부실에 들러 "얘들아, 부실이 이렇게 지저분하니! 청소 좀 하면서 살아라." 하면 시큰둥하다가도 3학년 상협이 "청소해." 하고 목소리만 높여도 대번에 하키부실이 번쩍번쩍 광이 난다. 어찌 그리 군대 문화를 꼭 닮았는지. 매를 끔찍하게 싫어하면서도 매가 있어야 그래도 운동이 된다고 스스로 매에 얽혀 드는 것도 똑같다.

한번은 H여중 아이들이 연습경기를 하러 온 적이 있었다. 그런데 그 학교 코치란 사람은 아이들이 실수를 할 때마다 "야 이년아, 똑바로 못해", "너 이 새끼, 이리 나와"라고 하면서 발길질을 해댔다. 그것을 지켜보며 매라는 게 결국은 대물림이구나 싶었다. 그도 몽둥이로 운동을 배웠으니까 그런 식으로 아이들을 다스리는 것일 터이고, 그에게 배운 제자들 역시 같은 방법으로 자신의 제자를 키우는 어른이 될 것이다. 하긴 경력깨나 쌓은 사람일수록 뒷자리에서 만나 보면 한결같다. "그래도 뭐 특별한 방법이 있나? 줘 패면 벌써 뛰는 게 다른데"라고.

1학년 하키부 지원자들이 조심스럽게 "형들이 때리나요?" 물을 때마다 아직도 때려 가면서 운동시키는 데가 있냐고 안심을 시켜 주지만, 속으로는 은근히 입맛이 쓰다. 나보다 더 강한 영향력을 가지고 구석구석 도사리고 있는 게 매의 최면이니까. 그래도 나는 악착같이 매보다 네 마음가짐이 훨씬 중요하다는 말을 잊지 않고 들려주며 등을 두드려준다.

빛나는 메달 뒤엔…

가끔 수업시간에 복도를 지나다가 교실 뒷구석에 앉아 딴짓을 하거나, 코를 박고 자는 하키부 녀석들을 보는 것도 감독 교사로서 견디기 어려운 대목 가운데 하나다. 애당초 공부에 관심이 없었던 데다 이제 운동부에 들었으니 '공부는 영원히 안녕'이라는 자위 그리고 운동부니까 하고 아예 눈감아 주는 선생님들의 '아량' 덕분에 녀석들은 맘 놓고 종소리와 함께 잠들었다가 종소리와 함께 깨어나는 것이다. 그래도 아직 운동부 생리에 덜 젖은 1학년 아이들은 낫다. 숙제한다고 이리저리 공책이라도 빌리러 다니고, 친구 사귀는 재미에 교실에 붙어 있는 시간이 많으니까. 그러나 그런 생활을 1~2년 겪은 2, 3학년들은 크게 다르다. 우선 저희들이 학급에 쳐 놓은 담장 높이가 키보다도 높고 견고하다. 체육시

간 빼고는 운동부실에 박혀 지내다시피 하고, 소풍 같은 교외활동 때도 저희들끼리만 몰려다닌다.

물론 그 아이들 마음을 모르는 것은 아니다. 어느 날 수업에 들어가 보면 다른 아이들은 벌써 차원이 다른 방정식 세계에서 놀고 있는데, 저희들은 기껏해야 곱하기 수준이니 그 판에 어떻게 감히 끼어들 수 있겠는가!

당산중학교 하키부가 해체되면서 우리 학교로 전학 온 신길동에 사는 현우란 아이가 있다. 이 아이는 아침 일찍 등교해서 남보다 먼저 운동장에 나와 스틱을 휘두르는 아주 부지런한 녀석이다. 그의 꿈은 하키 국가대표이다. 한번은 내가 진지하게 물은 적이 있다.

"현우야, 운동 그만두면 무엇을 할 거니?"

"신문 배달이요."

현우의 대답은 아주 간단했다. 옆에서 한 녀석은 "전 중국집 배달원이요." 하면서 거들고 나섰다. 운동부 아이들은 저희들이 하는 운동 말고는 다른 꿈을 상상도 하지 못한다. 다른 것에 대해 깊게 생각하려 들지 않는다. 이 아이들을 이렇게 선택의 여지가 없는 외길로 내몬 것은 불행하게도 70년대 이후에 견고하게 자리 잡은 엘리트 체육 정책에 고스란히 그 혐의가 있다.

특기생이란 외길 징검다리를 만들어 놓고 100에서 50을 추려 내고, 50에서 다시 10을 추리고 그 10에서 최종적으로 한둘만 가려 뽑아 긴요하게 써먹었다. 그들이 아시안게임이나 올림픽에 나가 '빛나는 메달'을 목에 걸고 애국가를 부르고 있는 사이, 배우지 못하고 중간에 나동그라진 나머지 98은 벌거숭이로 길에서 울고 있을 수밖에 없다.

그게 위험한 외길이란 것을 알면서도 그 '빛나는 소수'에 대한 희망 때문에 아이들의 등을 떠밀었던 학교체육, 감독 교사, 코치 그리고 학부모들도 단단히 한몫을 거든 셈이다. 그래서 나는 아이들을 악착같이 교실로 올려 보낸다. 교실에 가서 지식을 습득해 오라는 것이 아니라 선생님이 들려주는 이야기를 듣고, 친구들이 사는 경험도 들으면서 좀 더 넓은 삶의 지혜와 길을 익혀 보라는 것이다. 운동이라는 것이 아이들 삶의 전부는 아니다. 아이들 생활의 극히 일부이고 그저 단순기능일 뿐이 아니겠는가.

한번은 아이들이 교실에 들어가지 않은 일 때문에 벼락같은 매를 내리기도 했다. 소년체전 서울시 예선대회가 끝나고 사나흘이 지난 뒤였다. 3교시쯤 되어 우연히 하키부실에 들렀는데, 무려 여덟 명이나 수업을 빼먹고 그곳에서 노닥이고 있었다. 연습과 시합에 지쳐 있는 그들의 어려움이야 알지만 하나둘 들어주다가는 정말이지 막말로 "운동부는 꼴통"이란 수렁에서 헤어나기란 요원한 일일 수밖에 없다는 생각이 들었다. 그래서 마음은 아팠지만 그 여덟 명을 모조리 엎어 놓고 스틱으로 3대씩 후려쳤다. '이 녀석들아, 세상이란 게 이 스틱 하나로 휘어잡을 수 있을 만큼 만만한 게 아니란 말이야.' 속으로 그랬다.

아이들을 때리고 마음 편한 선생이 있겠는가. 고생은 고생대로 하고, 학급에서는 천덕꾸러기로 나돌고…. 핑계 김에 오후 일과를 끝낸 뒤에 모두 불러 모아 만두 15인분을 사다 놓고 만두 잔치를 벌였다. 그랬더니 상엽이 놈이 뻘쭘하게 웃으며 "만두 맛 정말 끝내 주네요. 야, 우리 매일 맞을까?" 하며 넉살을 떨었다.

운동부 아이들이건 교실의 아이들이건 제일 필요한 첫 작업은 그들의 세계로 들어가 아직은 여린 마음을 다독이고, 그들이 지닌 소망의 심지에 불울 지펴 주는 일일 것이다. 그러나 그게 말이 쉽지 얼마나 어려운 일인가. 교사인 만큼 또 외길을 가고 있는 아이들의 감독인 만큼 모자란 대로 최선을 다하겠지만, 어쨌거나 분명한 것은 아이들이 쳐내는 백색의 하키공은 오늘도 운동장을 구르고 있다는 것이다. _1994년 8월호 『우리교육』, 용산중 하키부 감독 전용진

25년 전에 용산중학교에서 하키부 감독을 할 때, 하키를 하는 학생선수들이 미래가 불투명하고 그들이 운동을 그만두었을 때 어떻게 살아갈 수 있을까 하는 생각으로 가슴이 무거웠다. 감독으로서 내가 해 줄 수 있는 일도 없고 하여 가슴만 답답했던 것이다. 그래서 그들의 아픈 이야기를 세상과 함께 나누어 보고자 쓴 글이다. 지금은 서울여고에서 양궁부 감독을 맡고 있다. 과거와 다르게 학생선수에게 직간접적으로 가해지는 어떤 폭력도 없다. 수업도 일반 학생들과 동일하게 정상적으로 모두 받는다. 그러나 여전히 학생선수의 미래는 과거와 다르지 않게 불투명하다. 그래서 여전히 마음이 무겁다. 다른 길을 모색해 주어야 하는데 다른 길이 보이지 않는다. 크게 변화하지 않는 운동부 문화와 학생선수들의 모습이다.

*20년 전에 쓴 글이지만 애정이 가득한 글이다. 그때의 풋풋함을 다시 나누고자 한다.

학생선수의 대회 출전 제한에 대한 제언

　25년 전 난 용산중학교의 필드하키부 감독이었다. 필드하키부 학생선수들이 운동장에서 하루 종일 흙먼지를 마시며 백색 공을 스틱으로 다루는 모습을 보면서 마음이 많이 쓰였다. 특히 봄부터 여름이 되기 직전까지 매일 강렬한 태양 아래에서 자신을 온전히 드러내다 보니 얼굴이 군고마처럼 익어 갔다. 그 얼굴들을 보면 대견하면서도 한편으론 무엇을 위한 것인지 걱정스럽기도 했다. 저들은 중학교에서 운동을 하는 학생선수가 되었고, 고등학교 대학교까지 학생선수로 삶을 이어 갈 것이다. 나는 중학교 감독 교사로 "필드하키 하면 대학 갈 수 있어." 하는 말로 필드하키부 가입을 권유했다.

　학생선수들을 운동부에 가입시키면서도 늘 마음 한구석에는 '운동을 하면 저들이 더 행복해질 수 있을까? 또한 인간으로 살아가는 데 도움이 될 수 있을까? 내가 저들에게 잘못된 길을 가도록 하는 것은 아닐까?'라는 고민을 했다. 내가 운동을 하게 했으니 그 책임을 다해야 하는 것이 아닐까 하는 생각 때문이었다. 그래서 당시 코치가 훈련 시간이 부족하다고 아우성치며 오전 수업만 하고 운동할 수 있게 해 달라는 것을 무시하며 정상 수업을 하게 하였다. 물론 대회 보름 전부터는 4교시 수업을 하게 하였다. 대부분의 운동부가 수업을 전폐하고 오로지 운동만 하는 상황에서 '학생선수'의 학습권을 보호하고 미래를 준비시켜야 한다는 측면을 고려한 것이다.

지금 난 서울여고의 양궁부 감독이다. 나는 학생선수들에게 "학교체육진흥법 제6조 4항 학생선수의 학습권 보장 및 인권보호" 조항을 근거로 하여 7교시까지 학교 수업을 받도록 하고 있다. 학생선수들의 학습권을 보호하는 일은 모든 학교에서 지켜져야 하는 사항이다. 그리고 다수의 학교 운동부에서 학생선수들의 수업권을 보장하려 노력하고 실천하고 있다.

나는 요즘 "학생선수들의 학력미달에 따른 대회 참가 제한"을 두고 깊은 고민을 하고 있다. 과거 학생선수들이 수업을 전폐하고 하루 종일 운동만 하던 때에는 '학습'을 시켜야만 운동을 그만두었을 때 삶에 대한 준비가 될 수 있다고 생각했다. 즉, 수업에서 지식을 습득하지 않으면 삶의 지혜를 갖지 못하고 운동을 그만두었을 때 인생이 황폐해질 수 있다고 생각했다. 그래서 학생선수들에게 '공부'하라고 잔소리를 했다. 이때 나는 학생들이 익혀야 할 지식에 대해 다소 편협하고 왜곡된 이해를 갖고 있었다.

지금 학교에 재학 중인 다수의 학생들은 수업시간에 아무것도 하지 않고 책상에 엎드려 1교시부터 쪽잠을 잔다. 학습에 대한 무기력, 학교생활에 대한 무기력이 그대로 수업의 장에서 나타난다. 교사들은 수업시간에 아무것도 하지 않는 것에 대해 더 이상 학생들과 씨름을 하지 않는다. 교육적 열정으로 학생에게 이야기했다가 험한 일을 당할 수도 있기에 교사로서 학생을 가르쳐야 한다는 자존감에 상처를 입으면서도 묵인하고 만다. 현재 학교에는 아무것도 하지 않는 학생들, 그래서 기초학력이 형편없는 학생들이 많다. 그러나 이 학생들에 대한 특별한 조치는 없다. 간혹 학교에 따라 학력 부진아 수업이 진행되기는 하지만 수업을 받는 학생이 거부하면 더 이상 할 수 있는 일이 없다. 대신에 학교는 학생의 학력이 부진하다고 하여 학교에서 또는 외부에서 시행되는 대회에 참여의 기회를 제한하지 않는다. 학교는 학생들의 학습권을 보장해 주고 있으나 스스로 학습을 하지 않는 것에 대해서는 학생 각자에게 책임을 물을 뿐이다.

나는 이 점에서 학생선수들에게도 학교에서 학습권이 보장되어 정상 수업을 받는다면 특별히 학력이 부진하다고 해서 대회 참가를 제한하는 일은 없어야 한다고 생각한다. 일반 학생들 모두가 학력이 뛰어날 수 없고, 학력이 부족하다고 해서 특별한 제재를 받지 않듯이, 학생선수들도 학교 수업을 정상적으로 받는다면 학력이 부족하다고 해서 대회 참가를 제한하는 일은 형평성에 어긋난다. 이것은 학생선수들이 학습 능력이 부족해 자신이 잘할 수 있는 운동을 선택해서 잘해 보고자 하는 의욕마저도 꺾는 일이다. 학생들 사이에 무기력이 양산되고 꿈이 없다고 말하는 학생들이 많아지고 있다. 더 많은 학생들이 학교 울타리 안에서 스스로의 가능성을 발견하고 행복하게 생활하도록 해 주어야 한다. 그래서 학생들 모두에게 저마다의 능력을 찾아 연마할 수 있는 기회가 절대적으로 보장되어야 한다. 학생에게 학습권을 보장하듯 학생선수에게 자신의 재능을 발견할 수 있는 기회를 보장해 주어야 한다. 학력미달이라는 제한이 학생선수에게 자신이 학습에 실패하였기에 운동도 실패한 인생이라고 여기게끔 할 수도 있다는 사실을 진지하게 고민해야 하는 시점이다.

학생선수의 학습권이 보장되어야 한다는 사회운동이 시작되어 이제 학교운동부에 그 뿌리가 내려지고 있다. 학습권이 보장되지 않고 운동만 강요받던 엘리트 스포츠 시대, 아시안게임과 올림픽에서 금메달 수만이 강조되던 시대, 선수의 인권에 대한 이야기는 할 수 없었던 시대는 저편으로 사라져 가고 있다. 제도적으로 학생선수가 보호받고 학습권은 당연히 누려야 할 권리가 되었다. 이러한 시대적 변화는 스포츠인 모두의 노력으로 이루어 낸 것이다.

학생선수가 줄어들고 있다. 사회적으로 인기 있는 몇 개 종목을 제외하고, 학교에 선수를 하겠다는 학생이 없다. 그러니 특히 비인기 종목인 육상, 필드하키, 양궁, 씨름, 핸드볼, 수영 등은 조만간 선수의 씨가 마르지 않을까 싶다. 학생선수가 없는 데는 사회문화적으로 다양한 이유가 있을 것이다. 개인적으로 학생들에게 확산되고 있는 무기력이 큰 원인인 듯하다. 그런데 이러한 상황에서 아무것도 하고 싶지 않은 무기력을 극복하고자 운동을 시작하는 학생선수에게 '학력미달'이라는 이유로 대회 참가를 제한하는 것은 저 무기력의 나락으로 떨어뜨려 영원히 헤어나지 못하게 하는 일이 될 수도 있다. 이제라도 학습권을 보장받아 정상 수업을 하는 학생선수의 학력미달 문제를 진지하게 다시 고민해야 한다.

라이더의 꿈

나의 몸이 선택한 자전거 라이딩

나는 자전거로 출퇴근하는 '자출족'이다. 빠르고 편안한 승용차를 버리고 나의 팔다리 힘을 이용해 늦게 출근하고 늦게 퇴근하는 길을 선택하였다. 이런 선택에는 이유가 있다. 나는 고등학교에서 학생들에게 체육을 가르치는 체육교사이다. 29년째 학생들에게 신체활동을 통해 삶의 가치를 가르치고 있다. '몸을 움직이는 것이 얼마나 중요하고 가치 있는 일인가?'에 대해 매일 목이 터져라 외친다. 내가 체육교사이기에 신체활동의 가치를 무조건 강조하는 것은 아니다. 내가 몸을 움직여 그 가치를 직접 경험하고 깨달았기에 더욱 강조하는 것이다. 나는 마라톤, 배드민턴, 축구를 좋아하며 일상생활에서 3일 이상 운동을 지속적으로 하는 사람이다. 운동을 하면 내가 하는 일도 머릿속에서 정리가 잘되고 좋은 아이디어도 떠오른다. 그래서 마음이 울적하거나 머릿속이 복잡하면 무조건 운동화 끈을 매고 한 시간 정도 달린다. 늘 운동하는 것이 나의 삶에서 중요한 부분을 차지하고 있으며, 이를 통해 나는 하루하루를 살아가는 삶의 힘을 얻는다.

나는 생활에서 쉽게 접근하여 운동하기를 좋아하고, 그렇게 하는 것이 운동을 지속하는 데 유리하다고 생각한다. 그래서 자전거를 타는 것이다. 내가 자전거를 처음 탔던 1996년에 집에서 학교를 가는 길이 자동차가 다니는 길이었다. 자동차가 다니는 길을 자전거로 달리자니 늘 위험이 도사리고 있었다. 자동차 운전자가 자전거 타는 사람을 배려하는 사회적 분위기가 형성되지 않았던 시절이라 하루에 한 번은 자동차 운전자와 얼굴을 붉히는 일이 발생하곤 하였다. 요즘은 자동차가 다니지 않는 자전거 전용 길을 주로 이용해 학교와 집을 오갈 수 있게 되었다.

　나는 김포 풍무동에 살고 있으며 학교는 서울 마포구 상암동의 상암고등학교이다. 집에서 학교까지는 약 30km 정도이다. 출근하는 데 한 시간, 퇴근하는 데 한 시간, 하루 두 시간 자전거를 탄다. 나에게 매우 적당한 시간이다. 학생들을 가르치고 방과 후에 한 시간 반 정도 배드민턴을 하고 자전거를 타는 것이다. 배드민턴을 하고 자전거를 타는 것이기에 한 시간이 넘으면 피로로 인해서 집에 가면 아무 일도 하지 못할 것이다. 운동을 하는 것은 나의 일상에 활기를 불어넣는 행위이다. 그렇기 때문에 운동으로 내가 피로해져서 아무것도 하지 못하는 일이 생기지 않도록 주의한다. 운동은 내 삶의 도구이지 내 삶의 전부는 아니다. 삶이 운동을 지배하게 하되 운동이 삶을 지배하게 하지는 않는다. 이것은 내가 운동을 하면서 반드시 지키고자 하는 원칙이다. 이런 원칙에서 볼 때 아침저녁 한 시간씩 자전거를 타는 일은 나에게 기쁨이고 즐거움이다.

　자전거를 타는 행위는 심리적으로 기쁨을 주고 생각을 정리하게 하는 힘이 있으면서 또한 나의 신체적 나이에서 오는 현실적인 문제를 해결해 주는 중요한 수단이다. 나는 체육교사이기에 몸을 움직이는 일을 평생 직업으로 행해야 한다. 신체는 많이 사용할수록 강해지기도 하지만 사용에 따라 작은 문제들을 일으킨다. 연골은 닳고 관절에 이상이 생긴다. 나는 체육시간에 학생들을 지도하면서 시범을 많이 보여 주는 편이다. 그런데 한 5년 전부터 높이뛰기 시범을 보이기 어렵게 되었다. 점프를 하는 것이 두렵기 때문이다. 몸이 점프를 싫어한다. 오른쪽 무릎이 아파 잠을 잘 때도 통증이 느껴지곤 했다. 무릎의 문제를 해결하기 위해 봉침, 뜸 치료를 했었다. 그렇게 치료를 하면서도 여전히 배드민턴, 달리기, 축구가 내 생활의 한 부분을 차지했다. 무릎의 문제가 심각해질 때쯤 자전거를 즐겨 타는 선생님 한 분이 우리 학교로 전근해 오셨다. 이 선생님과 함께 섬진강 둘레길을 달리면서 잠시 잊고 있었던 자전거가 나에게 성큼 다가왔다. 3년 전 섬진강을 다녀오고부터 아침저녁으로 한 시간씩 자전거 페달을 밟았다. 그러고 나서 아팠던 무릎의 통증이 사라졌다. 나의 아픈 몸이 자전거를 원해 내가 자전거를 탄다. 내가 다시 자전거 페달을 힘차게 밟으면서 한강을 달리는 것은 이제 내 몸의 선택이다. 그리고 내 몸이 선택한 자전거 라이딩으로 나의 마음이 행복하다.

속도의 도전, 나의 속도로 라이딩을 하며 바람을 맞고 향기를 느낀다

새벽 5시 40분, 잠에서 막 깨어나 세면을 하고 바로 출근 복장을 갖춘다. 하의는 자전거 전용 쇼트, 상의는 반소매 티에 바람막이용 옷을 걸친다. 되도록 자전거를 타는 데 불편하지 않은 가벼운 옷차림을 한다. 일반적으로 한강이나 아라뱃길에서 자전거를 타는 사람들이 준비하는 요란한 복장을 하지 않는다. 한 네팔인이 한국 사람은 동네 뒷산을 오를 때도 자신들이 히말라야를 오르는 것보다 복장에 신경을 쓰는 것 같다고 이야기하는 것을 들은 적이 있다. 이 말의 진의는 산에 오르는 것보다 다른 것에 더 집중한다는 것이다. 물론 무엇을 하느냐에 따라 그에 적합한 복장을 갖추는 것이 필요하다. 전쟁을 수행하는 군인은 군인의 복장, 학교에서 공부하는 학생은 학생의 복장, 화재를 진압하는 소방대원은 소방복을 착용해야 한다.

그래서 자전거로 출근하는 난 자전거를 타기에 적합한 복장을 하고 새벽에 라이딩을 시작한다. 라이딩을 시작하여 채 10여 분이 지나지 않았을 때 찬바람이 허벅지에 와 닿고, 바람막이 옷을 뚫고 들어오는 바람을 맞는다. 나는 이 느낌이 좋다. 아직 뇌가 완전히 깨어나지 않아 생각이 별로 없는 때, 불어오는 바람을 맞으며 자전거 페달을 밟는다. 모내기를 위해 물을 댄 논둑길 위를 힘차게 달린다. 나의 자전거보다 빨리 움직이는 사물은 없다. 나의 자전거가 가장 빨리 움직이는 물체이다. 나의 속도가 세상을 지배한다. 이렇게 홀로 속도를 느끼며 20여 분을 라이딩하면 어느새 아라뱃길이 나타난다. 아라뱃길에서 진로를 서울 쪽으로 하여 달린다. 그리고 행주대교 밑에서 한강으로 접어든다. 한강 자전거 길로 접어들면서 나와 속도를 같이하거나 나의 속도보다 빠른 다른 자전거들이 등장한다.

나의 속도가 이제 더 이상 세상을 지배하지 않는다. 이제 나의 속도가 아닌 다른 속도들이 세상을 빠르게 지나간다. 나의 속도를 압도하며 달려 나가는 다른 속도들을 만날 때 마음에 경쟁심이 일어나고 나만의 평화가 부서지려 한다. 세상의 빠른 속도감에서 벗어나 나만의 여유로움과 자유를 느껴 보고자 한 선택인데, 길 위에 다른 자전거를 탄 사람들이 등장하고 그 사람들이 만들어 내는 속도가 나를 위협한다. 나의 속도로 페달을 밟고, 그 속도만큼 나에게 다가오는 바람 속에서 묻어나는 향기를 맡고자 하는 나의 의지가 도전받게 된다.

나는 생각한다. 내가 달리는 길 위에서 나의 속도를 잃어버리고, 타인의 속도에 내가 예속될 때 많은 것을 잃게 되리라는 사실을. 나의 속도를 잃는다는 것은 나를 잃게 되는 것이다. 내가 라이딩을 하면서 보고 듣고 느끼는 모든 것을 잃는다는 것을 의미한다. '잃는 것이 있으면 얻는 것도 있다'라고 말할 수 있을 것이다. 그러나 이는 단순히 잃고 얻는 것만의 문제는 아니다. 중요한 것은 세상을 살면서 오랜 시간 갈고닦은 나를 잃고 타인의 신념이 나를 지배하게 된다는 것이다. 1970년대 미국의 평화운동가 에이브러햄 머스트가 자신의 행동으로 당장 세상의 전쟁을 막을 수는 없지만 평화를 사랑하는 스스로의 신념을 지켜내기 위해 비가 오나 눈이 오나 언제나 백악관 앞에서 피케팅을 했다고 한다. 나도 길 위의 다른 속도들이 도전해 올 때 나의 속도를 잃지 않으려고 나의 피켓 "나는 타인과 경쟁적으로 라이딩을 하지 않는다. 나는 나의 속도로 달리며 세상을 만난다"를 페달을 밟는 매 순간 들어 올린다. 이는 나의 속도로 세상을 바꾸려는 시도가 아니다. 나는 나의 속도로 길 위를 달리며 그 속도 안에서 세상을 만나려는 것이다.

5월이다. 참 좋다. 자전거로 달리다 보면 어느 순간 아카시아 향이 하나 가득 몰려오고, 모기를 위해 물을 댄 논에서 수천의 개구리들의 합창소리가 들린다. 나는 온몸으로 그 향기와 소리를 느낀다. 바람에 묻어오는 아카시아 향이 라이딩하는 나를 행복하게 한다. 라이딩하기에 더할 수 없이 좋은 계절이다. 참 좋다.

라이딩이 일상에 변화를 가져오다

미국의 심리학자 윌리엄 제임스는 1892년에 "우리 삶이 일정한 형태를 띠는 한 우리 삶은 습관 덩어리일 뿐이다"라고 이야기하였다. 우리가 일상적으로 살아가면서 매일 반복하는 선택들이 정말 신중하게 내린 결정과 결과물로 여겨지겠지만 그렇지 않다. 대부분의 선택이 사실은 개인의 습관이다. 개인이 생활에서 보이는 사소한 습관 하나하나는 그 자체로는 상대적으로 큰 의미가 없다. 그러나 매일 먹는 음식, 아침에 일어나는 시간, 수업에서 학생들을 대하는 방법과 태도, 얼마나 자주 어떤 운동을 하는지, 자신의 생각과 일과를 어떻게 정리하는지 등이 결국 한 사람의 건강과 행복에 매우 큰 영향을 미친다.

나는 내가 선택해 마음과 몸에 기억시킨 자전거 라이딩으로 생활에 변화를 가져왔을 뿐만 아니라 그로 인해 다양한 즐거움과 행복을 맛보고 있다. 첫째, 나는 라이딩을 하는 시간 동안엔 '누구의 지배도 받지 않고, 누구도 지배하지 않는다.' 오로지 나의 생각과 의지로 자전거 페달을 밟는다. 그 누구의 간섭도 없고, 눈치를 보지도 않는다. 아주 기본적인 사항만 지키면 다른 사람들의 처지와 입장을 고려하지 않아도 된다. 나는 해가 동산에 막 떠오른 아침과 해가 진 저녁에 라이딩을 한다. 그러므로 길 위에는 사람이 많지 않다. 최소한의 사람이 도로 위를 달리고 있을 뿐이다. 내가 라이딩을 하는 시간은 그래서 내가 중심이고 핵심이다. 이것은 나에게 '절대 자유'를 제공해 준다. 결코 일상적인 학교생활이나 가정생활에서 내가 가질 수 없고 누릴 수 없는 자유이다. 공기 중에 날아가는 새털처럼 가볍다. 그래서 내 몸과 마음이 라이딩을 기쁘게 받아들이고, 나는 그 순간들이 한없이 행복하다.

둘째, 자동차의 속도에서 누리지 못하던 것들을 갖게 되었다. 사람은 누구나 저마다의 속도로 세상을 볼 것이다. 사람들은 본다고 이야기하지만 사실 모든 것이 속도만큼 스쳐 지나간다고 봐야 할 것이다. 그러나 자전거 라이딩을 하는 난, 새벽 동쪽 하늘에 그 빛이 여려서 빤히 쳐다

볼 수 있는 태양을 정면으로 마주 보며 달리고, 논에 모내기를 한 벼들이 서서히 자라나고 있음을 보며 자전거 페달을 밟는다. 그래서 한낮의 태양과 다른 아침의 태양을 사랑하게 되었으며, 어느 날 '벼가 다 자랐네!' 하고 깜짝 놀라며 벼의 변화를 보는 게 아니라 하루가 다르게 조금씩 자라는 것을 눈으로 그리고 마음으로 보고 느낄 수 있게 되었다. 물론 길가의 나무들과 꽃들이 매일 변화하는 것도 눈과 귀 그리고 마음으로 즐긴다. 참 많은 것들이 내 주변에 있으며 그것들로 인해 '내가 행복하구나.' 하는 생각을 수시로 한다. 늘 주변에 있었지만 보려고 하지 않아 보지 못했던 것들이다.

셋째, 길이 또 다른 여유를 주어서 고마움을 느낀다. 자동차로 다니는 길에서는 오로지 운전에 집중해야 한다. 음악을 들어도 창문을 열고 바람이 들어오게 하여도 매 순간 운전에 집중하지 않을 수 없다. 모든 신경이 운전에 가 있다. 그러나 자전거 라이딩의 길은 다르다. 길이 다르기 때문일까? 그 길 위에서 내가 보고 듣고 느끼는 것들이 매우 다르다. 바람을 느껴도 머리에서부터 발끝까지 세세한 신경세포들이 모두 반응한다. 온몸의 신경들이 반응해 맞이하는 바람은 정말 시원하고 상쾌함을 준다. 그리고 어렴풋이 어린 시절 바람을 귀로 들었던 기억이 떠올랐다. 바람은 몸으로 맞고 귀로 든는 것이다. 바람으로 행복을 접한다. 인제 내가 이처럼 바람을 맞은 적이 있을까! 이렇듯 바람과 마주하는 여유 속에서 난 나의 몸에 집중한다. 내가 쉬는 숨소리, 페달을 밟는 내 근육의 움직임, 소리를 듣는 내 귀, 박동 치는 심장 등 내가 나의 몸에 이렇게 몰입하는 때가 없다. 난 내 몸에 집중한다. 그리고 그 몸을 느끼는 것이 좋다.

이제 라이딩은 나의 습관이다. 라이딩, 그 자체는 의미가 없을 수도 있고, 많은 의미를 내포할 수도 있다. 라이딩으로 인해 다른 일상이 어떻게 반응하고 변화를 만들어 낼 수 있는가에 따라서 아마 다르지 않을까 싶다. 나의 사소한 선택으로 형성된 라이딩 습관은 이제 나에게 커다란 즐거움과 건강을 주고 있다. 이제는 오히려 라이딩 습관이 나를 다시 라이딩으로 이끌어 가고 있다. 새벽의 바람을 맞으며 달리는 것이 좋고, 어두움이 가득한 길 위를 오직 라이트 불빛에 의지해 달리는 몰입감이 좋다. 라이딩 만세!

몸은 풍경 속으로 퍼지고 마음은 풍경에 스민다

자전거를 가지고 길 위로 나서기 전에 난 바퀴에 바람이 가득한지 확인한다. 공기가 부족하면 바퀴에 가득 공기를 넣는다. 내가 라이딩을 하면서 가장 신경 쓰는 것이 바로 바퀴를 점검하고 공기를 넣는 일이다. 공기가 가득한 바퀴는 길을 밀어낸다. 장딴지와 허벅지에 힘을 주어 페달을 돌리는 힘이 다른 곳으로 새어 달아나지 않고, 바퀴를 돌리는 힘이 온전히 바퀴에 전달된다. 바퀴가 길 위에서 길을 밀어내며 앞으로 나아간다. 자전거를 앞으로 나아가게 하는 힘이 길 위에서 흡수되어 소멸되지 않고 바퀴에 전달되고 있다는 것을 느낀다. 길과 바퀴가 하나 되어 만들어 내는 소리가 있다. 나는 그 소리를 좋아한다. '길과 자전거가 밀착되어 하나가 되었구나!' 하는 소리이다. 자전거와 길이 서로를 배척하여 튕겨 내는 소리가 아니다. 자전거와 길이 서로를 인정하고 품는 소리이다. 그 소리에 내 몸이 반응을 한다. 장딴지와 허벅지에 힘이 들어가고 페달을 돌려 자전거를 길과 하나가 되게 한다. 몸의 길과 세상의 길이 자전거로 이어지면서 앞으로 나아간다. 자전거를 타는 행위는 행복이다.

어둠이 가시지 않은 길을 나섰다. 안개비가 자욱하다. 라이트와 후미 등을 켠다. 자전거 페달을 돌려 그 안개 속으로 들어간다. 안개가 자욱해 몇 미터 앞만 볼 수 있다. 내가 볼 수 있는 시야가 매우 협소하다. 난 작가 김훈의 "몸은 풍경 속으로 퍼지고 풍경은 마음에 스민다"는 말을 참 좋아한다. 이 말을 라이딩을 하면서 마음과 몸으로 깊이 받아들였다. 그러나 오늘은 넓은 세상 풍경을 품을 수 없다. 안개비가 내리는 풍경만을 품을 뿐이다. 안개가 온통 세상을 지배하고 있어 저 멀리 길 위로 펼쳐지는 풍경을 바라보며 달릴 수 없다. 볼 수 있는 풍경이 제한적이다. 내가 볼 수 있는 세상과 길이 제한적이니 불안감이 몰려온다. 그것은 그대로 나의 몸에 전달된다. 그래서 몸이 긴장한다. 핸들을 붙잡고 있는 두 팔에 힘이 들어가며 전방을 주시하는 눈이 빛난다. 페달을 돌리는 두 다리의 근육도 조심스럽다. 온몸의 세포가 안개에 경계등을 켠다.

아직 동쪽 하늘이 밝아 오지 않았다. 그런데 안개비가 소리 없이 내린다. 안개비가 내가 나아가야 할 길을 더 어둡게 만들어 오로지 라이트 불빛으로 어둠과 사투를 벌인다. 안개비로 더 어둠이 짙은 그 길 위에서 장딴지와 허벅지가 긴장감 속에서 힘을 주어 조심스럽게 페달을 돌린다. 어둠과 안개비로 인해 난 바람이 내 몸속으로 파고들고 있다는 사실을 잠시 잊었다. 내가 마음을 두지 않은 기운데에도 바람은 밀없이 내 몸속에 스며들었다. 엊그제까지 시원한 바람이었는데 그 시원함을 가지고 있는 바람이 아니다. 내 옷을 뚫고 몸의 곳곳에 침투하는 바람은 한기를 내뿜고 있었다. 그 한기에 몸을 움츠린다.

어둠이 걷히지 않은 안개비 속에서 찬바람을 맞으며 20여 분 정도 자전거로 길 위를 달렸다. 그렇게 허벅지가 긴장하여 바퀴를 밀어내는 어느 순간 눈썹에 무엇인가 맺히고 있다는 느낌이 왔다. 안개비 때문에 속눈썹에 맺힌 물방울이었다. 얼굴에 미소가 지어졌다. 안개비에 내가 젖고 있었던 것이다. 너무나 오래되어 잊어버렸었다. 안개비 속을 거닐다 보면 온몸이 소리 없이 젖는다는 사실을. 페달을 돌리며 눈을 돌려 내 몸을 보았다. 핸들을 붙잡고 있는 나의 두 팔과 두 다리도 안개비에 하얗게 젖었다.

작가 김훈의 말처럼 내가 깨닫지 못하는 사이에 몸은 풍경 속으로 들어갔고 마음은 풍경에 온전히 스며들었던 것이다. 내 속눈썹에 안개비로 이슬이 맺히고 두 팔과 두 다리에 살며시 안개비가 내려앉고, 그 안개비를 내가 느끼는 순간 미소가 절로 지어진 것은 몸이 풍경 속으로 들어가고 풍경이 마음에 스며들었기 때문이다. 많은 사람들이 잠들어 있는 이른 새벽 시간에 포근한 침대의 유혹을 뿌리치고 어둠과 안개비가 가득한 바람 속을 나선 행복감이 나를 감싼다.

공평하게 대우받고 대우하는 사회, 라이딩의 행복도 그곳에 있다

하얗게 물안개가 피어오른다. 물가에 사는 사람들이 기온차가 크면 물안개가 자주 피어오른다고 말하는 것을 들었지만, 최근에 이를 직접 본 적은 없었다. 그런데 가을이 성큼 다가온 요즘 집을 출발해 학교를 향해 페달을 돌리기 시작한 지 10분이 채 되지 않아 정말 물안개가 하얗게 피어오르는 것을 자주 본다. 은근히 피어오르는 물안개 사이를 뚫고 라이딩을 하는 기분이 최고다. '아! 내가 몸이 지쳐도 다시 새벽에 라이딩을 하는 이유가 이런 것이구나!' 잠시 생각하면서 행복한 라이딩을 한다. 그리고 흐르는 물이 갇혀 있어 비릿한 냄새가 나는 아라뱃길을 5~6분 달리다 김포 시계를 벗어날 무렵, 나는 새벽이슬을 영롱하게 머금고 아침햇살에 반짝이는 강아지풀의 장관을 만난다. 저 멀리 온통 강아지풀뿐이다. 동쪽 하늘에 아침 해가 고개를 내밀어 더욱 강아지풀이 아름답다. 모두가 당당하게 서서 바람에 살짝살짝 흔들리는 모습을 보는 것이 출근길 라이딩의 또 다른 기쁨이며 라이딩의 이유이기도 하다.

그런데 이러한 행복과 기쁨의 라이딩을 하는 나를 방해하는 행위들이 있다. "인간에게는 공평하게 대우받고자 하는 욕구, 공평하게 대우하는 시스템에 속하고자 하는 기본적인 욕구가 있다"라는 요차이 벤클러의 말을 좋아하고, 사실 이러한 사람이고자 한다. 그래서 나는 다른 사람들을 공평하게 대우하고 나도 공평하게 대우받으려 한다. 라이딩에서 오른쪽으로 달리며 다른 라이더를 지나칠 때는 신호를 보내고, 좁은 언덕길을 오르는 라이더에게는 잠시 멈추었다가 내려가는 양보 라이딩, 야간에 라이딩을 하는 경우에는 반드시 라이트와 후미등을 밝혀 다른 라이더에게 나의 존재를 알린다. 내가 이렇게 하는 이유는 나도 다른 라이더에게 똑같은 대우를 받아서 라이딩의 행복을 방해받고 싶지 않기 때문이다. 그러나 라이딩을 하면서 우리 사회에 '우리'가 사라지고 내가 아닌 너를 존중하고 배려하는 상호호혜의 마음이 사라지고 있는 단면을 자주 목격하게 된다. 예를 들어 라이더들이 서로에게 나와 너가 아닌 '우리'라는 마음을 기지고 있다면 아마 다음과 같은 행동들을 자제할 것이다. 자전거 도로를 자신들이 전세 낸 듯 무리를 지어 점유하며 라이딩을 하는 행위, 라이딩을 하고 가다가 갑자기 신호 없이 방향을 전환하는 행위, 야밤 라이딩에서 아주 밝은 라이트를 올려 달아 마주 오는 라이더의 시선을 심히 방해하는 행위, 야밤에 라이트도 후미등도 없이 라이딩하여 다른 라이더에게 위험을 초래하는 행위, 교행하기 어려울 정도로 좁은 언덕길을 올라오는 라이더에게 양보 없이 달려 내려오는 행위, 이들의 휴식 공간에서 자신의 음악을 크게 틀어 놓고 다른 이들의 휴식을 방해하는 행위 등. 라이더가 아닌 또 다른 사람들이 라이딩을 방해하는 사소한 행위들도 있다. 자전거 전용 도로 위에서 귀에 이어폰을 꽂고 나 몰라라 걷는 보행자, 자전거 도로 위에 당당하게 주차하는 운전자, 횡단보도에서 일단 멈춤 없이 꼬리에 꼬리를 물고 진행하는 운전자, 좁은 도로에서 앞서가고 있는 라이더에게 계속 경적을 울려 대는 운전자 등.

　나는 라이딩을 하면서 기쁘고 행복하기를 희망한다. 누구나 기쁘고 행복하기를 희망할 것이다. 다른 사람을 불행하고 짜증 나게 하려는 마음은 아닐 것이다. 그런데 왜 같이 라이딩을 하는 라이더들도, 거리에서 만나는 또 다른 사람들도 자신과 같은 사람을 불편하게 만들고 행복을 방해하는 것일까? 모두가 행복하고자 하면서 왜 서로를 불행하게 만드는 행위를 알게 모르게 하는 것일가? 어제의 일이다. 가양대교에서 어느 아주머니가 뒤에 따라오는 라이더에게 야단을 맞는 모습을 보았다. 그분이 나에게 "난, 반대편에서 오는 사람을 위해 양보한 것인데. 뒤에 젊은이가 나에게 싫은 소리를 해요." 하며 하소연을 했다. 사실 아주머니 뒤의 라이더는 10초 정도만 기다리면 충분했다. 그런데 10초의 여유도 없었다. 좁은 길 가운데에 멈추어 자신의 진행을 방해했다고, 바로 야단치고 화를 냈다. 우리 사회에 내가 아닌 다른 사람을 배려하는 마음이 자꾸 줄어드는 것은 아닐까 하는 슬픈 생각이 스쳤다.

　내가 라이딩을 하면서 피어오르는 물안개와 이슬 맺힌 강아지풀 등 소소한 것들로 인해 하루의 행복이 지속되고, 또 다른 라이더들도 작은 행복을 누리기 위해서는 우리 모두가 공평하게 대우받고, 공평하게 대우하는 사회 시스템 속에서 살고 있다고 확신할 수 있어야 하지 않을까 생각하며, 자전거 페달을 힘차게 돌린다.

세상과 타자 속에 내가 있다

오늘은 화요일 1교시부터 7교시까지 수업이 있는 날이다. 나는 일곱 시간 중 다섯 시간 수업이다. 학생들이 내가 제시한 과제 수행을 열심히 해 준다. 그러한 학생들로 인해 행복하다. 작가 김훈은 "내 밖에 존재하는 타자의 위치와 그 타자의 이름을 알아야만 나는 나를 확인할 수가 있다"라고 하였다. 난 교사인 나를 어떻게 알 수 있을 까? 수업 속에 있는 학생들이다.

하루의 일과를 마치고 나의 힘으로, 나의 다리로, 나의 근육으로 페달을 돌려 집으로 가기 위해 길 위로 나선다. 가양대교를 건너 한강 길로 접어든다. 아직은 사람들이 많지 않다. 계절 탓이다. 그래서 길 위에 여유가 있다. 페달을 돌리는 장딴지와 대퇴에 힘이 들어간다. 내 두 다리의 힘이 체인에 전달되고, 체인의 뒷마디가 앞마디를 밀어내며 바퀴를 굴린다. 그런데 도무지 앞으로 전진이 쉽지 않다. 페달을 돌리는 다리에 힘이 더 들어가고, 호흡이 가빠진다. 바퀴를 굴리는 힘이 강해지지만 그 힘이 땅속으로 그대로 흡수되는 듯하다. 두 다리의 힘이 강해질수록 땅속으로 꺼져 버리는 속도도 증가한다. 아아! 내가 가야 할 길 위를 바람이 막아섰다. 한가롭게 콧노래를 부르며 페달을 돌리던 그 길이 오늘은 전혀 다른 모습이다. 내 앞에서 불어오는 바람으로 인해 나의 위치가 달라졌다.

그래, 내가 잊었다. 난 어제도 오늘도 변함없이 '나'이다. 그러나 내가 어디에 있는지 무엇을 하고자 하는지 어디로 향해 어떻게 가야 하는지는 나만의 문제가 아니었다. 나와 관계있는 타자의 위치와 방향이 중요하게 고려되어야 하는 것이다.

길 위에서 페달을 돌리는 나는 어제의 나이지만 오늘 바퀴의 구름은 어제와 같지 않다. 바람은 나에게 신호이다. 오늘은 내가 어떻게 페달을 돌리며 앞으로 나아가야 하는지 이야기를 건네고 있는 것이다. 바람의 신호를 내가 이해하지 못했다. 나는 두 다리에 힘을 더 주고, 근육의 힘으로 이겨 나갈 수 있을 것이라 생각했다. 그러나 몇백 미터도 가지 못해 나의 오만을 깨닫는다. 바람의 신호는 나 자신을 상대적으로 이해할 수밖에 없는 나의 슬픈 울음과도 같다. 바람과 내 두 다리의 힘들이 서로를 확인하고 서로의 상대성을 긍정할 때, 나의 자전거는 집으로 간다.

자전거 페달을 돌려 집으로 향하면서 생각한다. 내가 나의 위치를 확인할 수 있는 것이 온전히 내 안에 있지 않고 내 밖에 있다는 것을. 나의 존재를 확인시켜 주는 것은 내가 아니라 너이며, 이 세계이다. 내 속에 너와 세상이 있는 것이 아니라 내가 세상과 타자 속에 있다.

상암에서 10년이다. 난 상암에서 참 행복한 시간을 보냈다. 운동장과 체육관에서 축구공을 차고 농구공을 던지며 땀 흘렸다. 그 땀 속에 내가 있었고, 학생들이 있었다. 나는 상암과 그 학생들 속에서 나의 존재를 느끼며 살아왔다. 그 시간이 10년이다.

더운 날과 추운 날의 몸이 느끼는 라이딩

봄이다. 차가운 겨울바람이 옷깃 사이사이로 스며들어 따뜻한 잠자리에서 일어나기를 망설이는 겨울은 갔다. 자전거 바퀴를 굴려서 학교로 출퇴근하는 난 겨울에는 라이딩을 하지 않는다. 길 위에서 자전거의 뒷바퀴를 굴려 앞바퀴를 나아가게 한다. 그러므로 바퀴를 굴려서 앞으로 나아갈 때 폭이 좁은 자전거 바퀴는 길의 상태에 매우 민감하다. 눈이나 비로 인해 길 위에 얼음이 있는 경우, 평소에는 순한 양처럼 내 의지대로 움직여 주던 두 바퀴는 나의 명령에 순응하지 않는다. 길 위의 바퀴는 안장 위에서 방향과 속도를 제어하는 주인인 나를 벗어나 길의 명령에 따른다. 길은 그 위를 걷는 사람이 주인이다. 그러나 길이 얼음으로 덮인 경우 길의 주인은 얼음이다. 그 얼음길은 그 위를 달리는 바퀴를 거부한다. 난 나의 의지대로 바퀴를 제어할 수 없는 얼음길을 두려워한다. 그래서 겨울에는 온전히 길을 길에게 돌려준다. 사람이 없는 길 위를 바람, 눈, 비가 걷는다. 그 길은 그들이 주인이다.

나를 길 위에서 밀어냈던 눈, 차가운 바람 등이 달아났다. 길 위로 봄 기운이 가득하다. 은행나무 가지마다 어린 새싹이 살며시 고개를 내민다. 김포로 흐르는 조강 가장자리에 군락을 이룬 버드나무 가지에도 연한 연두색 잎이 아침햇살에 반짝인다. 생명력을 찾아볼 수 없는 억새밭 밑에도 새순이 돋는다. 바퀴를 굴려 앞으로 나아가는 길 위의 나에게 봄은 생명의 이야기를 들려준다. 풍성했던 잎을 떨어뜨리고 앙상하게 자신을 드러낸 나무들, 갖가지 색으로 사람들을 유혹했던 꽃나무들은 그 흔적만 겨우 남아 있다. 녹색으로 가득했던 들판은 황량했다. 그런데 그 길에 다시 생명이 움트고 있다. 나는 뒷바퀴를 굴려 앞바퀴를 나아가게 하며 본다. 죽음이 있던 그 자리에 다시 어린 생명이 태어남을 목격한다. 이 봄에 나는 다시 길 위에서 봄의 이야기를 들으며 즐겁게 라이딩을 한다.

4월의 봄날 아직 동산에 해가 고개를 내밀지 않은 새벽, 바퀴를 굴려서 앞으로 나아간다. 오른쪽 대퇴 근육에 힘을 주고, 이를 이어받아 왼쪽 대퇴 근육에 힘을 준다. 나의 자전거가 오른쪽 왼쪽으로 살짝살짝 롤링한다. 바퀴를 굴리는 힘이 체인을 통해 바퀴로 전달되면서 롤링이 만들어진다. 롤링은 두 다리에 힘을 주고 일정한 리듬으로 페달을 굴릴 때 발생하는 현상이다. 나는 바퀴를 굴려 앞으로 나아가며 만들어 내는 롤링이 좋다. 뒷바퀴와 앞바퀴가 앞으로 나아가는 롤링은 나에게 춤이다. 두 바퀴가 앞으로 직진하는데 자전거는 미세하게 좌우로 흔들린다. 흔들리는 자전거 위에 있는 내 몸의 중심은 균형을 잃지 않는다. 내 몸은 흔들림의 위에 있으면서도 절묘하게 균형을 유지한다. 자전거를 앞으로 나아가게 하는 두 다리의 힘이 전달되는 축과 방향을 결정하는 핸들만이 좌우로 가볍게 움직인다. 좌우로 움직이는 롤링이 길 위를 달리는 바퀴의 속도를 증가시킨다. 좌우의 흔들림이 만들어 내는 롤링이 직진의 속도를 만들어 낸다.

"새는 좌우의 날개로 난다"라는 말이 머릿속에 떠오른다. 인간이 자신의 힘으로만 온전히 이동할 수 있는 최고의 작품인 자전거, 그 자전거를 길 위에서 굴려 가면서 새삼 세상의 이치를 다시 한 번 생각한다. 두 다리에 힘을 주어 바퀴를 굴려 자전거를 저어 갈 때 만들어 내는 속도는 결국 좌우의 균형을 통해서 가능하다. 길 위를 달리는 자전거가 좌우의 균형을 잃을 경우 길을 이탈하거나 넘어진다. 나는 몸의 중심을 절묘하게 유지하며 좌우 페달을 구르는 힘으로 만들어 내는 롤링을 즐긴다. 롤링이 뒷바퀴와 앞바퀴를 나아가게 하는 힘은 길을 부드럽게 밀어낸다. 바퀴가 길에 밀접하여 미끄러지듯이 나아간다.

나는 길이 바퀴를 거부하는 듯 밀쳐 냄이 없는 롤링의 속도가 기분 좋다. 아기가 엄마의 품에 안기듯 바퀴가 길 위에 안긴다. 부드러운 속도가 길과 하나 되어 행복하다. 그런데 나는 아직 롤링을 통해 두 바퀴가 길 위를 부드럽게 나아가게 하는 동작을 20여 분 이상 지속할 수 없다. 두 바퀴가 길 위에서 내는 속도는 부드럽다. 그러나 좌우 허벅지 근육과 종아리 근육엔 굵은 핏줄이 선다. 그리고 페달을 구르는 박자에 따라 나의 심장은 요동친다. 길 위에서 만들어지는 부드러운 속도는 다리 근육과 심장 박동의 강도 높은 노동의 산물이다. 그러므로 현재 나의 몸은 강도 높은 노동을 20분 이상 지속하지 못한다. 나는 길지 않은 시간 강함으로 부드러운 속도를 만들어 내며 뒷바퀴를 굴려 앞바퀴를 나아가게 하는 라이딩을 즐긴다.

길은 나이다

오늘 학교에서 바쁘게 돌아가는 일정이 끝났다. 학기 초 1학년 6반, 우리 반 학생들 중 면담을 꼭 했으면 하는 지은과 민지 면담을 마쳤다. 시간을 보니 6시가 지났다. 면담을 하느라 저녁 시간을 놓쳤다. 자전거 바퀴를 굴려 갈 때 내 몸의 에너지가 길을 가는 중요한 동력임을 잘 알고 있다. 그래서 '저녁을 해결하고 갈까 아니면 집에 가서 간단하게 라면을 먹을까' 고민하다 자전거를 저어 가야 할 시간이 1시간 30분이 넘으므로 지체하면 시간이 더 늦어질 듯하여 서둘러 집으로 페달을 굴렸다.

학교를 나와 상수 나들목으로 들어서 자전거 전용 길 위를 달린다. 구르는 바퀴 위에서 바퀴를 굴리는 두 다리는 체인이 매개하는 구동축에 힘을 전달해 길 위로 나아가게 한다. 바람이 거세게 불어와 자전거 위에 있는 몸에 와서 부딪친다. 바퀴를 굴려 나아가는 자전거의 기어를 변속한다. 뒤 기어를 2단에서 3단으로 변속한다. 바람이 없고, 내 몸에 바퀴를 굴려 가는 힘이 넘칠 때 난 주로 뒤 기어를 1단에 놓고 바퀴를 굴려서 자전거를 나아가게 한다. 그런데 1단에 놓고 바퀴를 굴려서 앞으로 나아가게 하려고 몸이 힘을 쓰는데 도무지 바퀴가 구르지 않는다. 두 다리가 바퀴를 젓는 힘이 그대로 바람에 스며들어 앞으로 나아가지 못한다. 1단에서 2단으로 2단에서 3단으로 계속 기어를 변속한다. 자전거에 달려 있는 속도계의 눈금이 24km/h에서 20km/h로 그리고

14km/h로 뚝 떨어진다.

구르는 바퀴의 속도가 바람에 밀려 한없이 추락한다. 마음은 집에 빨리 도착해 허기진 배를 채우고 몸을 편히 누이고 싶은데 몸이 바퀴를 힘 있게 굴리지 못한다. 자전거를 바람에 맞서 저어 가야 할 나의 몸이 바람을 이길 수 없다. 내 몸이 지닌 저 밑바닥의 힘까지 동원해 바퀴를 굴리고 또 굴려 자전거를 저어 간다. 길 위를 구르는 나의 자전거가 바람에 밀려 길 밖으로 자꾸 달아나려 한다. "아! 힘들다. 바람아 멈추어 다오." 바퀴를 굴려 나아가는 자전거를 향해 불어오는 바람이 싫다. 특히 등 뒤에서 부는 바람이 아닌 나의 진로를 막는 맞바람이 정말 지겹도록 싫은 날이다.

그래도 힘을 짜내어 자전거 바퀴를 굴려 앞으로 저어 간다. 난 바람에 밀리고 밀려 앞으로 나아가지 못한다. 바퀴를 굴리는 두 다리에 힘이 들어가야 하는데 힘이 들어가지 못한다. 배가 고프다는 생각을 넘어 이제 입에서 신물이 난다. 나의 몸이 먹어야 한다는 신호를 보냈는데 무시하고 자전거를 끌고 길 위에 나선 오만이 부른 재앙이다. 작가 김훈은 "바퀴를 굴려서 가는 사람은 몸이 곧 길임을 안다"라고 했다. 길 위를 가는 사람이 바로 길인 것이다. 자전거를 타고 마주 오는 바람을 안고 저어 갈 때, 길이 내 안으로 흘러 들어올 뿐 아니라 기어의 톱니까지도 몸을 그대로 드러낸다. 나의 몸이 길이고 내 몸이 기어인 것이다.

길은 길을 나선 사람의 전부이다. 길이 곧 사람이었다. 내가 가진 것들을 그대로 드러나게 하는 것이 내가 자전거를 타고 바퀴를 저어 앞으로 나아갈 때 온전히 나타났다. 세상의 길은 나의 몸 깊숙이 흘러 들어왔다. 내가 이끌고 가는 몸이 구르는 바퀴 위의 몸이다. 나의 몸은 자전거 바퀴를 열심히 굴려 집으로 달려간다. 그러나 그런 희망 섞인 몸과 다르게 자전거를 저어 가는 몸은 바퀴 위에서 허기와 바람으로 뒤로 뒤로 달아난다.

길은 그 길을 걷는 사람이 주인이다. 따라서 길을 걷는 사람은 자신이 걷고자 하는 길 위에서 온전한 주인이 되기 위해 길을 나설 때 만반의 준비를 해야 한다. 내가 준비한 만큼 길은 나의 길이 된다. 온전히 준비하면 길 위에서 나에게 다가오는 바람도 풍경도 마음에 아름답게 스며든다. 길은 곧 나이다.

바람을 보는 것으로 시간이 나에게 다가오다

아직 동쪽 하늘에 해가 고개를 내밀지 않았다. 이른 새벽에 자전거를 길 위에 세워 학교를 향한다. 엉덩이를 살짝 안장에 걸치고 페달을 돌린다. 뒷바퀴를 굴려 앞바퀴를 밀어 간다. 길 위를 구르는 바퀴의 속도는 곧 바람으로 나의 몸에 다가온다. 온몸 세포 하나하나에 바람이 깊게 그리고 넓게 스며든다. 바람을 맞는 것이 좋다. 두 바퀴의 자전거가 구르는 동안 내게 다가오는 바람이 향기롭다.

3월부터 길 위에 두 바퀴를 굴려 학교를 향했다. 아직 봄이 오지 않은 새벽의 바람에는 살을에는 치기움이 있다. 따뜻하게 몸을 보온할 수 있는 옷을 챙겨 입었다. 두 바퀴에 몸을 실은 난 온전히 바람에 노출된다. 나의 몸을 보호해 줄 것은 아무것도 없다. 찬바람으로부터 나를 보호하는 것은 몸에 걸친 옷이 유일한 보호막이다. 그래서 찬 북풍으로부터 온기를 지키기 위해 단단히 무장했지만 기본적으로 나의 옷 무장에는 한계가 있다. 너무 두터운 옷을 걸치면 바퀴를 굴리는 데 자유롭지 못하다. 그러니 다만 바퀴를 저어 갈 때 부딪쳐 오는 바람으로부터 체온을 유지할 수 있는 정도의 옷만 걸친다. 그리하여 스며드는 바람의 찬 기운에 내 몸이 움츠러들지 않게 하고자 한다.

아직 봄이 오지 않았던 어느 날, 길 위를 흐르는 북풍이 거세어도 밀려오는 봄바람에 자꾸 뒤로 밀려난다. 난 그렇게 3월의 바람과 맞서며 봄바람을 맞았다.

뒷바퀴의 굴림으로 앞바퀴를 밀어내듯 4월의 따뜻한 봄바람이 겨울의 끝을 붙잡고 몸부림치던 길 위의 북풍을 몰아냈다. 어둠이 깊을수록 새벽은 밝아 오고, 길 위의 바람이 찰수록 따뜻한 바람은 곧 불어온다. 지난겨울 국민과 각을 세우며 오직 한줌의 무리만을 위해 국가권력을 행사하던 불통의 대통령이 결국은 국민들의 촛불로 탄핵되었다. 그리고 5월의 시작과 함께 우리 사회에 다시 사람의 향기가 나는 희망의 바람이 서서히 불어오고 있다. 정말 '대한민국은 민주공화국이고 모든 권력은 국민으로부터 나온다'라는 이 평범함이 지켜지는 세상이 되어 국민 모두가 신명나는 세상이 될 것이라는 기대감을 갖게 한다.

지금이 좋다. 지난겨울 시민들이 들어 올린 광장의 촛불을 통해 우리 사회가 한 단계 성숙했다는 사실이 좋다. 이제 적어도 국민을 기만하고 국민의 생명을 가볍게 여기는 국가는 되지 않을 것이다. 국민이 주인 되는 세상을 꿈꿀 수 있어 행복하다. '이게 나라인가?' 하는 자괴감을 갖고 학생들 앞에 서지 않아도 되어 좋다. 선생님으로 학생들 앞에서 "이것이 대한민국이다"라고 이야기하며 가르칠 수 있어 좋다. 좋은 바람이 분다. 사람 향기가 나는 바람이 분다.

'아! 시원하고 상쾌하다.' 이른 아침 길 위에 두 바퀴를 굴려 나아가는 나를 마주하는 바람이 좋다. 코끝에 다가오는 바람, 눈썹을 날리는 바람, 넓은 가슴으로 다가오는 바람, 귓가를 속삭이며 지나가는 바람, 등줄기를 타고 흘러내리는 땀을 식혀 주는 바람. 라이딩 속에서 바람을 보고 느끼며 두 귀로 "우 웅웅 우 웅웅웅…" 하는 바람 소리를 들을 수 있어 행복하다. 나는 하루하루의 삶에서 나를 기억하려고 노력한다. 바쁘게 살아가는 삶의 굴레에 갇히지 않고 세상과 나를 깊이 바라보려고 한다. 내가 세상을, 나를 인식하지 못하게 되는 순간 세상이 멀어지고 나의 존재 이유도 잃어버리게 되지 않을까 걱정한다. 그래서 나를 부여잡고 세상을 잡고 사는 삶을 실천하고자 길 위에서 바퀴를 저어 가는 느림을 선택했다. 더디게 느리게 여유 있게 바퀴를 굴려 가니 초 단위로 분 단위로 나를 보게 된다. 일상의 삶에서 내가 보이고 세상이 보인다. 그래서 시간이 달아나지 않고 천천히 나에게서 흘러간다.

몸의 본능이다

이른 새벽에 홀로 길 위로 자전거를 가지고 나와 도로 위를 저어 가는 라이딩은 나 자신의 현재를 직면하게 만들고, 육체의 제약에서 그리고 주어진 환경 속에서 안락하게 사고하던 나 자신을 해방시킨다. 라이더인 나는 새벽에 자전거로 길 위를 달려 학교에 도착하면 거의 예외 없이 내 육체와 마음이 변모했음을 느낀다.

내가 매일 자전거를 끌고서 길 위를 나서는 이유가 바로 여기에 있는 듯하다. 뒷바퀴를 굴려 앞바퀴를 나아가게 하는 라이딩, 가볍게 승용차로 집을 나서면 육체적 피로 없이 편안하게 학교에 갈 수 있다. 그러나 난 라이더이기를 고집한다. 두 바퀴를 굴려 앞으로 나아가게 하는 라이딩은 언제나 내 육체적 희생을 동반한다. 언제나 나 자신이 그 희생자일 수밖에 없다. 매일 안락한 침대의 유혹과 대면하면서 나를 길 위에서 라이더로 달리고 또 달리게 만드는 이 내부의 격렬한 욕망은 도대체 무엇일까? 언제까지 안락함과의 싸움에서 버티는지 시험해 보려는 또는 주변의 사람들과의 어쭙잖은 약속? 허영일까? 아니면 오만? 내 육체적 건강? 인류에 환경적 오점을 남기지 않겠다는 인류애? 솔직히 거창한 이유를 대려고 해도 잘 모르겠다. 하지만 20여 년 전 라이딩을 시작한 이후로 이 느낌만큼은 잘 알고 있다.

길 위로 나서 목적지를 향해 갈 때 대부분의 교통수단(버스, 지하철, 승용차 등)은 나 자신의 상황과 의지대로 움직일 수 없다. 외부의 상황과 환경에 좌우된다. 스스로의 의지와 결정이 전혀 영향을 미치지 못한다. 난 도로 위에 구속된다. 목적지를 행해 달리고 싶지만 그것은 나의 의지와는 무관하다. 또한 이러한 상황이 감정조차도 구속하게 된다.

하지만 두 바퀴를 굴려 앞으로 나아가는 라이딩은 오직 나의 의지에 따른다. 도로 위, 라이딩은 나에게 자유다. 길 위에서 가고 싶을 때 달리고 쉬고 싶을 때 두 바퀴를 멈춘다. 평범한 일상 속에서 많은 것들을 잃고 있지는 않은가? 너무나 평범하고 습관처럼 몸에 배어 있어 우리가 얼마나 자유롭지 못한 채 구속된 삶을 사는지 모르고 있다. 나에게 라이딩은 자유다.

오늘도 두 바퀴를 굴려 앞으로 나아간다. 바퀴가 길 위를 빠르게 나아가면 바람이 다가와 온몸에 부딪친다. 심장으로부터 저 멀리 떨어져 있는 세포로부터 심장 가까이 있는 세포까지 바람이 다가온다. 그 바람이 세포를 깨운다. 아! 시원하다. 몸의 구석구석이 바람으로 인해 상쾌하다. 찬바람은 내 몸 세포 모두를 움츠러들게 한다. 그러나 4월, 5월, 6월의 바람은 몸 세포 모두를 깨운다.

나무는 추운 겨울을 잘 견디기 위해 줄기와 잎자루 사이에 떨켜를 만들어 몸체의 일부를 과감하게 잘라 버립니다. 참 냉정한 존재지요. 나무는 살아남기 위해서 탁월한 선택을 하지요. 결코 미적

미적하지 않고 기후 변화에 따라 자신의 몸을 보호하지요.

_강판권, 2007

나무는 겨울에 나뭇잎까지 에너지를 보낼 여력이 없어 지금껏 광합성을 하면서 성장 에너지를 만든 나뭇잎을 버린다. 나의 몸도 겨울에 바깥 공기가 차가울 때는 피부 근처의 가는 동맥의 지름을 좁힌다. 그래서 열이 몸 밖으로 나가는 것을 최대한 막음으로써 심장과 뇌의 온도가 일정 정도 이상으로 내려가는 것을 막는다. 겨울에 라이딩을 할 때 손끝과 발가락 끝이 유독 추위를 느끼는 이유이다.

또한 겨울이 지나고 두 바퀴를 굴려 앞으로 나아갈 때는 바람에 손끝과 발끝이 시원한 것이 아니라 몸 전체가 시원하다. 그 까닭은 외부의 온도에 따라 몸의 온도가 올라가지 않도록 하기 위해 혈관의 굵기를 넓혀 주기 때문이다. 또한 더울 때는 피부가 땀을 흘리게 하여 피부 표면으로부터 '기화열'을 뺏는다.

내가 자전거 안장에 앉아 두 대퇴에 힘을 주어 바퀴를 굴려 저어 갈 때 겨울에는 손끝과 발가락 끝이 꽁꽁 얼어 춥다. 온몸이 춥기보다는 심장에서 먼 저 말단이 춥다. 그러나 겨울이 가고 봄이 깊어 갈 때쯤부터 길 위에서 바퀴를 굴려 앞으로 나아갈 때 부딪쳐 오는 바람의 시원함은 손가락과 발가락의 저 끝에서부터 느끼지지 않는다. 이는 시원함을 온몸이 바람으로부터 느끼기 때문에 일어나는 일종의 착시현상이 아닐까 싶다.

승용차의 안락함과 타인으로부터의 속박을 넘어서려는 욕구가 길 위에서 두 바퀴를 굴려 앞으로 앞으로 나아가게 한다. 물론 이것만으로 라이딩의 모든 것을 설명하지는 못한다. 하지만 내가 매일의 라이딩을 통해 스스로를 직면하지 않았다면 아마도 일상의 사소함에서 나를 발견할 수 없었을 것이다. 나는 바퀴를 굴려 길 위를 달리며 온몸으로 바람을 맞는다. 그 바람이 나에게 이야기를 건넨다. "몸에게 맡기세요"라고.

흔들리는 마음을 몸이 부여잡다

아침 해가 떠오르지 않은 새벽 5시 50분이다. 잠에서 깨어나 가볍게 미숫가루 한잔을 마시고 바로 자전거를 끌고 길 위로 나선다. 자전거를 끌고 길 위로 나서면서 스스로에게 말한다.

"지구에 태어나 내가 지구를 위해 좋은 일을 한 것이 무엇일까? 순전히 지구에 해악만 끼쳐 왔다. 그래, 나도 지구를 위해 무엇인가 좋은 일을 하자."

이렇게 거창한 이유를 대며 자전거로 출퇴근을 한다. 사실 이것은 수시로 찾아오는 편안함의 유혹을 물리치기 위한 하나의 방편이다. 특히 아직 대지의 기운이 따뜻해지지 않은 3월 초에는 길 위에서 자전거를 타는 것이 곤혹스럽다.

아직도 찬바람이 앞으로 나아가는 몸 구석구석에 스며들어 몸서리가 난다. 그래서 아늑하고 따뜻한 침대에서 벌떡 일어나 길 위로 나서는 데에 주저함이 있다. 새벽부터 자전거 페달을 굴려 길 위를 가는 힘듦보다 직접적인 육체적 노동이 필요 없고 빠르고 편안하게 학교까지 이동할 수 있는 교통수단에 대한 강렬한 유혹이 속삭인다. 이 유혹을 이겨 내려는 마음의 갈등이 자주 반복된다. 그러나 이 유혹의 속삭임은 3초짜리다. 내가 잠자리에서 일어나는 순간, 연기처럼 사라진다. 3초 유혹이 강하게 나를 끌어당기는 날이 있다. 전날 술을 마셨거나 운동을 많이 하여 지친 날, 몸의 상태를 반영한 마음이 먼저 말한다. "자전거 힘들잖

아. 승용차로 가"라고.

　오늘은 대중교통을 이용해 출근하였다. 승용차를 가지고 도로에 나서기엔 많은 사람들, 특히 학생들에게 내가 이야기한 것이 있어 그럴 수 없었다. 사실 어제, 미세먼지가 매우 심한 날이었다. 그래도 난 새벽에 자전거에 올라 뒷바퀴를 굴려 앞바퀴를 밀어 나아갔다. 마스크를 착용해서 숨쉬기가 매우 힘들었다. 특히 언덕을 오르거나 대퇴에 힘을 주어 바퀴를 빠르게 저어 갈 때, 헉헉거리며 거친 숨을 몰아쉬어야 하는데 마스크가 공기 들어오는 길을 차단한다. 그러니 산소가 부족하고 더욱 거칠게 숨을 몰아쉰다. 이중 삼중의 고난이다. 마스크를 벗어 버리고 싶은 충동을 느꼈지만 미세먼지가 너무 심했다. 그래도 견디면서 길 위에서 자전거를 저어 갔다. 미세먼지는 자전거를 집에 세워 놓고 가라는 강렬한 유혹이었다. 그러나 그 유혹은 상대적으로 너무 멀게 느껴졌다. 미세먼지가 나에게 영향을 미치는 데는 많은 시간이 필요하지만 당장 길 위에서 뒷바퀴를 굴려 앞바퀴를 나아가게 하는 일은 좀 더 현실적이다. 나의 허벅지와 종아리 근육은 바로 오늘 그 영향을 받는다. 그러한 현실적 욕구가 먼 미래를 이기게 한다. 현실이 먼 미래를 이기게 한 것은 어제의 일이 되었다.

　오늘은 호흡기 전문의가 이긴 날이다. 오늘도 자전기로 출근하고자 했다. 그러나 JTBC 뉴스에 호흡기 전문의가 나와 건강과 미세먼지의 관련성에 대해 경고의 말을 던졌다. "생애주기상 미세먼지는 심각한 영향을 줄 수 있습니다. 사람들은 이 점을…." 자전거, 인간이 가지고 있는 힘만으로 이동할 수 있는 가장 유용한 최고의 교통수단, 친환경적이고 건강 체력을 도모할 수 있는 도구이다. 나에게도 좋고 자연환경에도 좋은 자전거를 이용하는데, 왜 이렇게 작은 단서에도 흔들릴까? 내 두 다리의 힘을 직접 이용하지 않고, 내 온몸이 바람에 완전히 노출되지 않는다면 어떨까? 몸을 위한 라이딩이지만 몸이 핑계를 찾고 마음이 반응을 보인다. 난 매일 찾아오는 갖가지 유혹에 흔들리는 마음을 몸으로 부여잡고 길 위를 라이딩한다.

길 위를 저어 가는 두 바퀴가 나의 꿈이다

날이 밝지 않은 첫새벽, 학생들이 있는 학교로 향하는 라이딩 그리고 수업을 마친 늦은 오후, 집으로 향하는 라이딩에는 꿈이 담겨 있다. 라이딩은 몸의 행동이고 도약이며 움직임이고 마음의 사색이다. 두 바퀴가 나아가는 길 위에서 나는 부지불식간에 변하는 풍경, 흘러가는 구름, 네 방향에서 불어오는 변덕스러운 바람, 잘 정돈된 자전거 길, 가볍게 흔들리는 강아지풀밭, 하얗게 꽃이 핀 이팝나무 냄새, 저 멀리 북한산 정상에 걸려 붉은 빛을 뿜어내는 아침의 태양. 조용히 일렁이며 흐르는 한강의 비릿한 냄새…. 이런 풍경들에 끝없이 자극을 받으며 마음을 빼앗긴다. 그리고 정신이 분산되기도 하며 계속되는 라이딩으로 인한 두 다리의 허벅지가 피곤을 느끼기도 한다.

두 개의 은륜을 굴려 풍경 속으로 흘러 들어가고 흘러나오며 만들어 내는 나의 생각은 이미지와 감각과 향기를 빨아들이고 모아서 따로 마음 저편에 추려 놓았다가, 라이딩 후에 그것들을 분류해 각각에 의미를 부여하게 된다.

라이딩 중 스쳐 지나가듯 만나는 도심의 운전자들은 매우 거칠다. 무섭게 속도를 내고, 횡단보도에서 일단 멈춤은 없고, 파란 신호를 무시하며 보행자나 라이더를 위협하는 그들은 늘 나에게 위험한 존재이다. 특히 고급차의 운전자들은 마치 도로 위에서 모든 경우에 우선권을 갖고 있는 듯 일단 멈춤 없이 난폭하게 질주한다. 내가 바퀴를 굴려 미끄러지듯이 나아가기 위해서는 언제나 난폭한 운전자들을 완전히 받아들여야 한다. 그래야 오로지 헬멧 하나로 의지한 나의 몸이 길에서 안전을 보장받는다.

아직 추위가 가시지 않은 이른 봄에 시작된 라이딩으로 이제 나의 몸은 순응한다. 자전거 라이딩의 즐거움은 그냥 주어지는 것이 아니다. 라이딩으로 발생하는 몸의 어려움을 극복하고 받아들일 수 있어야 한다. 그러기 위해서는 단순한 규칙을 존중해야 한다. 나의 몸은 처음에는 라이딩에 익숙하지 않았다. 익숙하지 않은 라이딩을 위해 난 천천히 몸을 길들여 나갔다. 너무 서두르면 고통스럽고 상처도 입게 된다. 매일 길 위의 풍경 속으로 흘러 들어가고 흘러나오기 위해서는 오랜 시간 훈련이 요구된다. 그 판단 척도는 바로 몸 안의 근육과 관절 하나하나에 답이 있다. 라이딩 초반에 몸 상태가 좋지 않더라도 나의 몸은 그런 약점들을 그대로 두지 않고, 고통을 호소하기보다 복구하고 또 지원한다. 어떤 근육이 움츠러들었는지 굶주려 있는지 판단해서 그 부분에 영양을 공급하고, 긴장을 풀어 주고, 숨통이 트이게 해 줌으로써 마침내 균형을 이루게 만든다. 몸은 선택과 강화를 통해 스스로 바퀴를 굴려 나아가는 나를 단련시킨다.

　•　두 개의 은륜이 굴러 간다.
　　엔진도 기름도 없이 오직
　　두 다리 힘만으로
　　은륜의 중심은 비어 있다.
　　그 텅 빔이 바퀴살과 페달을 존재하게 하고
　　비로소 쓸모 있게 한다.

텅 빔의 에너지가 자전거를 나아가게 한다.

나는 언제나 은륜의 텅 빈 중심을 닮고 싶었다.

(중략)

놀라워라, 바퀴 안의 무가 나로 하여금

끊임없이 희망의 페달을 밟게 한다.

바퀴의 내부를 이루는 무가

은륜처럼 둥근, 생의 노래를 부르게 한다.

......

_유하, 「無의 페달을 밟으며」

하늘이 맑은 가을날, 시인 유하의 이야기처럼 "무의 페달을 밟으며/ 내 영혼은 녹슬 겨를도 없이 자전하리라." 나는 길 위를 은륜이 굴러 가게 하며 나의 영혼이 잠들지 않도록 수없이 일깨운다.

이제 몸과 마음은 라이딩을 거부하거나 회피하지 않고 자연스럽게 받아들인다. 페달에 발을 올려놓고 뒷바퀴를 저어 앞바퀴를 밀어 나아가는 튼실한 두 허벅지에 자연스럽게 힘이 들어간다. 바퀴를 굴려 길 위를 저어 가는 나의 몸이 자유롭다. 바퀴가 만들어 내는 속도는 몸의 지배를 받고 마음은 속도를 제어한다. 조금만 더 빠르게, 좀 더 빠르게 외쳐대는 몸의 원초적 속도에 대한 욕망을 마음이 뿌리치며 길 위를 저어 간다. 길 위를 저어 가는 속도의 문제에 있어 나는 스스로에게 무척 비판적이다. 언제나 나 자신이 속도의 희생자일 수밖에 없으니까.

길 위의 라이딩은 언제든 나에게 나아가고 멈출 수 있는 자유를 허락한다. 그리고 길 위의 풍경 속으로 내 몸을 실은 두 바퀴는 흘러 들어가고 흘러나온다. 몸은 풍경 속을 저어 가고, 마음은 바퀴가 저어 가는 길 위의 풍경을 품는다.

비꽃의 향연

7교시 수업이 끝났다. 오늘도 하루가 갔다. 학생들과 함께하는 수업이 모두 끝나면 '하루가 지나갔다'고 생각한다. 혼자 자리에 앉아 가만히 생각해 본다. 왜 수업이 끝나면 하루가 다 간 것으로 생각할까? 학생들을 가르치는 일이 힘들어서, 아니면 이제 학생들과의 얽매임으로부디 풀려나 자유로움을 얻었다고 생각해서일까?

거센 빗줄기가 사무실 창밖 나뭇잎 위로 후드득후드득 요란한 소리를 내며 쏟아진다. 모처럼 쏟아지는 비를 바라보며 난 오늘 어떻게 집으로 돌아갈 것인가를 생각한다. 나 자신과의 약속, '세상에 조금이라도 도움을 주는 삶을 살자'는 취지에서 자동차를 집에다 묶어두고 자전거로 출퇴근을 시작한 지 어언 9년이다. 자전거를 저어 가는 일은 몸과 밀접한 관련이 있어 특별히 몸에 이상이 없는 한 길 위로 나선다. 그러나 오늘같이 폭우가 쏟아지는 날, 나는 운동장에 하염없이 내리는 비를 보며 길 위로 바퀴를 굴려 나아갈지 망설인다.

작가 김훈은 "자전거를 타고 저어 갈 때, 세상의 길들은 몸속으로 흘러 들어온다. 모든 길을 다 갈 수 없다 해도, 살아서 몸으로 바퀴를 굴려 나가는 일은 복되다"라고 했다. 나는 오늘 강한 빗줄기가 내리는 길을 몸으로 받아들이고 살아서 바퀴를 굴려 나가는 일이 복된 일임을 진하게 느껴 보려 한다.

학교 정문을 빠져나와 자전거에 몸을 싣고 두 바퀴를 굴리며 도로로 나선다. 거리의 사람들은 커다란 우산을 쓰고 비를 피하고 있다. 비와 함께 바람이 세게 분다. 사람들은 우산으로 비를 가리려 애쓰지만 바람 때문에 우산은 있으나 마나 한 형편이다. 그래도 두 손으로 우산이 날아가지 않도록 꼭 잡고 있다. 거리의 사람들은 비와 사투를 벌이느라 옆에 있는 사람들을 신경 쓸 틈이 없다. 이러한 사람들 속에서 비를 온몸으로 맞으며 잠시 함께 간다.

우산 쓴 사람들 무리를 지나 현석 나들목으로 들어섰다. 도도히 흐르는 한강이 눈에 들어온다. 이제 역사를 안고 흐르는 한강을 왼쪽에 두고 자전거를 저어 간다. 빗줄기가 거세지고 있다. 두 뺨을 때리는 빗줄기와 몸에 쏟아지는 비가 나쁘지 않다. 비를 흠뻑 맞으며 운동장을 달리던 어린 시절 기억이 내 몸속 깊은 곳에서 솟아난다. 나는 초등학교 시절 1000m 달리기 선수였다. 비 오는 날, 친구들이 떠난 텅 빈 운동장을 홀로 달리면 기분이 참 좋았다. 마음 저편 깊숙이 숨어 있던 몸의 기억이 두 바퀴를 굴려 앞으로 나아가는 나를 들뜨게 한다.

바람과 세찬 빗줄기로 인해 평소와 다르게 바퀴를 굴리는 두 허벅지에 강한 힘이 들어간다. 길 위에 가득한 물의 저항 그리고 불어오는 바람의 저항 속으로 가야 하므로 평소와는 다르다. 그러나 몸이 흥분하여 뇌에서 분비하는 과도한 아드레날린과 도파민으로 인해 바퀴를 굴리는 데 힘겨움을 느끼지 못한다. 몸을 때리는 비에 취해 구르는 바퀴 위에서 쏟아지는 빗길 위로 몸을 내어 보낸다.

저 멀리 서쪽 하늘에 진한 회색빛 구름이 낮게 드리운다. 아직 서쪽으로 해가 지지 않았지만 구름 속에 해가 갇혔다. 해가 갇히고 비가 쏟아지는 길 위에 사람이 없다. 오직 길 위에서 자전거를 저어 가는 사람은 나 혼자다. 뺨을 때리는 빗줄기가 세차다. 세상에 태어나 이렇게 수없이 많은 기쁨의 뺨을 맞아 본 적이 없다. 내가 살아오면서 지은 죄를 온전히 씻어 내는 듯하다. 나는 두 뺨을 내놓았다. "마음껏, 원이 풀릴 때까지, 그대가 이제 되었다 싶을 만큼 때리시오"라고.

자전거를 타고 길 위를 저어 가며 세상 속 관계들과 절연하는 순간을 만난다. 나를 내려놓는다. 구르는 바퀴 위에서 나는 억압이 없고 적의 없는 순결한 몸이 된다. 그리고 길 위를 때리는 물방울처럼 자유로운 행복을 느낀다.

길은 어두운 회색빛 구름 속에 갇힌 채 세찬 비바람을 맞고 있다. 라이더들이 없는 빗길은 몸속으로 흘러 들어오고 몸 밖으로 흘러나간다. 흘러오고 흘러가는 길 위에서 나의 몸은 한없이 자유롭다. 바퀴 위에 있는 자유로운 몸은 마음을 열고, 열린 마음은 다시 몸이 빗줄기 속 길 위로 행복하게 몸을 이끌고 나아가게 한다.

세찬 비바람 속 길 위를 자전거를 타고 저어 갈 때, 몸은 세상의 길 위를 흘러가지만 난 짧은 순간순간 세상과 단절된다. 구르는 두 바퀴 위에서 나는 비 오는 길을 살핀다. 비 내리지 않는 길을 저어 갈 때와 다르게 두 손을 브레이크 위에 올려놓고 3~4미터 앞을 주의 깊게 바라본다. 이는 비가 바퀴의 제어에 영향을 미치므로 예기치 않은 상황에 대처하기 위함이다. 그런데 갑자기 희뿌연 하늘에서 더욱 세차게 비가 쏟아진다. 나의 뺨을 아플 정도로 때린다. 뺨을 타고 흐르는 빗물이 입으로 스며든다. 나는 빗물이 입으로 스며들지 못하도록 야무지게 입을 다문다.

구르는 바퀴 위에서, 두 뺨을 때리는 비에 마음이 모인다. 마음이 뺨을 때리는 비로 달려간다. 나는 비를 마음 가득히 받아들인다. "아! 아! 비가 정말 세차게 내리네." 하며 비에 몰입한다. 사람은 없고 비만 가득한 길이 바퀴 앞으로 흘러 들어오고 바퀴 뒤로 흘러나간다. 내 뺨을 때리는 비의 황홀경 같은 기쁨에 빠져든다.

구르는 바퀴 위에서, 길 위에 떨어지는 비를 본다. 길 위에 떨어지는 비는 낙화落花이다. 떨어지는 비는 길 위에 닿는 순간 꽃이 된다. 수없이 피었다지는 길 위의 꽃을 본다. 내 몸 앞의 꽃길이 몸 안으로 흘러 들어온다. "아아! 이럴 수가." 하는 외마디 신음소리가 나도 모르게 나온다. 바퀴를 저어 가며 비꽃이 피었다 지는 길 위로 나아간다. 길 위에서 피어나는 비꽃의 향연에 마음과 몸을 놓는다. 두 바퀴를 굴려 앞으로 나아가며 마음으로 비꽃의 풍경을 품고, 몸은 비꽃이 흩뿌려지는 풍경 속으로 흘러 들어간다. 길 위에서 튀어 오르며 피는 비꽃이 참 아름답다. 나는 비꽃 길을 바퀴를 굴려 미친 듯이 나아간다.

세찬 빗줄기 속에서 미친 듯이 자전거를 타고 저어 갈 때, 길 위에 오고 가는 사람이 없다. 길은 사람이 만들고 사람에 의해 만들어진 길은 사람에 의해 흥하고 망한다. 길은 곧 사람이다. 자전거를 타고 길 위를 나아가며 고개를 들어 저 멀리 짙은 회색빛 하늘을 바라본다. 순간, 내가 나의 의지대로 빗길 위에서 두 바퀴를 굴려 나아가는 것이 아니라 회색빛 길 속으로 빨려 들어가는 듯한 착각에 빠진다. 구르는 바퀴는 더 이상 나의 의지가 아니다. 길이 두려워진다. 이대로 회색빛 하늘이 열어 준 길 속으로 사라져 버리는 것은 아닐까.

뒷바퀴를 굴려 앞바퀴를 나아가게 할 때, 세찬 비가 쏟아지고 바람이 분다. 강한 비와 바람으로 나와 함께 달리는 한강은 아우성이어야 한다. 그러나 내 눈에 비치는 강은 너무도 고요히 흐른다. 이 고요함은 격렬함이다. 강의 밑은 요동치며 흐르고 있을 것이다. 아마도 강은 그의 품에 비와 바람을 넉넉히 품은 것이다. 나는 그 강의 흐름과 나란히 자전거를 저어 간다. 회색빛 하늘이 만들어 낸 짙은 어둠이 깔린 길 위를 나아갈 때, 빗물이 나를 물귀신처럼 붙잡는다. 오늘 자전거 길은 서로 앞서거니 뒤서거니 하며 함께 달리던 라이더들이 사라진 적막한 길이다. 나는 기쁨과 두려움을 함께 짊어지고 바퀴를 굴려 비가 쏟아지는 질퍽한 길 위로 흘러 들어간다.

구르는 공의 자유

축구공은 언제나 자유다

운동장에 뜨거운 여름이 갔다. 운동장 가장자리에서 언제나 달리고 뛰는 학생들을 말없이 지켜보던 은행나무들이 이제 노랗게 옷들을 갈아입었다. 운동장을 돌아 나가는 바람들도 더운 기운이 하나도 없다. 이런 날의 운동장은 학생들을 유혹한다. 한여름의 운동장은 사막이었다. 시원한 바람이 부는 가을의 운동장은 말 그대로 운동을 하는 장이 된다. 가을의 운동장은 체육교사인 나에게 위협적이다. 학생들은 체육시간에 '축구'를 하자고 난리다. "선생님, 이 좋은 날 축구를 한 게임해야 되지 않을까요. 축구가 하고 싶어요. 스트레스를 날려 버릴 수 있게 기회를 주세요." 학생들이 아우성을 친다. 학생들이 울부짖는다고 그들의 뜻을 받아들여 축구를 하는 것은 아니다. 왜냐하면 수업시간은 학생들을 가르쳐야 하는 시간이니까. 그래도 난 가끔은 내가 좋아하고 학생들이 너무나 하고 싶어 하는 축구를 한다.

축구는 마음속에서 샘솟는 기쁨에서 바닥에 떨어진 깊은 우울까지, 아주 친근한 우호적인 태도에서 분노로 이글거리는 공격성까지, 아슬아슬한 기대와 희망에서 끝 모를 좌절과 슬픔까지, 모든 감정들이 모이고 빠르게 흩어지게 하며, 감정이 뒤섞여 소용돌이치게 한다. 난 그러한 감정들을 학생들이 게임을 통해서 배우기를 희망한다. 그래서 공을 차고 드리블하면서 느껴지는 감정들을 큰 소리로 그리고 있는 그대로 즉석에서 표현한다. 내가 끊임없이 '아! 아!' 하는 탄성과 아쉬움을 나타내면 학생들은 나를 바라보며 웃는다. "선생님, 선생님 혼자 제일 열심히 하는 것 같아요. 다른 애들은 조용한데." 사실 축구는 발로 하는 게임이다. 그래서 서투르다. 누구나 공 소유권을 잃을 위험이 높다. 물 흐르듯이 공의 소유권이 오가는 특징을 지니는 극적인 게임이다. 실수가 빈번하게 일어날 수 있다. 실수를 자연스럽게 받아들일 수 있어야 축구를 하는 모두가 즐겁고 행복해진다.

어느 날 방과 후에 학생들과 팀을 나누어 축구 게임을 했다. 서로 전력이 뒤지지 않도록 가위바위보로 선수를 선발했다. 승리에 대한 기대와 희망을 두 팀 모두 갖기 위한 팀 뽑기이다. 30분씩 전후반 경기를 하기로 약속하고 게임에 들어갔다. 우리 팀이 4골을 넣고 한 골을 허용하여 스코어가 4 대 1이었다. 이제 조금만 지나면 우리 팀이 승리하는 상황이었다. 그런데 후반 3분 정도 남았을 때 우리 팀의 동우와 상대 팀의 현석이 이야기를 주고받더니 "야, 이제 골든골로 하자"고 외치는 것이 아닌가! 난 당황했다. 스코어가 4 대 1인데. 이긴 경기인데. '왜 골든골이지?' 순간 난 게임 상황을 이해하지 못했다. 물론 축구는 그 어떤 팀도 경기 시작 전 당연히 승리를 희망할 수 있다. 상대가 월등해 보이더라도 승리의 여신은 언제라도 약한 팀을 선택할 수 있다. 이것이 축구의 매력이다. 하지만 경기가 끝나 가는 시점에 우리 팀이 승리가 확실한데, 왜 다시 예측 불가능한 상황으로 긴장을 유발하는 것일까? 사실 난 그때는 아이들이 외치는 '골든골'의 이유를 몰랐다.

시간이 흐른 뒤에 그 이유를 알 수 있었다. 축구의 긴장감을 유지하고 축구의 매력에 더 빠져드는 시간을 더 느끼기 위함이었다. 아이들은 자신들이 좋아하는 축구를 하는 시간과 공간을 연장하고 싶었던 것이다. 승부가 명확하게 결정된 상황에서 더 이상 긴장감이 있을 수 없다. 축구에서 긴장감은 어느 팀에게도 '승리'의 기회가 있다는 사실이 전제될 때 생긴다. 그래서 결과가 결정된 상황을 다시 원점으로 되돌려 두 팀의 선수들 모두에게 골을 넣으려는 마음가짐을 만들어 내려는 것이다. 다시 0 대 0이다. 모든 가능성이 열린 것이다. 어느 팀이나 성공하거나 실패할 수 있다. 다음 순간 어떤 일이 일어날지 결코 확신할 수 없다. 다시 한 골만으로 승패를 결정지을 수 있기에, 희망과 절망이 아이들 얼굴에 쉴 새 없이 번갈아 나타난다. 그래서 운동장에서 축구를 하는 22명의 아이들은 다시 기대를 안고 긴장감 속에서 축구 게임에 몰입하게 된다.

축구공은 머물러 있지 않고 철수에게서 동수에게 그리고 현석에게로 흘러간다. 축구공이 멈추지 않고 흘러가듯 아이들에게 아무것도 할 수 없다는 좌절과 슬픔만 주는 지금의 교실 상황도 희망과 기대로 달려 나갔으면 좋겠다. 발로는 공을 완전하게 소유할 수 없다. 공은 언제나 자유롭다. 축구를 하는 자유로운 아이들을 본다. 그래서 축구가 좋고 축구를 아이들과 함께하는 내가 행복하다.

신체의 속도가 아니라 행위의 속도이다

나는 축구를 좋아한다. 내 마음대로 조절되지 않고 언제든 달아날 수 있는 공을 발로 찬다는 것이 재미있고 신난다. 공을 가지고 골목길과 운동장에서 놀이를 한 시간만 따져 본다면 국가대표급이다.

초등학교 저학년 때는 주로 친구들과 골목길에서 축구를 했다. 우리의 골문은 적당한 크기의 대문이었다. 골문으로 합의된 두 대문을 골문으로 하여 골목 안쪽에서 두 팀으로 나누어 공을 찼다. 대문에 공이 맞으면 골이고, 손으로 공을 잡지 않는다는 두 가지 원칙에 동의하는 것으로 진행되었다. 골목 축구는 친구들 모두가 좋아하는 신나는 놀이였다. 축구화, 축구공이 아닌 고무공, 유니폼도 없는 축구였지만 우린 경기에 몰입했다. 골목 안이 떠나가라는 듯이 소리를 지르며 신나 했다. 골목 안에서 너무나 큰 소리로 축구 놀이를 하였기에 대개 골목 축구의 승부는 골문으로 사용하는 대문에서 "이놈들 누구야?" 하는 큰 소리와 함께 대문이 활짝 열리면서 판가름 났다. 대문이 열리는 순간 같이 축구를 했던 친구들은 순식간에 후다닥 골목길에서 사라졌다.

  나의 골목 축구가 사각의 구조를 가진 운동장 축구로 자리 잡은 것은 초등학교 5학년 시절부터이다. 아련한 기억에 의하면 이 시절 아버지께서 사 주신 축구화 하나를 애지중지하며 누더기가 될 때까지 소중하게 신었었다. 축구화를 신고 대문이 아닌 골대를 향해 슛을 하는 축구, 친구들과 함께 운동장에서 하는 축구는 학교에서 가장 재미난 놀이였다. 이 시절 나는 3교시에 점심을 홀딱 먹고, 4교시 수업이 끝나는 종소리와 함께 친구들을 몰고 운동장으로 달려 나갔다. 물론 미리 다른 반과 점심시간에 축구를 하자고 약속하는 일은 잊지 않았다.

  기원, 정수, 현기, 용식, 호복, 이식, 상훈, 세훈, 달용, 정수, 봉길 등 우리 팀 11명에게 각각 위치를 정해 준다. 다른 학급과의 경기이므로 5학년 4반 친구들 11명은 운동장에 가득한 아이들 틈새로 우리가 게임하는 축구공에 시선을 고정한 채 달린다. 운동장에서 축구하는 팀이 많고, 다른 놀이를 하는 아이들도 많았다. 그래서 시선이 다른 곳을 잠시라도 바라보는 순간, 우리 축구공을 놓칠 법도 한데, 게임하는 공을 놓친 친구는 없었다. 참 신기한 일이었다. 점심시간 친구들과 축구를 하는 우리는 축구공에 몰입해 달리고 또 달렸다.

　나는 골목길 축구도 재미있지만, 운동장에서 하는 축구가 더 재미있고 즐거웠다. 골목 안쪽에서 하는 축구는 달릴 수 있는 공간이 매우 협소했지만 운동장은 넓어 공을 차고 달리기에 부족함이 없었다. 난 당시에 유명했던 차범근 선수를 좋아했다. 그가 하는 플레이 스타일을 따라 했다. 빠른 발로 상대 선수를 따돌리고 빈 공간으로 이동하는 스타일이었다. 달리기를 잘해서 나에게 적합한 방법이었다. 이 방법은 중고등학교 시절뿐 아니라 교사가 되어 학생들과 축구를 했던 오랜 시간 동안 사용되었다. 빠른 신체의 속도를 이용해 축구를 했다. 이렇듯 운동장에서 사람들과 함께한 축구는 나의 신체 속도가 다른 사람과 비교해 현저히 떨어질 때까지 계속되었다.

　그렇게 지속된 신체 속도만 중요했던 나의 축구는 2015년 체육교사 축구대회에서 처참히 깨졌다. 그날 난 다시는 축구를 하지 않겠다고 결심했다. 나는 50대 나이로 오른쪽 풀백이었는데 상대 레프트윙이 나를 툭 치면서 빠르게 돌파해 나갔다. 난 돌아서서 빠르게 쫓아갔지만 도저히 잡을 수가 없었다.

　나는 학교에 다니면서부터 늘 축구와 함께했다. 놀이가 많이 없던 시절, 축구는 나뿐만 아니라 친구들에게도 가장 재미난 놀이였던 것이다. 그러나 축구를 깊이 있게 배워 본 적도 없고 학습도 한 적이 없다. 그냥 운동장에서 친구들과 두 편으로 나누어 축구공을 차는 것이 좋았다. 친구들과 신나게 운동장을 달리고 함께 웃고 소리칠 수 있는 것이 좋았다. 운동장에서 축구를 하는 것이 좋았을 뿐 사실 축구에 대해서는 아는 게 별로 없었다. 축구에 대한 무지로 내가 하는 축구의 한계가 다가왔을 때, 이제 축구장을 떠나야 하지 않을까 하는 생각을 할 수밖에 없었다.

축구를 하는 나의 신체 속도가 느려져 상대 선수를 방어하거나 따돌리고 전진할 수 없게 되었다는 생각에 운동장에서 축구를 하지 말아야겠다 싶었다. 그러다 난 우연히 책을 보다가 다음의 대목에서 심장이 요동쳤다.

> … 축구에서 빠르기라는 것은 공을 가지고 달리는 것을 뜻하기보다는 수비에서 공격으로의 전환, 그리고 넓이를 이용한 느린 쇼트패스플레이로부터 깊이를 이용한 빠른 패스로의 전환에 있어 빠르게 행동하는 것을 뜻하기 때문이다. 축구에 있어서는 신체적 속도보다는 '플레이 행위 속도'가 더 중요하다. …
>
> _크리스토퍼 바우젠바인. 2006

참 오랜 시간 나는 신체의 속도로만 축구를 즐겼다. 행위의 속도가 더 중요하다는 사실을 일찍 깨달았다면 한 차원 높은 축구를 하면서 더 행복하고 즐거웠을 것이다. 다행스러운 일이다. 운동장에서 축구 하는 것을 좋아하는 내가 다시는 축구를 하지 않겠다는 생각을 접고 다시 축구화 끈을 맬 수 있어 좋다. 나는 풀었던 축구화 끈을 다시 매고 운동장에서 학생들과 축구를 한다.

이제 난 신체의 속도만 중요하게 생각하지 않는다. 신체의 속도보다 내가 하려는 행위의 속도가 더 중요하다는 인식을 하고, 이를 실전에서 응용하려는 태도와 자세를 갖췄다는 것이다. 지금은 과거와 같은 신체 속도가 나지 않는다. 그래서 이제 '플레이 행위 속도'로 축구를 하려고 한다. 상대가 아직 정비되지 않은 순간을 이용해 획득한 공을 빠르게 패스하거나 상대가 준비되지 않았을 때 미리 방향을 바꾼다. 위와 아래가 없고 앞면과 뒷면이 없으며 시작과 끝이 없는 축구공, 언제나 움직이기 직전의 상태로 긴장감 있는 축구공, 언제나 작은 힘으로도 굴러 가는 축구공, 그 자체로 안정적이며 동시에 불안전하여 결코 한자리에 머무르려 하지 않는 축구공, 그 공을 다시 운동장에서 찰 수 있다는 사실이 행복하다. 나에게 축구를 할 수 있다는 희망을 준 이 말을 기억하려 한다. "축구는 신체의 속도보다 더 중요한 것이 플레이 행위 속도이다."

나를 사람들에게 끌어가는 축구공

아련하게 초등학교 5학년 시절이 떠오른다. 가슴에 축구공을 가지고 점심시간이 시작되자마자 친구들에게 "야, 오늘 5반과 운동장에서 시합 있다. 모두 나와"라고 소리친다. 어린 시절을 생각하면 머리에 떠오르는 장면이 친구들과 학교 운동장에서 축구공을 차는 모습이다. 나에게 축구란 곧 어린 시절 놀이의 전부였다. 지금도 축구를 생각하면 가슴이 설레고 공을 차러 운동장으로 달려 나가고 있는 나를 보게 된다.

오늘 나는 다른 사람이 볼 때 축구를 하면 안 되는 상황이었다. 이유도 모른 채 갑자기 쓰러져서 병원에서 검사를 받았다. 그런데 여러 상황으로 볼 때 특별히 이상이 있어 쓰러진 것은 아니라는 의사의 소견이다. 병원 진료를 받고 나오면서 이 선생에게 전화를 걸었다. 오늘은 서울시 체육교사들이 교육청별로 모여 축구시합을 하는 날이다. 그래서 난 서부교육지원청 소속 팀 성원이 되어 시합을 할 수 있는지, 굳이 내가 가지 않아도 되는지를 확인한 것이다. "선생님, 꼭 오셔야 해요. 인원이 되지 않아요." 물론 인원이 되어도 "선생님, 꼭 오세요. 함께해요"라는 이야기를 사실 듣고 싶었다. 내 마음은 집을 나와 병원으로 향하는 그 순간부터 축구장을 향했던 것이다. 나는 '신체의 속도로 축구를 하는 것이 아니라 행위의 속도로 하는 것'이라는 생각을 확인하고 싶었다. 나이가 들면서 내가 좋아하는 축구를 하기가 부담스러워졌는데, 이 말이 용기를 주어 다시 축구장으로 돌아가고자 한 것이다.

발로 공을 다루는 축구는 묘한 긴장감과 희망을 준다. 축구 경기장에서 모든 일은 흐름 속에 있고, 나와 팀원들이 하는 모든 일은 성공하거나 실패할 수 있다. 동료들과 상대 팀원들이 하는 행동으로 어떤 일이 일어날지 결코 확신할 수 없다. 난 그 불확실성의 세계로 달려가 둥근 공과 함께 나를 달리게 하고 싶다.

중앙고에 도착하니 이미 경기가 진행되고 있었다. 경기를 하고 있던 조 선생이 나를 보자마자 교체 사인을 보낸다. "음음, 좋은데. 선수가 많아 한 경기는 쉬어야 하는 줄 알았는데 바로 들어갈 수 있네." 미소를 지으며 준비해서 경기장에 바로 들어간다. 늦게 도착하여 준비운동도 없이 바로 투입된 것이다. 천천히 나를 준비시키고 경기에 익숙해지려고 하였다. 그러나 그것은 나의 의도였을 뿐이다. 경기장에 들어가는 순간 난 축구공을 따라 움직임이 빠르게 흐르고 상대 선수들이 앞뒤로 요동함에 따라 물결치는 움직임의 흐름을 따라가야 한다. 나는 이제 팀의 일원이고 상대의 움직임에 반응해야 하는 존재가 된 것이다.

나는 레프트윙이다. 팀이 공을 가졌을 때 난 왼쪽에서 공간을 확보하기 위해 측면으로 넓게 벌리면서 상대 수비수를 끌고서 달린다. 미드필드에서 공을 잡아 왼쪽으로 공을 연결한다. 번개처럼 왼쪽으로 질주하는 동료를 보면서 나도 크로스되는 공을 잡기 위해 움직인다. 아무것도 예측할 수 없는 것이 축구라지만 동료의 움직임과 공의 방향을 예측하며 그 흐름을 따라간다. 공이 측면에서 수비자를 따돌리고 낮게 크로스된다. 공이 골키퍼와 중앙 수비수 사이로 날아온다. 공이 보인다. 나는 그 공을 보며 앞으로 달려 나간다. 그러나 아아! 내가 느리다. 내가 달려가 공을 잡기 전에 이미 공이 골키퍼를 지나쳐 내 앞을 간발의 차이로 지나가 버린다. 이런 제기랄! 골을 넣을 수 있었는데. 좋은 찬스인데 놓치고 만다.

나는 앞뒤로 요동치는 공의 전개와 상대의 움직임을 보며 끊임없이 달리고 또 달린다. 정신을 차리고 경기에 임하려 했지만 어느새 나에겐 내가 없어졌다. 드리블 속도와 방향, 패스하는 공의 속도와 높이, 공간에서 나의 위치, 페인팅 동작의 방향 등 이 모든 동작들은 상대와 동료의 위치와 방향 그리고 속도에 따라 달라진다. 그래서 내가 하는 축구는 내가 아니라 다른 사람들을 중심으로 이루어지는 게임이다. 즉, 축구는 관계의 게임이다. 상대와 팀 동료의 움직임이 곧 내가 되어 버린다. 깊게 생각하며 움직일 여유를 주지 않는다. 동료와 상대의 흐름에 따라 즉자적으로 움직일 뿐이다. 그렇게 경기장을 내달리는데 휘슬이 울린다. 경기가 끝났다. 1 대 1 무승부이다. 오늘 나의 첫 경기는 그렇게 끝났다. 경기가 끝난 후 바로 이동한다. 준결승부터 경기는 경복고에서 한다.

우리 팀이 준결승에 올랐다. 준결승 상대는 예선 경기에서 만났던 강동이다. 강동 축구팀은 일명 "족쟁이(축구선수)"들이 있는 거친 팀이다. 경기시간은 전후반 15분, 무승부일 경우 연장 15분 경기이다. 축구는 제한된 시간, 제한된 공간이라는 틀 속에서, 결코 완벽하게 조율할 수 없는 신체적 움직임을 통해 서로 결과를 만들어 내야 한다. 구르는 축구공이기에 어떤 팀도 승부를 예상할 수 없다. 예선전에서 우리 팀이 선제골을 먹어 경기를 끌려갔다. 그러나 준결승 경기가 시작되고 10여 분 지났을 무렵, 상대 진영에서 흘러나오는 공을 김상훈 샘이 지체 없이 논스톱 슛으로 연결한다. 멋진 슛이 그대로 골망을 흔든다. 와우! 득점이다. 우리 팀은 사기가 올라 추가 득점을 위해 상대 진영을 마구 유린한다. 그러나 강동도 만만한 팀이 아니다. 거듭된 상대의 역습을 잘 막아낸다.

상대의 공격에 대응해 나도 내려와 윙백의 역할을 함께 수행한다. 거친 공격을 막아낸 골키퍼가 상대 진영으로 전진하기 위해 공을 손으로 던진다. 순간 주심의 휘슬이 울리고 프리킥 선언이 된다. 골에어리어에서 살짝 벗어난 지점이다. 벽을 쌓는다. 상대 팀 선수가 벽거리가 짧다고 항의를 한다.

주심의 삑 소리와 함께 상대 선수가 찬 공이 멋진 궤적을 그리며 골문 왼쪽 모서리로 빨려 들어간다. 이후 경기는 일진일퇴의 공방전으로 모두의 움직임이 빨라졌고, 그에 따라 나도 앞뒤로 더욱 빠르게 움직였다. 공이 빠르게 움직이는 만큼 호흡은 거칠어지고 심장 박동은 요동친다. 골키퍼에서 미드필더에게 그리고 오른쪽 윙으로 공이 빠르게 연결된다. 난 우리 공격수가 공간에서 잘 움직일 수 있도록 왼쪽으로 더욱 벌리면서 공격 진영으로 들어간다. 공이 크로스된다. 나에게 공이 온다. 순간 나는 머리를 갖다 댄다. 미처 몸을 돌리지 못해 골문으로 헤딩슛을 시도하지 못하고 중앙에 있는 동료를 향한다. 공을 머리에 대는 순간 머리 전체에 진동이 느껴진다. 머리의 울림이 쉬이 가시지 않는다. 경기장을 앞뒤로 달리면서 머리의 울림을 잊어버리려 한다. 헤딩의 충격으로 머리가 떵하다

그렇게 정신이 없는 상황인에도 경기장의 시간은 멈춤 없이 흘렀다. 그리고 나에게 찾아온 마지막 찬스, 팀 동료가 전진하면서 왼쪽인 나에게 찔러 주는 좋은 패스이다. 나는 공을 잡자마자 달려드는 풀백을 오른쪽으로 살짝 따돌리고 골문을 향해 발 안쪽으로 공을 감아 찬다. 손처럼 자유롭게 사용할 수 없는 발이라지만 왜 이리 힘이 들어가지 않을까? 슛을 하는 순간 느낀다. 너무나 가벼운 슛이다. 이 슛이 골문 안으로 들어가기만 했다면 연장 승부를 끝낼 수 있었는데. 슛을 하는 순간 희망이 사라진다. 나는 동료들에게 미안했다. 끝낼 수 있는 절호의 기회

를 날려 버린 것이 마음 아팠다. 다시 긴장의 시간이 열린다.

심판의 휘슬이 울리면서 이제 피를 말리는 승부차기이다. 양쪽 팀 5명이 차례로 팀원들이 지켜보는 가운데 긴장 속에서 슛을 해야만 하는 시간이다. 나는 승부차기에 약하다. 킥이 강해야 하는데 킥이 약하기 때문에 마지막 순위이다. 난 1번 선수부터 5번 선수까지 슛을 하는 동료들을 바라보면서 슛이 성공하기를 간절히 희망했다. 공을 잘 차는 동료이기에 이변이 없는 한 골인이 될 것으로 기대했다. 그런데 1번 선수가 공을 차는 순간 디딤발이 미끄러져 공이 어이없는 방향으로 날아간다. "발이 미끄러져서." 하면서 우리를 바라본다. 모두가 지켜보아 알고 있는 사실인데, 본인도 믿을 수 없는 일이 벌어졌다는 표정이다. 그리고 5번 선수까지 실수하는 사람 없이 모두 골을 넣는다. 공을 차는 순간순간 모두의 시선이 쏠리고 골키퍼와 1 대 1로 마주하는 순간의 긴장감이 뒤에서 병

풍처럼 서 있는 우리들에게까지 온전히 전해진다.

　마지막 11번인 나에게까지 킥 순서가 오지 말고 제발 승부차기가 끝나기를 간절히 바랐다. 그러나 상대 팀 선수도 우리 팀 선수도 슛에서 실수를 하지 않아 내가 킥커로 나서야 하는 순간이 왔다. 나는 천천히 걸어 나깄다. 공을 페널티 마크에 세우고 뒤로 시시히 물러난다. 물러나면서 어떻게 공을 차야지 성공시킬 것인가? 고민한다. 슛이 약하기에 내가 골키퍼의 타이밍을 내가 빼앗아야 승산이 있다고 판단했다. 그래서 그 짧은 순간 골키퍼를 바라보면서 내가 차려고 하는 공의 방향을 골키퍼에게 흘린다. 골키퍼의 눈을 보면서 극히 찰나의 순간 골문 왼쪽을 바라본다. 골키퍼가 내 의도를 알아차렸기를 바라면서 긴장으로 얼어붙은 발로 슛을 한다. "골"이다. 공이 오른쪽 구석으로 들어갔다. 그런데 심판이 "다시 차세요"라고 한다. 휘슬을 불지 않았는데 내가 공을 찬 것이다. 순간 하늘이 노래졌다. 어떻게 성공시킨 슛인데 다시 차라니 청천벽력 같은 소리였다. 하지만 난 빠르게 사태를 파악하고 다시 공을 세운다. 공을 페널티 마크에 세우면서 "내가 방금 오른쪽으로 공을 찼으니 골키퍼는 내가 같은 방향으로 찰 것이라고 생각하지 않을 것이다"라고 판단했다. 그리고 난 오른쪽으로 인사이드킥을 시도했다. 공이 처음보다 강하지 못했다. 내가 차는 순간 골문을 바라보았지 공을 보지 않은 것이다. 골키퍼도 내가 차는 방향으로 몸을 날렸다. 타이밍상 골이 들어갈 수 없다. 그러나 공이 살짝 빗맞으면서 속도가 줄어들어 골키퍼 손에서 벗어났다. 골인이다. 나는 두 손을 번쩍 들고 동료들을 향해 달린다. 골을 성공시키는 그 순간 좀 전의 긴장을 날려 버리고 진한 흥분을 느낀다. 아무도 예측할 수 없는 상황이 언제나 존재하고, 그 긴장감을 이겨 내고 팀이 목적을 달성하는 이 순간을 위해 달리는 것이 아닌가 하는 생각을 한다.

축구는 킥오프부터 경기 종료 휘슬까지의 희망과 긴장을 의미한다. 아직 동점이 가능하다는 희망, 우리 팀이 1 대 0 리드를 유지할 수 있다는 희망, 그리고 시간이 흐르면서 생기는 긴장, 단 한 골이 승부를 결정할 것이기에 생기는 긴장, 언제 주심이 페널티킥 휘슬을 불지 모르는 긴장의 연속이다. 축구에서는 아무것도 기대할 수 없다. 우리는 예측할 수 없고 기대할 수 없는 상황을 이겨 내고 극적으로 승리를 만들어 냈다. 나는 팀원들과 함께 승부차기 끝에 승리하는 구원에 도달한 것이다. 순간 전후반 경기와 연장전 경기를 위해 달리는 노동으로 지친 몸을 쉬게 한다.

축구공을 따라 달리면서 동료의 멋진 패스로 샘솟는 기쁨에서 내가 날려 버린 슛으로 저 깊은 우울까지, 상대 선수에게 거리낌 없이 우호적인 태도에서 증오로 가득 찬 공격성까지, 조마조마한 기대에서 끝 모를 실망까지. 모든 감정들이 축구장에 모이고 빠르게 교체되면서 뒤섞여 소용돌이친다. 나는 그 한가운데에서 공을 보고 달리고 또 달렸다. 동료들과 축구를 하면서 만나는 다양한 정서적 경험은 분명 나의 생명력을 일깨운다. 축구 게임이 끝나 돌아서 가는 나의 몸, 모든 근육이 소리를 내며 아우성이다. 몸은 너무 무리했다고 아우성이지만 마음은 한결 행복하다. "공놀이에는 몸과 마음을 자극하고 단련시키며 감각을 예리하게 단련해 인간 정신을 고양시키는 능력이 있다"[John Fox, 2012]는 말이 떠오른다. 사람들과 그 무리 속에서 어린 시절처럼 몸이 녹초가 될 정도로 축구를 한 오늘이 즐겁다. 이렇게 축구는 나를 사람들에게 끌어들이고, 나를 일상의 삶 속에서 끌어낸다.

춤추는 셔틀콕

배드민턴 게임 15 대 3의 비밀

2018년 4월 중순부터 고3 여학생 은수가 나에게 배드민턴 게임을 하자면서 계약서를 쓰자고 하였다. 계약 내용은 첫째, 게임은 15점 경기로 하되, 선생님은 15점, 학생은 3점을 선취하면 승리한다. 둘째, 학생이 15승 이상 하면 2학기 종료 후 VIPS에 가서 밥을 사 준다는 내용이었다.

나는 은수가 제시한 계약 조건을 기분 좋게 받아들였다. 내가 쉬어야 하는 점심시간임에도 불구하고 학생이 요구하는 사항을 기분 좋게 승낙한 이유는 '학생'을 보았기 때문이다. 학교에서 학생은 관계의 지평을 넓히고 무엇인가 열정적으로 하려는 의지를 가져야 한다. 나를 찾아온 은수를 보기 드문 '학생', 특히 고3임에도 불구하고 틈을 내서 운동하려는 태도와 자세를 높게 평가하여 승낙한 것이다. 나의 입장에서 은수를 학생다운 학생이라 긍정적으로 생각한 것이다. 그래서 난 은수의 마음을 이해하고 받아 주었다.

게임은 12시 30분에 시작이다. 여학생 은수와의 단식 게임에서 15점 선취하는 것은 별 어려움이 없을 것으로 생각했다. 서울여고에서 배드민턴 스포츠클럽을 하는 학생들과 경기를 통해 그들의 게임 실력을 어느 정도 알고 있었기에 내린 판단이었다. 반구형 코르크와 16개의 깃털로 이루어진 무게 5g도 되지 않는 셔틀콕, 특히 여학생이 친 셔틀콕은 남학생이 친 빠르고 강한 셔틀콕에 비해 좀 더 쉽게 내 의도대로 네트를 넘겨 짧고 길게 보낼 수 있을 것이라 생각했다.

그러나 내가 미처 생각하지 못한 것이 있었다. 은수는 보통의 여학생들과 다른 수준의 학생이라는 사실이다. 또한 난 실수를 줄여 은수가 3점을 내기 전에 15점을 내야 했다. 은수는 보통의 여학생들의 배드민턴 수준을 훨씬 뛰어넘는 학생이다. 스매싱, 헤어핀, 드라이브, 드롭샷 등을 칠 줄 안다. 그리고 내가 때린 스매싱을 리시브하는 능력도 있다. 특히 은수는 상대의 게임 방식을 읽을 줄 아는 능력이 있다. 보통 여학생들이 교사인 나와 게임을 하는 경우, 자신이 왜 실점을 하는지, 무엇을 잘못하고 있는지, 상대가 어떤 방식으로 셔틀콕을 보내는지 인지하지 못하는 경우가 대부분이다.

그래서 은수와의 15 대 3의 게임은 흥미진진하고 나를 많이 움직이게 한다. 즐겁고 행복한 게임이다. 게임 중에 종종 '은수와 경쟁하고 있구나!' 하는 생각이 들 때가 있다. 내가 은수의 약점을 알고 이를 이용한 셔틀콕 보내기를 하는 경우, 실점을 하지 않기 위해 새로운 방법이나 도전적 셔틀콕 보내기를 하지 않는 경우 등이 되면 난 바로 새로운 시도를 한다. 게임에서 경쟁성은 창조성을 억제한다. 게임에서 창조성이 사라지면 재미도 반감된다. 게임에서 창조성은 순응하지 않는 태도이다. 게임에서 이기려는 노력은 사람을 보수적으로 만든다. 그리고 게임에서 경쟁은 개성적인 사고와 모험에 대한 시도를 없앤다. 그래서 나는 은수와의 15 대 3의 게임에서 승리를 목표로 하지 않는다. 나는 은수와 게임에서 경쟁을 멀리하고 경기장에서 셔틀콕을 가지고 놀려고 한다.

첫 번째 게임, 두 번째 게임, 세 번째 게임, 네 번째 게임, 다섯 번째 게

임, 게임의 숫자가 늘어 감에 따라 땀이 비 오듯 쏟아진다. 흐르는 땀이 눈으로, 바닥으로 떨어진다. 나는 발이 무거워진다. 내가 무거워지면 은수도 더 힘들 텐데….

나는 은수에게 변화무쌍한 셔틀콕을 보낸다. 하이클리어로 길게, 드롭샷으로 짧게, 상대의 드롭샷을 헤어핀으로 다시 놓기, 높게 뜬 공 스매싱, 드라이브로 낮게 그러나 은수는 반응이 좋을 뿐 아니라 수시로 나의 셔틀콕을 읽고 되치기를 시도한다. 다시 놓은 헤어핀을 뒤쪽으로 길게 보내기, 드라이브를 드라이브로 맞서기, 하이클리어를 하이클리어로 맞서기 등.

나는 15 대 3의 게임에서 내각 생각한 것보다 많은 게임을 잃고 있다. 이제 내가 왜 3점을 잃는지 게임을 분석한다. 첫 번째 나의 실점은 익숙한 방법에서 탈피해 도전적 행동으로 셔틀콕을 치는 경우이다. 은수와의 게임에서 셔틀콕이 랠리를 반복하는 경우 은수의 얼굴 표정을 본다. 그러면 난 패턴을 바꾸게 되고 이럴 경우 실점을 한다. 두 번째 나의실점은 상대의 셔틀콕이 전혀 예상하지 않은 곳으로 떨어지는 경우이다. 네트를 살짝 스치고 떨어지는 경우, 라켓 테에 맞고 셔틀콕이 날아오는 경우 그리고 은수가 나의 동작을 읽고 다른 방향으로 셔틀콕을 보내는 경우이다. 난 되도록 다양한 상황에 대처하려는 자세로 게임에 임한다. 하지만 나의 대처를 무력하게 하는 일이 발생한다. 그럴 때는 어쩔수 없다. 마지막 실점은 내가 셔틀콕을 무리하게 쳐서 생기는 경우이다. 게임 중에 라켓으로 셔틀콕을 치다 보면 내가 생각한 대로 때리지 못하는 경우가 있다. 내가 배드민턴을 정말 잘 치는 전문가가 아니기 때문에 벌어지는 일이다. 그래도 실수를 최대한 줄이기 위해 최선을 다해 셔틀콕을 보면서 치려고 노력한다. 이는 내가 은수에게 게임에서 할 수 있는 최고의 예의이고 선물이다. 게임을 통해 교사인 내가 줄 수 있는 또 다른 선물이다.

은수의 두 뺨이 빨갛게 상기되었고, 이마에 땀이 흐르고 숨을 거칠게 몰아쉰다. 코트의 앞과 뒤로 빠르게 움직이며 셔틀콕을 받아 내는 모습이 참 보기 좋다. 그래서 배드민턴 게임을 하는 내내 미소가 사라지지 않는다. 은수는 "샘, 그 표정 절 무시하는 거지요?" 하며 기분 나쁘다고 하지만, 나도 은수도 알고 있다. 게임을 통해 서로가 이야기를 나누고 그를 통해 성장하는 즐거움을 만나고 있다는 사실을.

은수와 늘 함께 경기장에 와서 점수판을 넘겨 주는 하늘이, 게임은 은수와 하지만 난 하늘이도 게임의 장에서 소외되지 않도록 자주 대화를 시도하고 다양한 몸짓으로 이야기를 건넨다.

즐거움으로 셔틀콕이 춤추다

나는 몸을 움직이는 것을 좋아한다. 그래서 체육교사로 아이들을 가르치기 위해 운동장과 체육관에서 달리는 것이 너무나 행복하다. 내가 아이들을 가르치는 운동장에는 아이들의 삶이 고스란히 묻어 있다. 운동장에서 아이들의 삶은 교사인 내가 운동장에서 무엇을 어떻게 가르치느냐와 밀접한 관련이 있다.

2005년 가을, 나는 바람 때문에 운동장에서 수업 과제로 선택하지 않았던 배드민턴을 하였다. 운동장에서 배드민턴을 가르치면서 셔틀콕이 바람에 춤추는 것을 보며 안타까웠다. 바람에 춤추는 셔틀콕과 씨름하는 2개월 동안, 아침에 출근하면 버릇처럼 교사 중앙에 높게 게양된 태극기를 바라보면서 바람 걱정을 했다. 나와 배드민턴의 인연은 이렇게 걱정으로 시작되었다. 그리고 내 교직생활 중 처음으로 체육관이 있는 상암고등학교에서 근무하게 되었다.

2010년, 체육관에서 아이들에게 배드민턴을 가르쳤다. 너무나 즐거웠다. 바람을 걱정하지 않아도 행복했다. 아이들을 가르치면서 셔틀콕을 하루에 수백 번 쳤다. 나의 방식으로 실력을 키운 것이다. 이렇게 키운 실력을 바탕으로 2012년 동료 교사들과 배드민턴을 하기 위해 게임장에 섰다. 그러나 배드민턴장에서 참 슬프고 힘들었다. 짝을 이루어 함께 게임을 하는 파트너가 내가 자신이 생각한 셔틀콕을 때리지 않으면 고개를 돌려 "스매시를 해야지, 아이 하이클리어를 치라니까, 드롭샷이라니까."하며 짜증 가득한 얼굴로 나를 바라보았다. 이 순간 내가 배드민턴을 잘하지 못한다는 사실에 화가 났고, 셔틀콕을 잘 치고 싶은 마음이 간절한데 이를 알아주지 않는 파트너에게도 짜증이 났다. '나도 잘하고 싶어요. 세상에 게임을 하면서 못하고 싶은 사람도 있나요?' 하고 마음의 벽에 대고 소리를 질렀다.

그리고 배드민턴장에 발길을 끊었다. 철저하게 배드민턴 게임 능력으로 서열화되어 있는 권위적인 분위기를 견디기가 힘들었다. 내가 셔틀콕을 원하는 수준만큼 칠 수 있으면 살아남을 수 있고, 누구나 게임을 즐기는 분위기로 바꿀 수 있었을 텐데. 나에겐 그런 배드민턴 실력이 없었다. 배드민턴장에서는 자신의 실력만큼 대접을 받는다. 배드민턴을 하는 사람들은 각자의 게임 능력에 따라 발언도 하고 감정도 표출했다. 따라서 그 능력이 떨어지는 난 배드민턴장에서 소외될 수밖에 없었던 것이다.

나는 지금 월화수목금 매일 배드민턴 셔틀콕과 논다. 바람에 춤추는 셔틀콕이 아닌 내가 라켓으로 때린 방향대로 날아가고, 상대가 때린 셔틀콕이 라켓의 영향으로만 온전히 날아온다. 바람이라는 변수가 없다. 그래서 셔틀콕을 볼 수 있고, 끝까지 본 셔틀콕을 따라가 칠 수 있다. 라켓으로 셔틀콕을 보내는 재미가 있다. 나는 동료 교사들과 배드민턴을 즐긴다. 이제 동료 교사들과 복식 게임을 하면서 배드민턴을 즐길 수 있게 된 것이다. 그것은 내가 라켓으로 셔틀콕을 원하는 방향으로, 원하는 세기로 보낼 수 있었다는 것이다. 내가 라켓으로 셔틀콕을 어느 정도 조절할 수 있게 되면서 배드민턴장에서 나의 위치도 달라졌다.

학교의 운동장에서 운동능력이 좋은 아이가 이곳에서 이루어지는 모든 활동을 지배하듯이, 배드민턴장에선 배드민턴 실력이 지배한다. 사람을 중심에 놓고 이를 배려하는 모습이 거의 존재하지 않는다. 특정 공간에서 사람이 서로를 어떻게 만나는지가 공간의 성격을 결정한다. 아쉽게도 배드민턴장은 철저하게 실력으로 관계가 맺어지고 있다. 난 그 실력의 위계에 따른 경쟁적 질서를 약화시키고 '즐거움'이 중심에 서는 배드민턴장을 만들고 싶다. 그래서 난 게임의 승패에 연연하지 않으려 하고,

배드민턴장에 나오는 사람들, 특히 초보자들에게 친절하게 셔틀콕을 함께 친다. '배드민턴을 잘하고 싶다'는 마음이 모두에게 있다는 사실을 명심하고 실력으로 소외되지 않게 배려하려 노력한다. 그러면 백색의 셔틀콕을 치는 모두가 즐거울 수 있다. 난 배드민턴장을 그곳에서 게임을 즐기는 사람들의 행복으로 채우고 싶다.

나와 함께 셔틀콕을 치고 있는 사람은 누구인가?

서울여고에서 난 일주일에 한 번 목요일에 배드민턴을 친다. 학교에 배드민턴을 하는 선생님이 네 명이다. 30대 초반 K교사, 키가 180cm이다. 힘과 기량을 갖춘 학교의 에이스다. 스매싱 속도가 같이 게임을 하는 세 명과는 전혀 다르다. 다만 K교사와 함께 게임을 하는 사람들이 모두 선배 교사이기에 아직은 기량을 마음껏 펼치지 못하고 있다. 게임에서 스코어를 많이 앞서가는 경우 라켓을 휘두르는 손에 조금은 인정을 둔다. 40대 초반의 A교사, 스포츠 경기를 하면 좀처럼 패배를 하지 않는 것이 신조다. 따라서 매의 눈으로 상대의 약점을 찾아 공략해 들어간다. 50대 중반의 J교사, 오른쪽 팔에 장애가 있다. 강력한 스매싱 구사는 불가능하다. 배드민턴 게임에 흥미를 느끼고 즐긴 지 5년 차이다. 게임은 경쟁이라기보다 과정에서 하얀 셔틀콕이 만들어 내는 변화무쌍함을 즐기는 쪽이다. 아침저녁으로 자전거 라이딩을 하여 체력적으로 매우 우수하다. 또한 배드민턴 게임은 근본적으로 발로 하는 것이라 생각한다. 60대 초반의 G교사, 배드민턴 경력이 20년 이상이다. 셔틀콕을 가지고 상대의 약점을 노려 방향과 속도를 조절한다. 게임의 여유이다. 게임에 필요한 기술과 전략을 갖고 있다. 다만 5년 전 큰 병으로 쓰러진 후 체력적으로 조금 힘들어한다.

　게임에 들어가기에 앞서 가볍게 랠리를 하며 몸을 푼다. K가 하이클리어를 한다. 가볍게 클리어를 하는데 나를 엔드 라인 뒤쪽까지 완벽하게 밀어낸다. 셔틀콕이 라켓에 맞는 소리도 경쾌하다. 나는 뒤쪽으로 밀려나 클리어로 받아 친다. 가볍게 친다고 생각하지만 힘이 들어간다. 가볍게 친 셔틀콕이지만 속도와 무게가 다르다. 셔틀콕에 집중한다. 더욱 빠르게 반응하여 셔틀콕을 받아 보낸다. "자, 스매싱 좀 때려 봐. 리시브 연습하게." 하며 K에게 주문한다. 속도가 빠르다. 반응이 조금만 느려도 라켓을 갖다 댈 수가 없다. 한 번, 두 번, 세 번 날아오는 셔틀콕에 라켓을 댄다. 빠르지만 집중하면 잡을 수 있다.

　게임의 시작이다. 나는 A와 짝이고, K와 G가 짝이다. 3전 2선승제 게임이다. 내 서브이다. K교사가 서브 리시브를 받기 위해 라인에 선다. 키가 큰 K가 서브 라인 앞쪽으로 바싹 붙어 선다. 서브를 어떻게 넣어야 할지 막막하다. 틈이 없고 위압감이 나를 압도한다. 나는 이러한 위압감 속에서 '그래, 가능한 한 네트에 가깝게 쇼트 서브를 넣자. 상대가 잘 치면 할 수 없지만 내가 실수를 하지 않는 것이 중요하다'고 생각하며 서브를 넣는다. 네트에 붙어 오는 서브를 공격적으로 치는 일은 쉽지 않다. 신중히 낮게 서브를 넣으니 파트너가 상대가 리시브한 셔틀콕을 치는 것이 조금 쉽다. 파트너와 호흡이 척척 맞아떨어진다. 내가 상대의 백쪽으로 스매싱을 치면 셔틀콕이 어떻게 올지 예측하여 움직인다. 하얀 셔틀콕이 만들어 내는 우아한 선을 따라 움직이며 셔틀콕을 친다.

　나는 네트를 넘어 하얀 셔틀콕이 날아오는 선에 반응하여 전후좌우로 달리고, 점프하고, 오른쪽과 왼쪽으로 급격히 몸을 회전한다. 또한 네트를 살짝 넘는 셔틀콕을 받기 위해 다리와 팔을 최대한 뻗는다. 하얀 셔틀콕을 따라 바삐 움직인다. 숨이 턱까지 차오른다. 나는 게임을 하면서 좌우 6.1m, 앞뒤 6.7m의 경기장을 움직인다. 작은 경기장이다. 이곳에서 움직이며 숨을 헐떡인다. '아니, 오늘 게임이 정말 치열한데. 한 치의 양보도 없이 게임에 모두가 집중하고 있군.' 하는 생각이 든다. "선생님, 체력이 있을 때 이겨야지요." A가 게임 중 나를 보며 이야기한다. 역시 질 수 없다는 생각을 하며 게임에 열중한다. 첫 번째 게임, 25 대 18로 우리가 이겼다. 물 한 잔씩으로 목을 축인 뒤 바로 두 번째 게임에 들어간다. 게임을 시작한 지 얼마 되지 않아 양 팀 선수들 모두가 체력적으로 여유가 있다.

두 번째 게임, 상대 팀은 이번 게임을 빼앗기면 1세트를 지는 것이다. 그래서 첫 번째 게임보다 더욱 집중하여 셔틀콕을 친다. 상대 팀의 약점은 G이다. K는 경기 기량도 체력도 있어 셔틀콕이 G에게 집중된다. 나도 K보다 상대적으로 위협적이지 않은 G에게 셔틀콕을 보낸다. 게임이 박빙으로 진행될 때는 다른 생각 없이 약한 고리를 친다. 그런데 스코어에 여유가 있다. 15 대 8이다. 나는 G에게 집중시켰던 셔틀콕을 K에게 보낸다. 하얀 셔틀콕이 만들어 내는 선에 변화를 많이 준다. 내가 잘하는 패턴에서 벗어난 시도들을 한다. 순간, 점수가 24 대 24 동점이다. 그래도 우리 팀이 패배할 것이라는 생각이 들지 않는다. 오늘, 라켓에 셔틀콕이 붙어 다닌다. 상대가 좌우로 흔들고 뒤로 깊숙이 친 셔틀콕도 순식간 발을 움직여 받아 낸다. 아싸! 소리를 지른다. 위기를 넘기고 득점까지 성공하니 정말 기분 좋다. 듀스 끝에 26 대 24로 이겼다. G가 코트에 눕는다. 나도 숨이 턱 밑까지 올라왔다. 난 터질 듯이 펌프질하는 심장의 소리를 듣는다. 헉헉거리며 숨을 몰아쉰다. 심장이 박동 치고 호흡은 거칠다. 그래도 막 게임을 끝내고 돌아서는 순간, 짜릿하고 흥분된다.

배드민턴 게임은 상대 선수와 직접적인 신체적 접촉이 없어서 신체적 접촉에 따른 심리적 갈등 상황이 만들어지지 않는다. 오로지 상대가 라

켓으로 친 하얀 셔틀콕의 속도와 방향, 거리에 따라 얼마나 빠르게 달리고 점프하고 몸의 회전을 만들어 내서 다시 네트 너머로 셔틀콕을 보내는지가 게임의 승패를 결정하는 중요한 요인이다. 물론 게임 중에 상대가 보이는 반응. 예를 들어 나의 스코어를 의도적으로 1·2점 내려 부를 때, 내가 친 셔틀콕이 분명히 라인 안쪽에 떨어진 것 같은데 번번이 아웃을 콜할 때, 떨어진 셔틀콕을 일부러 엉뚱한 곳으로 줄 때 등 이런 상황이 일어나는 경우 게임에 또 다른 중요 변수가 된다. 이런 경우 난 더욱 게임에 집중하고 승리하려는 승부욕이 솟아난다. 네트 건너편에서 게임을 하고 있는 상대의 면면을 고려하지 못한다. '체력적으로 지쳐 있고, 약한 G에게 셔틀콕을 보내지 말아야 한다'는 이성적 판단은 이겨야 한다는 경쟁의 힘에 밀려난다. 게임을 하는 상대보다 승리가 더욱 중요한 위치를 차지하게 된다. 셔틀콕을 치는 내 마음이 상대를 이기려는 경쟁심으로 타오른다. 나는 지나친 경쟁심이 생기는 것을 경계한다.

네트를 사이에 두고 벌어지는 게임이기에 지나칠 정도로 상대의 태도와 행동에 더 민감하게 반응하는 것 같기도 하다. 그러면 나와 함께 게임을 하고 있는 사람들이 누구인가 살핀다. 그러고 나서 배드민턴 게임을 하는 이유를 묻는다. "반구형 코르크에 16개의 하얀 깃털을 수놓아 만든 셔틀콕, 그 셔틀콕의 우아한 선과 몸이 달리고 점프하고 회전하면서 만들어 내는 율동을 즐기는 것이다"라고 주문처럼 마음속에서 반복한다.

나는 기본적으로 경쟁은 사람을 불행하게 하고, 심리적인 압박을 주며, 인간관계에 독이 되고, 능률을 떨어뜨리는 요소라고 생각한다. 경쟁은 인간의 본성이 아니라 사회 문화적으로 학습된 태도이며 성향이라고 생각한다. 그래서 경쟁적인 태도와 성향을 이타적인 태도와 성향으로 바꾸어야 한다고 믿는다. 물론 게임 상황에서 경쟁을 할 수 있다고 본다. 그러나 경쟁적인 사람으로 보이고 싶지는 않다. 16개의 하얀 깃털 달린 셔틀콕이 100km 속도로 빠르게 네트를 넘나드는 상황에서도 내가 '나와 함께 게임을 하고 있는 사람들이 누구인가?'를 생각하는 이유이다.

멈춘 공, 골프공

가까이하기에 너무 먼 골프

골프란 운동은 내 삶과 무관하다고 생각했었다. 골프는 누구의 말처럼 "자본주의 스포츠의 꽃이다." 내가 자본주의 스포츠 문화에서 최상층에 있는 골프를 할 것이라는 생각이 전혀 없었다. 그런데 2008년 여름, 박사학위를 받은 나에게 지도교수인 손천택 선생님께서 학위 졸업 선물로 골프 클럽을 주셨다. "네가 생각하는 세상과 다른 세상이 있다는 것에 대해서도 한번 경험해 봐라. 세상을 조금 더 폭넓게 봐." 하시며 주신 선물이다. 즉, 사고가 한쪽으로 치우쳐 있다고 생각하신 지도 교수님이 내가 좋아하는 스포츠를 통해 생각을 보다 넓고 깊게 경험하고 그를 통해 다른 세상의 가치도 깨달았으면 하는 마음에서 주신 선물이다.

지금 생각해 보면 정말 좋은 선물이다. 그러나 2008년 당시에는 잘 몰랐다. 골프란 운동에 대해 문외한이었다. 그래서 골프 클럽을 연구실 한쪽에 던져 놓은 채 7년간 방치했다.

2015년 고등학교 1학년 학생들에게 수업시간에 골프를 가르치게 되었다. 골프를 가르치던 선생님이 명퇴를 하시면서 내가 그 자리를 대신하게 된 것이다. 학생들을 가르치면서 나는 골프에 본격 입문하였다. 운동을 기능적으로 잘하는 사람이 운동하는 법을 잘 가르칠 수 있다. 그래서 학생들을 잘 가르치기 위해 골프 연습장에서 매일 아이언과 드라이버 연습을 하였다. 본격적으로 연습을 시작하면서 골프가 정말 어렵고 힘든 운동이구나 하는 사실을 새삼 느꼈다. 작은 헤드로 공을 쳐서 원하는 방향으로 원하는 거리만큼 보낸다는 것이 결코 쉽지 않았다.

나와 어울릴 것 같지 않던 스포츠 골프. 하지만 지금(2018년)은 골프가 재미있다. 같이 할 사람만 있으면 언제든 스크린 골프에 가서 아이언과 드라이버 클럽을 휘두르며 재미있게 18홀을 돌며 놀고 싶은 마음이다.

오늘도 난 수업을 마치고 난 후, 골프 연습장에서 클럽을 휘두른다. 먼저 가볍게 체조를 한다. 그리고 언제나 첫 티샷에서 심쿵하게 하는 드라이버를 잡는다. 오늘 목표는 역시 똑바로 골프공을 보내는 것이다. 스탠스를 어깨보다 넓게 잡는다. 공 뒤로 드라이버를 가볍게 놓으며 집중한다. 하나, 둘에 클럽을 들었다가 셋 하면서 드라이버로 공을 때린다. 공을 클럽으로 때리는 순간까지 시선을 공에 붙잡아 두려 한다. 시선을 공에서 떼는 순간 공은 원하는 방향으로 날아가지 않고, 슬라이스가 나거나 훅이 걸린다. 하나, 둘, 셋, 넷, 다섯 번째 공까지 시선을 공에 붙잡아 두고 때린다. 시선이 공에 있음으로 인해 공이 클럽에 맞았을 때 '따악' 하는 경쾌한 음이 연습장을 메운다. 클럽을 잡고 있는 손에 느껴지는 진동이 부드럽다. 여덟, 아홉, 열… 스물, 이때 순간 고개가 먼저 돌아간다. 공은 훅이 걸려 날아가고, 손에 느껴지는 타구감도 거칠다. 다시 한 번 호흡을 가다듬고 드라이버로 치는 공에 시선을 둔다. "잊지 말자. 공에서 시선을 떼는 순간 공은 다른 곳으로 간다." 이 말을 마음속으로 곱씹는다. 이마와 등에 땀이 흐른다. 드라이버로 공을 50개 정도 쳤다.

5번 우드로 바꾸었다. 드라이버도 어렵지만 우드는 공을 치기가 더 까다롭다. 드라이버보다 헤드도 작고 아직 우드 스윙을 어떻게 해야 할지 몸으로 잘 체득하지 못했다. 그래서 우드는 연습을 하기는 하지만 아직 실전에서 한 번도 사용해 보지 못했다. 필드에서 내가 170~180m 정도 남았을 때 보낼 수 있는 클럽이 우드인데. 내가 사용하지 못하다 보니 이 거리가 남았을 때 코스 공략에 어려움을 느끼게 된다.

우드로 연습할 때도 역시 시선은 공에 두려고 노력한다. 하나, 둘, 셋 같은 리듬으로 스윙을 한다. 클럽이 손에 감긴다. 잘 사용하지 않는 클럽이므로 더 집중하여 공을 때리니 방향도 좋고 소리도 좋다. 우드로 공을 25~30개 정도 때린다. 그리고 롱 아이언 3번으로 바꾸어 잡는다. 3번 아이언이지만 조금 짧게 잡고 연습을 시작한다. 공을 때려 3m 앞에 있는 목표 막에 보낸다. 아이언은 정확한 게 생명이다. 따라서 아이언으로 공을 때리는 경우, 난 내가 친 공이 헤드의 스팟에 맞는지를 계속 확인하며 스윙한다. 3번 아이언으로 20개 정도를 때리고, 6번을 잡는다. 7번 아이언 연습이 필요하지만, 내 클럽에 7번이 없다. 6번 아이언, 클럽 헤드에 공이 잘 맞는다. 시선을 떼지 않고, 공에 집중하고 머리가 돌아가지 않도록 주의한다. 나는 아이언으로 공을 때릴 때 다른 클럽들보다 조금 편한 마음으로 공을 친다. 아마 아이언에 대한 자신감이 공을 때리는 데 편안함을 주는 것 같다.

6번 아이언으로 공을 때린 후, 어프로치 샷을 연습한다. 10m 안쪽, 15m, 25m, 30m, 50m 등의 거리를 상상하며 웨지로 공을 보낸다. 이때는 공을 친다는 생각보다는 공을 이 정도 거리로 보낸다는 생각을 많이 한다. 공을 친다고 생각하면 생각보다 먼 거리를 보내게 되어 어프로치 샷을 실패할 수 있다. 그래서 난 50m가 넘지 않는 거리가 남았을 경우, 가볍게 공을 보내기 위한 샷을 한다.

먼 거리에서 짧은 거리까지 공을 보내는 연습이 끝났다. 드라이버부터 우드, 유틸, 3번 아이언, 6번 아이언 그리고 웨지. 공을 150개 정도 쳤다. 보통 하루의 연습량이다. 이제 무엇보다 중요한 퍼터 연습이다. 5m, 7m 거리를 연습한다. 10cm를 직선으로 정확하게 보내려 한다. 10cm를 정확하게 공을 굴리면 원하는 방향으로 갈 것이라고 예상하기에 연습에 집중한다. 퍼터를 연습할 때는 철저하게 나의 감각을 신뢰한다. 내 몸의 거리감을 믿고 보낸다. 아주 어린 시절 나의 놀이였던 비석치기, 구슬치기에서 내가 가지고 있었던 거리감을 회복하려 한다. 이때 내가 던진 비석이나 구슬이 목표로부터 30cm 이상을 벗어난 적이 없다. 이 기억을 회복하고 불러내 퍼터로 홀에서 30cm 이상 벗어나지 않게 공을 보내려한다. 방향과 함께 거리감을 익히기 위한 연습이다. 퍼터를 끝으로 골프 연습을 끝낸다.

나는 일주일에 3일 이상 골프 연습장에서 각종 클럽으로 공을 때린다. 특별히 누구에게 골프를 배운 적은 없다. 그래도 연습의 결과 얼마 전에는 스크린에서 78타를 쳤다. 싱글을 기록한 것이다. 난 김헌의 『골프도 독학이 가능하다』라는 책을 통해 골프를 배우고 있다. 또한 '티 위에 있는 공을 내 마음대로 할 수는 없지만 공을 때리는 나의 마음은 내가 조절할 수 있다'는 믿음을 가지고 골프공을 치려고 노력한다. 클럽을 휘두르는 내 마음을 내가 조절하려고 노력한다. 그리고 손에서 멀어진 길이만큼 치기 어려운 골프의 매력에 빠져든다.

첫 티샷에 온 마음이 쏠린다

1994년 이래 최고의 무더위가 기승을 부리고 있다. 대한민국이 무더위로 아우성을 치는 여름, 친구 둘과 함께 골프를 치러 갔다. 필드에 나가는 약속이 잡히면 바로 전날 윈도우 연습장에 가서 드라이버, 유틸, 아이언 4번부터 웨지까지 모두 거리를 확인하는 연습을 한다. 필드에 자주 나가지 않는 백돌이다 보니 거리감이 없어 준비하지 않으면 필드에서 재미가 반감되기 때문에 나름의 방식으로 대처하는 것이다.

오늘 6시 20분 티업이다. 5시 30분에 약속 장소에서 모여 우리는 한양파인CC로 향한다. CC에 도착하여 복장을 준비해 라운지에 모였다. 우리나라 골프장은 남자들에게 반바지 착용을 대부분 금지한다. 나는 운동할 때 반바지를 입는 것을 선호하는데 골프장에서 반바지를 제한하여 늘 불만이었다. 그러나 오늘은 폭염이라 반바지가 허용되었다. 18홀을 도는 동안 햇볕에 노출되기 때문에 피부를 보호하기 위해 선크림을 바르고 윗옷은 긴팔을 입어 팔을 보호한다.

대학 친구인 동진과 철수는 역시 보수적이다. 둘 다 긴바지를 입고 나온다. "용진, 역시 운동을 좋아하는 체육선생이야." 반바지를 입고 나오는 나를 보고 둘이 반응을 한다. 친구 동진은 나보다 10여 년 먼저 골프를 시작했다. 대기업에 다녀 외국 법인에 나가 있을 때 시작하였다. 그러나 회사생활을 하느라 바쁘고 천성적으로 운동하는 것을 썩 좋아하지 않는다. 그래서 시작한 지는 오래되었어도 백돌이를 벗어나지 못하고 있다. 철수는 자영업자다. 골프를 한 지는 7~8년 되었다. 시간이 상대적으로 자유롭고 사업상 골프를 할 기회가 많다고 한다. 90대 초중반을 친다.

1번 홀 파4 홀이다. 내가 첫 번째다. 홀은 보이지도 않는다. 캐디는 언덕 위 중앙에 있는 가로등을 보고 치라고 알려 준다. 나는 드라이버를 들고, 티샷을 하기 위해 티 박스에 선다. 티에 공을 올려놓으며 마음으로 다짐을 한다. '그래, 공만 보고 치자.' 첫 티샷이 어렵다. 긴장되고 불안하다. '슬라이스가 나 오비가 되면 안 되는데.' 하는 생각이 머릿속을 스친다. 침착해야지, 마음을 먹었는데 어느 순간 드라이버를 들고 공을 보며 스윙한다. 공이 드라이버 헤드에 맞는 순간 느낀다. 손에 전해지는 타구감이 거칠고 소리가 둔탁하다. 공은 페어웨이를 벗어나 오른쪽 숲으로 날아간다. "첫 홀이니까 다른 친구 끝나고 한 번 더 할게요." 하고 캐디와 친구들에게 양해를 구한다.

하나 둘 셋, 나는 마음으로 숫자를 세며 리듬감을 가지고 오로지 공에 집중해 드라이버를 휘두른다. 경쾌한 타구음이 울리고 손에 전해지는 타구감도 좋다. 공은 언덕 위 페어웨이 중앙으로 날아간다. 동진은 멋진 샷을 날린다. 철수는 뒤땅이 나며 멀리 공을 보내지 못한다. 홀까지 남은 거리가 220m다. 난 아이언 4번을 잡고, 세컨 샷을 한다. 공이 클럽에 맞는 느낌이 나쁘지 않다. 150m 정도 날아간다. 내가 친 공을 보지 않고 마지막까지 페어웨이 위에 있는 공을 보려 한다. 홀까지 74m다. 나는 홀의 깃발을 보고 S를 들고 가볍게 스윙한다. S는 풀스윙을 하면 80m가 넘는다. 그래서 조금 가벼운 마음으로 공을 친다. 깃발 오른쪽 뒤편으로 공이 날아간다. 조금 길다. 그린 위에 가서 보니 공은 홀컵에서 12m 정도 떨어져 있다. 캐디가 퍼팅의 방향을 잡아 준다. 나는 홀컵에 넣는다는 생각보다 홀컵 가까이 최대한 붙인다는 생각으로 퍼팅을 시도한다. 조금 모자란다. 남은 거리 1.5m. 홀컵 중앙을 바라보고 살짝 퍼팅한다. 홀컵으로 땡그랑, 다행이다. 보기다. 그래도 선전했다.

2번 홀 보기, 3번 홀 더블 보기, 4번 홀 파, 5번 홀 파, 6, 7, 8번 홀 보기를 했다. 전번 9번 홀만 남겨 놓았다. 오늘은 필드에서 홀에서 공을 칠 때, '클럽으로 공을 마음대로 조절할 수는 없지만 공을 치는 마음은 내 마음대로 할 수 있으니 마음을 조절하며 공을 치자'는 생각을 부여잡고자 했다. 그러나 첫 홀을 돌면서 어느 순간 어떤 생각으로 공을 쳐야 하는지 잊어버리고, 긴장과 흥분으로 아무 생각 없이 8번 홀까지 갔다. 9번 홀에 와서야 다시 '어떤 마음으로 클럽으로 공을 쳐야 하는가?'를 생각하고 집중한다.

9번 홀 파5 홀이다. 롱 홀이다. 티 박스에서 티를 꽂으며 내가 보내야 하는 목표를 본다. 그리고 드라이버를 가볍게 잡고, 생각한다. '내가 할 수 있는 것은 마음을 편안하게 먹고 공을 보는 것이다. 마지막까지 시선을 공에 두고 클럽을 휘두르자.' 하는 생각을 주문처럼 되뇌며 리듬감을 갖고 스윙한다. 고개가 돌아가지 않았다. 타구감이 좋다. 역시 공은 페어웨이 중앙으로 날아간다. 거리가 많이 남았다. 세컨 샷은 아이언 4번이다. 3번 우드나 5번 우드를 사용하면 마지막 남은 거리가 편할 수 있다. 하지만 실전에서 우드는 아직 사용하기 힘들다. 공이 어떻게 날아갈지 예상할 수 없기에 안전한 선택을 한다.

공만 보고 연습장에서처럼 가볍게 4번 아이언으로 스윙한다. 오른쪽 눈과 왼쪽 눈에 공이 들어오면 클럽 헤드에 공이 감기듯 맞아 간다. 페어웨이 오른쪽 러프에 빠진다. 남은 거리는 140m 정도이다. 6번 아이언으로 치면 거리가 넘어갈 것 같고, 7번으로 치면 조금 짧을 것 같다. 나는 넘어가는 것보다 조금 짧게 치는 것으로 결정했다. 런이 있을 수 있으니까 안전한 선택을 한 것이다. 내가 제일 자신 있는 7번 아이언이다. 욕심내면 공은 엉뚱한 데로 간다. 가볍게 클럽을 들었다가 공민 보고 스윙한다. 거리감이 좋다. 홀을 넘게 하는 것보다 다소 짧은 것이 좋겠다는 생각이 맞았다.

그린 위에 공이 올라갔다. 홀컵에서 8m 거리에 있다. 버디 샷이다. 홀컵에 공을 넣겠다는 마음으로 퍼터를 잡는다. 그리고 공에 집중한다. 캐디가 잡아 준 홀컵을 향한 공의 방향과 내가 공 옆에 섰을 때 바라보는 홀컵의 방향이 다르다. 홀컵 왼쪽을 본 것 같다. 방향이 다른 까닭은 홀컵을 정면으로 볼 때와 옆으로 볼 때가 다르기 때문이다. 캐디가 잡아 준 방향으로 퍼팅한다. '힘! 힘! 힘!' 하며 마음으로 공을 보낸다. 홀 컵 앞에서 공이 멈춘다. 아깝다. 파이다. 마지막 9번 홀에서 파를 기록하며 전반 홀을 마쳤다. 43개를 쳤다. 아쉽기는 하지만 선전했다. 그러나 동진은 나에게 "스크린에서 싱글 쳤는데… 오늘 왜 그래?"라고 한다. 난 "후반 홀은 집중할 테니까. 걱정하지 마." 하며 후반 홀에 대한 의지를 보인다.

한양파인CC는 퍼블릭 골프장이다. 따라서 후반 홀은 전반에 돌았던 나인 홀을 반복한다. 이번 라운딩은 다른 때와 다르게 8번 홀에서 긴장과 흥분을 가라앉혔다. 다른 라운딩 때는 전반 홀을 지나 13~14번이 되어야 '내가 지금 골프 라운딩을 하고 있구나.' 자각을 했는데, 다행이다. 그래서 9번 홀부터 라운딩에서 내가 공을 어떻게 치고 있는지 생각하고 마음을 다스리며 공을 쳤고, 그 반성의 끝에서 후반 홀로 갈 수 있었다. 10번, 11번, 12번 연속 파이다. 13번은 내가 좋아하는 아이언 7번으로 보내기 적당한 파3 홀이다. 나는 공에 집중하면서 버디를 해야겠다는 욕심이 들었다. 그리고 공을 쳤다. 공은 내가 원하는 목표가 아닌 그린 왼쪽 러프 쪽으로 갔다. 내 욕심이 부른 화근이다. 내가 못 치고 다음으로 공을 치는 철수가 오비가 났으면 하는 바람을 갖는다. 나랑 스코어가 비슷한 친구에게 밀린다는 생각에서 나온 생각이다. '내가 잘 쳐서 좋은 스코어를 내야지, 친구가 못 치기를 바라다니 참 바보 같구나.' 이러한 생각을 한다는 것에 수치심을 느끼며 바로 생각을 접는다.

18홀을 돌면서 생각지도 못했던 실수를 할 수 있다. 누구나 실수를 한다. 다만 실수를 하여 위기가 왔을 때 어떻게 대처하는지가 좋은 스코어와 직접 관련이 있는 것이다. 나는 이번 홀은 보기로 막으면 성공하는 것이라 생각하고 이후의 샷과 퍼팅에 신중함을 기했다.

후반 홀은 정말 마음으로 다스리며 공을 쳤다. 나의 의지대로 할 수

있는 것은 마음을 다스리는 것이다. 난 마음을 다스려서 조금 더 좋은 골프를 하고 싶다. 필드에 나오면 연습장과는 사뭇 다른 분위기와 환경으로 인해 늘 흥분과 긴장 속에서 공을 쳤다. 그러나 오늘은 골프를 하는 필드가 나를 지배하는 것이 아니라, 내가 공을 치는 나를 지배하려고 노력했다. 이제 마지막 홀인 18홀에 이르렀다.

18홀은 파5 홀로 롱 홀이다. 나는 드라이버를 잡고 티 박스에 서서 내가 공을 보내야 할 목표를 바라본다. 다시 한 번 고개를 돌리지 않고 시선을 고정한 채 스윙한다. 오른쪽 언덕 너머로 공이 날아간다. "잘 쳤어요." 오비를 걱정했는데. 캐디가 좋은 방향으로 잘 갔다고 하니 안심이다. 세컨 샷을 하기 위해 가 보니 페어웨이 중앙에서 오른쪽으로 떨어져 있다. 세 명 중 가장 멀리 그리고 좋은 위치에 공이 있다. 기분 좋다. 나는 흥분해서 세컨 샷을 친다. 공을 보지 않았다. 뒤땅이 나면서 공이 멀리 날아가지 않는다. 좋은 샷 특히 드라이버 티샷을 잘했을 경우, 다음 샷을 신중하게 하지 못하는 경우가 많다. 세 번째 샷은 바로 수정한다. 공에 마지막 시선을 두고 고개를 돌리지 않는다. 마지막 남은 거리 60m다. 웨지를 잡고 50m를 보낸다는 생각으로 스윙한다. 마지막 샷이다. 높게 포물선을 그리며 하늘로 날아간다. 느낌이 좋다. 네 번째 샷으로 공을 그린 위에 올려놓았다. 홀컵에서 5m이다. 마지막까지 최선을 다한다는 생각으로 퍼터를 한다. 퍼터를 시도하기에 앞서 난 멀리 있는 홀컵을 보지 않고, 10cm 지점을 본다. 그리고 그 지점을 지나가게 퍼팅을 한다. 공이 그린 위에서 홀컵을 향해 굴러간다. 방향이 좋다. 아싸! 환호성을 지른다. 그러나 홀컵으로 빨려 들어갈 듯 굴러가던 공이 홀컵 바로 앞에서 멈춘다. 진한 아쉬움이 남지만 마지막 홀, 성공적이다.

나는 오늘 라운딩을 시작하며 내가 할 수 있는 것에 집중하고자 했다. 클럽으로 공의 방향과 거리는 마음대로 할 수가 없다. 그러나 공을

칠 때 느끼는 불안감과 두려움은 내가 조절할 수 있다. 나는 마음을 다
스리며 라운딩을 즐겁고 재미있게 하고자 했다. 전반 8번 홀까지는 흥
분 속에서 잠깐 정신을 잃었지만 다행히 전반 홀이 끝나기 전에 나의 마
음을 보고 잡을 수 있었다. 그리고 후반 나인 홀은 평소에 연습하여 쌓
은 기량을 펼칠 수 있도록 마음을 다스렸다. 그리하여 나의 최고 스코어
를 기록했다. 82타를 친 것이다. 백돌이에서 80타대로 진입한 것이다. 필
드의 울렁증을 넘어 최고의 기량을 보인 것이다.

오늘의 행복은 가능한 것과 불가능 한 것을 구별하여 내가 할 수 있
는 것에 보다 집중해 이루어 낸 성과이다. 마음을 다스리는 것이 어렵고
힘들지만 난 오늘 마음을 잘 다스렸다. 그래서 더욱 행복하다.

더 멀리, 더 빠르게, 더 높이,
더 잘할 수 있으니 바꾸어 볼까!

첫 번째 이야기, "셔틀콕이 왜 멀리 가지 않는 거야?"

체육관이 없는 학교에서 17년을 근무했다. 바람이 부는 운동장에서 배드민턴을 하면서 바람에 방해를 받지 않는 코트에서 셔틀콕을 칠 수 있으면 참 좋겠구나 생각했다. 라켓으로 친 셔틀콕이 바람에 춤을 추는 것을 보며 아쉬움이 진하게 묻어났다. 시간이 흘러 이제 체육관에서 바람의 방해를 받지 않고 오로지 나의 배드민턴 실력으로 셔틀콕을 의도된 방향으로 그리고 속도를 조절하여 치려고 한다.

나는 3년 정도 배드민턴 코트에서 구슬땀을 흘리며 라켓으로 셔틀콕을 쳤다. 셔틀콕을 내 의도대로 방향을 잡고 상대가 잡아낼 수 없는 위치로 보내려는 마음으로 코트를 전후좌우로 빠르게 움직여 나아간다. 어느 순간부터 상대가 보이기 시작했다. '어떻게 라켓을 휘둘러 셔틀콕을 보내는구나.' 그리고 내가 셔틀콕을 어떤 방향과 위치로 보내는가에 따라 다음 셔틀콕의 방향과 강도가 결정된다는 사실을 알게 되었다. 배드민턴의 셔틀콕은 바람의 방향에 따라 결정되는 것이 아니라, 함께 코트에서 배드민턴 게임을 하고 있는 나 그리고 상대에 의해 결정되는 것이다.

라켓으로 셔틀콕을 보내며 상대의 움직임과 그에 따라 셔틀콕이 날아올 방향이 예측되기도 한다. 게임이 즐겁고 재미있다. 셔틀콕이 춤추며 날아오는 모습 그리고 코트의 반대쪽에서 움직이는 상대가 눈에 보인다. 나의 체력과 기량이 상대와 함께 게임을 즐길 수 있는 조건이 된 듯하다.

이제 더 강하고, 빠르게 그리고 멀리 셔틀콕을 보낼 수 있는 방법이 무엇일까? 내가 배드민턴을 지금보다 더 잘하기 위해 체력을 기르고 레슨을 받는 것 말고 선택할 수 있는 방법은 없을까? 이런 고민을 한다.

두 번째 이야기, "지나갑니다."

겨울이 가고 봄이 오는 길목에서 나의 자전거 라이딩은 시작된다. 라이딩은 나의 신념을 실천하는 일이다. 인간은 스스로의 신념을 세상에서 펼칠 때 삶이 더 즐겁고 행복하다. 그러나 막상 자신의 신념을 세상에서 지켜 내며 사는 일은 생각보다 쉽지 않다. 왜냐하면 세상은 관계이기 때문이다. 이 세상은 나 홀로 존재하는 곳이 아니다. 수없이 많은 사람들과 얽혀 있다. 내가 어떤 일을 신념대로 실천하는 것이 다른 사람의 신념에 반하는 일이 되기도 한다. 그래서 어렵다. 신념이 관계에 손상을 가져올 수 있기 때문이다.

다행히 뒷바퀴를 굴려 앞바퀴를 나아가게 하는 라이딩의 실천은 특별히 다른 사람들의 신념에 심각하게 문제를 일으키지 않는다. 출퇴근을 자전거로 하는 일은 극히 개인적인 신념이다. 그래서 한결 마음이 가볍다. 타인과는 연결되지 않기에 나의 신념을 꾸준하게 지키는 것이 어렵지는 않다. 개인적인 일이므로 언제나 나의 상황에 따라 멈출 수 있다.

하지만 이를 뒤집어 생각해 보면 개인적이므로 더 철저하게 '나의 신념대로' 꾸준히 실천하기가 쉽지 않다.

아침저녁으로 길 위에서 두 바퀴를 저어 앞으로 나아가는 라이딩족이 의외로 많다. 길에서 자기 나름의 '느림의 미학'을 선택한 사람들이다. 천천히 가면서 그 속도로 세상을 보고 사람을 보려는 마음을 가지고 있다. 나도 나의 속도만큼 풍경 속으로 흘러 들어가고 흘러나오면서 사람, 바람, 저녁노을, 강아지풀, 빨갛게 물든 느티나무, 노란 은행나무를 만난다.

바퀴를 저어 학교와 집을 오가면서 길 위를 저어 가는 사람들의 불문율에 따라 달리고 있다. 라이더들은 서로 알게 모르게 형성된 나름의 규칙을 지켜야 한다. 길을 저어 가며 앞으로 나아가는 라이더들은 가능한 한 길의 오른쪽에 붙어 가야 한다. 이는 나보다 빠르게 가는 라이더를 위한 작은 배려이다. 빠르게 이동하는 라이더들은 나의 왼쪽으로 "지나갑니다"라고 외치며 흘러 나아간다. 난 MTB를 5년 탔다. 그리고 상암고에서 서울여고로 학교를 옮겼다. 학교를 옮기니 출퇴근 거리가 10km 멀어졌다. 아침저녁으로 90분 바퀴를 굴려 가야 한다. 나의 현재 조건에서 길 위를 조금 빠르게 이동하며 시간을 단축하고 체력을 조금 아낄 수 있는 방법이 없을까?

세 번째 이야기, "난 왜 드라이버로 200미터를 넘기지 못할까?"

골프 연습장에서 열심히 클럽으로 백색의 작은 공을 힘껏 친다. 모든 신체활동에서 몸에 힘을 빼고 동작을 수행하는 것이 중요하다. 몸에 힘을 빼고 치려는 공에 시선을 두고 동작을 수행하는 데 3년 걸렸다. 물론 종목에 따라 동작 수행에서 힘을 빼는 데 걸리는 시간에 다소 차이가 있다. 물론 사람에 따라서도 운동능력이 각자 다르기 때문에 시간에 차이가 날 수 있다.

필드에 나가 친구들과 함께 공을 치면 90개에서 100개를 왔다 갔다 한다. 물론 티샷에 집중하여 공을 치면 80대 후반까지 나오는 경우가 있다. 나는 필드에서 라운딩하는 경우 많은 준비를 요한다. 일단 필드에 한번 나가기 위해 최소 20만 원이 소요된다. 용돈에서 큰 부분을 지출하는 일이기에 한 번에 보다 큰 연습 효과를 얻어야 한다. 그래서 사전에 윈도우 연습장에 가서 클럽별로 거리 연습을 한다. 필드에서 각각의 클럽이 어느 정도의 거리를 보낼 수 있는지 정확히 알고 라운딩에 임하기 위해서다. 필드에서 연습은 없다. 오로지 실전이 있을 뿐이다, 필드에서 실수는 곧 타수의 증가로 나타난다. 타수의 증가는 순식간에 늘어난다. 그래서 필드에서 공을 칠 때는 매우 신중하게 쳐야 한다.

골프를 처음 시작하면서 지금까지 나는 골프 연습에서 드라이브에 가장 많은 시간을 투자한다. 얼떨결에 따라 나간 첫 골프장에서 함께 골프를 간 사람들이 티샷에서 먼 거리를 보내 페어웨이에 공을 안착시켰다. 나는 200m를 보내기도 힘들었고, 공이 숲으로 연못 속으로 들어가 버렸다. 티샷은 시작하는 샷이기에 잘 쳐야 한다는 부담감이 컸다. 그래서 지금도 가장 공을 들여 연습하는 클럽이 드라이브이다. 물론 남자들은 한결같이 드라이버로 공을 멀리 날려 보내는 로망이 있다. 연습장에서 클럽으로 공을 치는 시간이 늘면서 난 더욱 정확하게 공을 때리는 기량을 습득하고 있다. 그래서 아이언과 유틸로 나의 힘을 가지고 일정한 거리를 보내고 있다. 다른 사람과 비교하여 먼 거리를 보내지는 못한다. 나의 신체적 결함으로 내가 할 수 있는 최선을 다하고 있다고 생각한다.

나는 골프에서도 필드에 나가 즐기지는 못해도 스크린에 가서 혼자 즐기는 정도가 되었다. 이제 마음을 다잡으면서 클럽으로 먼 거리를 보내지는 못하지만 집중도를 높여 공을 친다. 그리고 클럽에 공이 감기는 짜릿한 손맛을 느끼고 있다. 스크린에서 싱글을 치면서도 지금 내가 할 수 있는 수준에서 잘하고 있는가? 나의 클럽이 운동능력을 발휘하는 데 혹 부족한 것은 아닌가? 이런 의심을 한다. 공이 의도한 방향으로 그리고 생각한 거리만큼 날아가지 않을 때 의심은 더욱 깊어진다.

그래 지금보다 잘할 수 있는 방법이 있을 거야!

국가를 대표하는 선수들은 과학기술의 힘을 이용하여 올림픽과 세계 선수권대회에서 운동능력을 뽐내고 있다. 오늘날 과학기술은 운동선수들의 기록 경신에 크게 기여하고 있다. 인간이 가지고 있는 운동능력의 한계를 어디까지 뛰어넘을 수 있을까 하는 문제에 도전하고 있다. 과학기술은 인간이 여러 한계를 넘어서게 한다. 0.001초를 다투는 세계 최고 수준의 선수들 사이에서 과학기술이 기록 갱신에 기여하고 있다. 그러나 일반 아마추어들에게 과학기술이 스스로의 신체 한계 능력 이상으로 운동을 수행할 수 있도록 도움을 줄 수 있을까? 아마추어들은 과연 자신의 신체적 한계 능력에 도달할 때까지 자신을 몰아붙이는 운동 수행을 하고 있을까? 나는 보통 사람들은 자신의 신체적 한계에 이르는 운동을 하지 않는다고 생각한다.

그런데 왜 운동을 즐기는 사람들은 어느 수준에 도달하면 모두들 자신의 운동능력 향상을 위해 노력하기보다는 현재 자신이 사용하고 있는 도구(신발, 야구 배트, 인라인 스케이트, 자전거, 배드민턴 라켓, 테니스 라켓, 골프 클럽 등)를 바꾸어 경기력 또는 수행 능력의 향상을 꿈꾸는 것일까? 일반적으로 사람들이 자신이 사용하는 스포츠 도구를 바꾸는 데 영향을 미치는 요인은 나보다 한 수 위인 고수의 이야기가 절대적으로 영향을 준다. 나랑 비슷한 수준인 것 같은데 어떻게 나보다 잘하는 것일까 하는 생각에 동료 고수의 이야기를 듣는다. 그리고 인터넷에서 정보를 구한다. 자신이 현재 사용 중인 운동 장비보다 나와 운동 수준이 비슷한 사람들이 좋은 평가를 하는 제품은 무엇인지를 조사하여 참고한다. 마지막으로 경제적 수준에서 바꿀 수 있는가를 살핀다.

나는 현재의 상황에서도 충분히 배드민턴 게임을 즐기고 라이딩을 하면서 행복하다. 그리고 스크린 골프장에서 공을 치면서 싱글을 기록하며 골프를 즐긴다. 그럼에도 불구하고 마음 한구석에서 배드민턴 라켓을 바꾸고 싶고, 잘 타고 있는 로드 카본 105급을 듀라 에이스급으로 바꾸고 싶은 마음이 스멀스멀 기어오르고, 골프 첫 티샷을 하는 드라이버를 바꾸려고 끊임없이 인터넷 서핑을 하고 있는 나를 발견한다. 왜 나는 현재의 운동 수준에 만족하지 못하는 것일까? 나의 운동능력을 개선시킴으로써 경기능력을 향상시키려 하지 않고 사용 중 인 운동 장비를 바꾸려는 강렬한 내적 욕망을 깊게 되는 깃일까? 운동하는 나의 내면을 들여다보았다.

첫째, 경쟁심이 마음에 자리 잡고 있다. 상대보다 '더 빠르게, 더 강하게, 더 높게' 운동능력을 실현하고 싶은 마음이 있다. 나도 배드민턴으로 셔틀콕을 치면서 다른 사람과 어울려 함께 게임을 즐길 수 있는 수준이 되었다. 그 수준에 오르자 보다 쉽고 편하게 비교 우위를 점할 수 있는 방법은 없을까 하는 생각이 든다. 스스로 체력을 키우고 기술을 습득하기 위한 연습보다 쉬운 접근 방법을 찾는다. '과학기술이 운동능력의 한계를 극복시켜 주고 있는데 나도 그 도움을 받을 수 있을 것이다'라고 생각한다. 신체능력의 한계 상황에 도달하지 않았지만 한계 돌파 방법으로 과학기술을 선택하는 것이다.

둘째, 현재 나의 운동능력 안에서 '더 멀리, 더 빠르게' 방법을 찾는다. 나의 신체적 조건이나 운동능력을 더 이상 향상시키는 데는 현실적 어려움이 있다. 현재 나의 운동능력에서 지금보다 더 잘할 수 있는 방법이 있지 않을까? 현재 나의 신체적 능력과 힘으로 셔틀콕을 엔드 라인 끝까지 보낼 수 있지 않을까? 골프 연습장이나 필드에서 무리하지 않고 드라이버로 공을 쳐 안정적으로 200m를 날려 보낼 수 있는 방법이 있지 않을까? 길 위로 바퀴를 굴려 나아가는 데 속도가 유지되면서 보다 힘이 덜 들게 라이딩하는 방법이 있지 않을까? 이런 의혹을 가지게 된다. 의심이 가득한 눈으로 내가 사용하고 있는 운동 장비를 바라본다. 왠지 나의 것(배드민턴 라켓, 골프 드라이버, 올 카본 로드 자전거 등)이 나의 능력을 발휘하는 데 충분하지 않다는 생각이 든다. 그리고 주변의 사람들은 나보다 좋은 장비를 가지고 그들의 변변치 않은 운동 능력을 발휘하는 데 크게 기여하고 있다는 생각을 한다. 이제 나의 운동도구에 모든 책임을 돌린다. '지금 나의 드라이버와 자전거가 문제이며 바꾸는 것이 답이다!'라는 욕망이 나를 불타게 한다.

셋째, 사용하고 있는 운동 장비에 대한 권태와 쏟아지는 신제품 광고의 유혹이다. 즐겁고 재미있게 운동을 한다. 내가 사용하는 배드민턴 라켓, 골프 클럽, 자전거는 내가 운동을 즐기는 데 특별히 문제를 야기하지 않는다. 매일 출퇴근하는 나의 자전거는 일 년이 되었다. 똑같은 자전거로 라이딩을 매일 하니 어느 순간부터 너무나 익숙해져서 자전거 자체가 주는 매력이 사라졌다. 처음 자전거를 구입했을 때의 신선함이 없다. 그래서일까 길 위를 달리는 다른 자전거에 자꾸 눈이 돌아간다. 나의 자전거가 왠지 지루하게 느껴진다.

그러한 생각이 들 즈음, 선배의 듀라 에이스급 로드로 라이딩을 한 번 할 기회가 있었다. 나의 것과 비교해 너무나 부드럽게 길 위를 나아간다는 느낌이 들었다. 이 경험 이후 더욱 자주 자전거 사이트에 접속하여 신제품을 살펴본다. "아니! 일 년도 되지 않았는데 무슨 신제품이 이리도 많이 나온단 말인가! 그것도 엄청 업그레이드된 것으로!" 나의 것과는 비교할 수 없을 정도로 디자인이 예쁘고 멋진 신제품을 본다. 또한 지루함이 느껴지는 어느 순간부터 도로 위를 달리는 다른 자전거들을 흘깃흘깃 훔쳐보며 나의 자전거와 다른 사람의 자전거를 비교하는 횟수가 증가한다. 내가 아침저녁으로 잘 타고 있는 자전거가 다른 사람들이 타는 자전거에 비해 조금 부족하지 않은가 하는 생각을 갖는다. 나의 자전거에서 마음이 멀어지려고 달아난다. 익숙함이 운동의 숙련으로, 기량의 향상으로 다가오지 않는다. 단지 운동도구의 익숙함이 도구의 지루함으로 다가온다. 그리고 그 지루함은 나의 것들을 운동 수행과 상관없이 다른 사람이 사용하는 신제품과 단순 비교하게 한다. 지루함과 함께 넘쳐나는 신제품 광고의 늪에 점점 빠져든다.

분명 과학기술은 "과학의 힘으로 더 빨리, 더 높이, 더 강하게, 더 똑똑하게" 운동을 수행하는 데 도움을 준다. 보통 사람들도 과거보다 가볍고 탄력 있으며 간편한 운동도구를 사용하면서 생각하지도 못했던 좋은 운동 기량을 가지게 되었다. 우리는 이보다 더 잘할 수 있을까? 의심이 들 정도로 좋은 모습으로 운동에 참여하며 즐기고 있다. 네트 너머로 셔틀콕을 춤추게 하고 자전거로 길 위를 행복하게 달린다. 그리고 스크린 골프장에서 멋지게 샷을 날리면서 골프를 즐긴다. 운동으로 하루하루를 행복하게 지내면서 내 마음속에 스멀스멀 일어나는 운동도구 교체 욕망을 들여다본다. 내면에서 일어나는 욕망을 보지 않으면 라켓도 자전거도 드라이버도 새것으로 바꾸려는 마음을 잡을 수 없을 것 같다.

타인을 이겨야겠다는 경쟁심으로, 지금 나의 운동능력보다 잘할 수 있을 것이라는 막연한 기대감으로 그리고 단순히 조금 오래 사용하였다는 지루함으로 운동도구를 교체하고 싶은 마음에서 벗어나려 한다.

1991년 도쿄 세계육상선수권대회 멀리뛰기에서 미국의 파월이 세운 기록이 8.95m이다. 파월은 30년이 지난 지금도 당시의 상황을 생생히 기억한다. "그는 주먹을 불끈 쥐고 흔들면서 내 앞을 지나쳐 달렸어요. 나는 화가 치밀어 올랐죠. 마치 인신공격 같았어요. 학창 시절에 늘 빼빼 말랐던 나는 괴롭힘을 많이 당했죠. 그런데 바로 그곳에서 그런 장면이 재현되는 것 같은 느낌이 드는 거예요. 그래서 이번에 꼭 뭔가 보여줘야겠다는 결심이 섰어요." 과학기술의 힘도 아닌 이유로 파월이 세운 경이적인 멀리뛰기 세계신기록은 아직도 깨지지 않고 있다.

나에게 중요한 것이 운동을 수행하는 마음자세임을 다시 상기한다. 과학기술보다 때론 마음이 나의 운동 수행을 "이보다 더 잘할 수 있게 한다"라는 사실을 가슴에 새긴다.

히말라야를 걷다

2018년 평창 동계올림픽이 대한민국에서 열린다. 1월 신년사에서 북이 우리 정부에 메시지를 보냈다. 대한민국이 그 메시지에 응답하면서 남북이 얼어붙은 남북관계의 물꼬를 트려고 한다. 이러한 남북의 소식을 접하면서 멀리 네팔로 히말라야 트레킹을 떠난다.

　나는 히말라야의 오솔길을 걸으며 사색하며 웅장한 산군 속에서 자연이 주는 걷기의 묘미를 곱씹으며 트레킹을 즐기려고 하였다. 인간은 자신이 길을 가는 속도에 따라 세상과 자연을 느끼고 풍경을 마음에 새길 수 있다. 80km의 속도로 도로 위를 달리면 80km/h로 세상과 사람이 다가왔다가 사라지고, 자전거로 길 위를 30km/h로 저어 가면 사람과 세상이 30km/h의 속도로 내게 다가온다. 또한 뚜벅뚜벅 길 위를 걸어가면 그 속도에 어울리게 사람들이 다가온다. 길 위를 내달리는 속도에 적합하게 세상과 소통하게 되는 것이다. 그래서 사람들은 사색하고 자연 속에서 인생의 의미를 곱씹으려고 할 때 걷고 또 걷고자 하는 것인지도 모른다.

　네팔의 카트만두에서 포카라로 이동하여 지프를 타고 트레킹 출발지인 힐레(1430m)에 도착, 난 환호성을 질렀다. '아! 드디어 지도상에만 존재하던 그 땅 그 길을 내가 걷게 되는구나.' 하며 걷고자 하는 조바심을 좀처럼 감출 수가 없었다. 내게는 신비한 땅이고 거대한 산이 존재하는 곳이다. 그래서 다른 사람들에게 나의 설렘을 살짝 감추며 걸었다. 저 멀리 머리에 흰 눈을 이고 있는 마차푸차레를 보며 엷은 미소를 지을 뿐이다. 첫날, 힐레에서 울레리(1960m)까지 걸으며, 내가 계획하고 생각한 트레킹의 목적인 내 생에 대해 깊이 생각하고자 하였다. 그러나 의도와 다르게 자꾸 목적이 달아난다. 의식적으로 잡지 않으면 머리에 떠오르지 않았다.

　울레리 롯지에서 히말라야의 첫 밤을 맞았다. 하늘에 별이 가득하여 눈이 부실 것이라 생각했는데 하늘의 별은 반겨 주지 않았다. 다만 저 멀리 산속 깊은 곳에서 띄엄띄엄 불빛이 반짝이는 것을 별보다 신기하게 느꼈다. 산이 높아 새벽에 추울 것이라 예상해 침낭에 두툼하게 옷

을 입고 잠자리에 들었다가 너무 더워 새벽에 일어나 롯지 밖으로 나가 찬바람을 맞았다. 그러고 나서 감기에 걸렸다. 몸에 이상이 생겼다.

둘째 날부터 본격적으로 안나푸르나(4130m) 베이스캠프까지 트레킹 시작이다. 길은 그 옛날 네팔 사람들이 첩첩산중에서 마을과 마을을 오가며 생계를 유지하기 위해 다닌 길이다. 바로 오솔길이다. 오솔길은 숲속, 들판, 풀밭, 황야 등에 난 좁은 길이다. 이 길은 인간 혼자서도 만들수 있는 길이다. 직립 보행을 하게 된 동물 종이 반복적으로 걸어 다닌 자취가 결국 산중에 생긴 오솔길이다. 이 길은 무엇보다도 네팔의 산중사람들이 발로 걸어서 생긴 것이다. 즉, 히말라야 산중에 사는 사람들이 산속 마을과 마을을 발로 걸어서 오가며 살아온 삶의 흔적이 만들어낸 길인 것이다.

나는 높은 산속 골짜기 까마득한 비탈에 밭을 일구고 살아가는 사람들이 부지런히 오고 갔을 그 길을 걷고 또 걸었다. 두 발로 뚜벅뚜벅 걸어 때론 천길만길 낭떠러지 옆으로 난 길을 걷고, 끝날 것 같지 않은 계단 길을 오르고, 내려가도 내려가도 그 끝이 보이지 않는 내리막길을 걸었다. 이렇게 내가 길 위를 두 발로 뚜벅뚜벅 걸음을 옮겨 나아갈 때 저 멀리 만년설을 머리에 이고 있는 마차푸차레(6997m), 다올라기리(8167m), 안나푸르나 남봉(7219m)의 풍경이 슬며시 미음에 스며들어 걷기로 지친 나의 몸을 위로한다.

나는 푼힐에서 안나푸르나 베이스캠프까지 약 90km의 산길 위를 걸었다. 길 위를 걸어가는 것은 사람이다. 그 사람이 어떤 상태인가는 길 위를 걸어갈 때 대단히 중요한 문제이다. 왜냐하면 그 사람의 상태에 따라 그 길이 다르게 다가오고 길 위를 걷는 경험의 세계가 달라지기 때문이다. 그 사람이 건강하면 길 위에서 사색도 하고 자연을 걷는 묘미도 곱씹으며 걸을 수 있다. 오로지 두 발로 걷는 행위 외에 다른 무엇도 할 수 없다. 그런데 길 위를 걷는 사람의 건강 상태가 나쁘면 그는 자신이 걷는 그 길에 갇히게 된다. 나는 안나푸르나 베이스캠프까지 오르는 그 길의 감옥에 갇혀 허우적거렸다. 히말라야 오솔길을 걷는 기쁨도 저 멀리 보이는 설산의 감동적인 풍경도 길 위의 감옥에 갇혀 길 감옥 안 창살 너머로 잠시 잠깐 맞이했을 뿐이다. 감기에 걸린 몸이 마음을 가두었다.

히말라야 그 산에도 사람들이 살고 있었다. 장엄한 산비탈에 그들은 밭을 일구고 작은 오솔길을 내어 마을과 마을을 오가고 있었다. 그 길은 그들에게 인간적 삶을 위한 길이었고, 그들이 살아온 발자취였다. 나는 또 다른 사람들의 발자취를 따라 그 길 위를 걷고 또 걸었다. 히말라야 오솔길을 걸으며 오래전부터 이 길 위를 걸어갔던 사람들에게 깊이 고개를 숙였다. 이는 그들에 대한 나의 최소한의 예의이다. 왜냐하면 길은 그 길 위를 걸은 사람들의 역사이고 삶의 궤적이기 때문이다.

트레드밀을 달리다

'헉! 헉!' 숨을 거칠게 몰아쉰다. 트레드밀Tredmill 위를 달리기 시작한 지 20분이 지난다. 나는 트레드밀을 달린다. 달리기를 시작하여 3~4분은 가볍게 달린다. 몸에게 달리기 시작했으니 준비하라는 신호를 보내기 위해 가볍게 달리는 것이다. 속도가 10km/h이다. 속도가 빠르지 않아서 일까? 이때 내가 왜 달리고 있는지, 달리기를 통해서 내가 얻고자 하는 것이 무엇인지 잠시 생각한다.

나는 왜 달릴까? 나에게 달리기는 운동이며 몸을 단련하여 교사로서 생존하기 위한 하나의 방법이다. 학생들과 함께 운동장에서 체육교사로 당당하게 살아가기 위한 나의 흔들림이다. 운동장에서 가르쳐야 할 학생들을 내가 선택하여 가르칠 수는 없다. 매년 가르칠 학생들을 내가 결정하지 못한다. 학생들이 나에게 "선생님, 체육 선생님이 뚱뚱하면 돼요? 아니 그것도 하지 못하나요?"라는 이야기를 언제든 쏟아 낼 수 있다. 체육교사이기에 학생들이 나에게 희망하는 몸에 대한 이미지가 있으며, 체육교사에 대한 기대치를 가지고 있다. 이러한 학생들의 희망과 기대치에 맞추어 준비하지 않으면 안 되는 나이가 되었다. 그래서 나는 그저 나에게 주어진 조건에서 최선을 다하기 위해 트레드밀 위를 달리는 것이다.

그렇다. 나의 몸이 흔들린다. 시간의 흐름 앞에 나의 몸도 함께 흘러간 것이다. 이제 나의 몸은 가만히 시간의 흐름 속에 놓아두면 퇴화한다. 나의 몸이 시간 속에 흘러가는 것을 허용한다. 다만 시간의 흐름 속에 나의 몸을 방치하지 않고, 시간의 흐름 안에서 내가 할 수 있는 것을 하려는 것이다. 그것이 몸에 대한 최소한의 예의이고 나에 대한 예의라고 생각하는 것이다. 그래서 난 봄부터 겨울 초입까지 두 바퀴를 굴려 앞으로 나아가는 라이더가 되는 것이고, 겨울이 되어 바퀴를 굴려 앞으로 나아가지 못하면 트레드밀 위를 달리는 사람이 되는 것이다. 나무가 나뭇결로 자기만의 색깔을 만들며 살아가는 비결을 믿듯, 닌 바퀴를 저어 가고 트레드밀 위를 달리며 나만의 색깔을 만든다.

트레드밀의 속도를 13.5km/h으로 올려 달린다. 수감자에게 트레드밀 걷기는 반복되는 단순함으로 반복하기 싫은 형벌이었다. 그러나 나에게 트레드밀은 단순함을 이겨 낼 수 있는 정보를 제공해 준다. 나는 트레드밀 위를 달리면서 눈으로 이 기계에서 제공되는 다양한 정보를 본다. 속도와 달린 거리, 에너지 소모량, 남은 거리 등 트레드밀에서 제공되는 정보를 통해 나는 남은 거리에 따라 속도를 조절하고 체력을 안

배한다. 단순하게 반복되는 달리기이다. 하지만 반복되는 단순함이 주는 공포감을 느끼지 못한다. "음, 이제 3km 남았군. 속도를 올려 달려볼까." 하는 선택을 하며 나의 달리기를 예측한다. 트레드밀에서의 예측은 내가 달리기에서 오는 어려움과 힘듦을 견디게 해 주는 힘이다. 또한 반복되는 단순한 달리기에서 오는 불안감을 이기고 안심할 수 있도록 해 준다.

나는 트레드밀을 나의 의지로 달린다. 나를 위해 선택한 것이다. 그리고 트레드밀에서 제공되는 정보를 이용해 달리기를 얼마나 지속할 것인지를 생각하게 된다. 트레드밀은 운동하기가 어려운 추운 계절, 나에게 더할 수 없이 소중한 개인용 운동기구이다. 그런데 이 트레드밀은 사실 1800년대 영국의 교도소에서 형벌기구로 개발되었다. 1820년 무렵 영국은 중범죄자와 경범죄자를 한방에 가두어 놓았다고 한다. 그래서 교도소 안에서 사건 사고가 너무 많이 일어났고, 이를 관리하는 교도관들에게 골칫거리였다.

이때 등장한 것이 트레드밀이다. 영국의 기술자 윌리엄 큐빗이 교도소 수감자들의 교화를 위해 만든 것이다. 24개의 바퀴를 가진 거대한 바퀴 모양이었다. 수감자들은 교도소에서 하루 6시간 동안 경사진 산을 최소 1.5km에서 4.2km를 걷는 것과 같은 형벌을 받았다. 수감자들은 경사진 트레드밀을 걷는 것을 끔찍한 형벌로 여겼다. 반복되는 단순함이 주는 공포감을 두려워했다. 경사진 트레드밀은 영국 전역의 교도소에서 사용되었다. 영국의 교도소에서 큰 효과를 보았다는 소문이 대서양을 건너 미국에까지 전해져, 미국의 수감자에게도 완전 분리된 공간에서 극도의 공포감을 느끼게 하는 형벌의 도구로 사용되었다. 이렇게 수감자들에게 끔찍한 형벌의 도구였던 트레드밀은 1898년 인권보호를 위한 교도소법 제정으로 교도소에서 사라지게 되었다.

퇴출되었던 트레드밀은 독일에서 쇼를 진행하던 루이스 아틸라에 의해 하체 근육을 단련시킬 수 있는 개인용 운동도구로 재탄생하게 되어 세상에 알려진 것이다. 그리고 1980년대 조깅 열풍을 타고 많은 사람들의 사랑을 받는 운동기구로 널리 보급되었다. 지금은 의료기구로도 사용된다.

이제 트레드밀에서 달린 거리가 6km이고, 시간은 24분이 지나가고 있다. 속도를 15km/h로 올린다. 남은 거리는 2km다. 하루에 20리(8km)를 달린다. 아직 내 몸이 더 먼 거리를 달리는 것을 부담스러워하여 선택한 운동량이다. 속도가 15km/h로 올라가면서 헉헉거리는 숨소리만 들린다.

내가 트레드밀에서 달리면서 '왜 달리고 있는 걸까? 과거 트레드밀은 수감자에게 공포의 형벌기구…'라는 생각들이 더 이상 머리에 머무르지 못한다. 오로지 숨 쉬는 것과 빨라진 속도에 맞추어 두 발을 앞으로 내딛는 일에 집중할 뿐이다. 땀이 이마에서 흘러내린다. 흐르는 땀이 적을 때는 눈썹이 적절한 방어막이 되어 눈으로 흘러드는 것을 방어했는데, 이제 이마에 흐르는 땀이 많아 눈썹이 땀을 막지 못한다. 자꾸 시야가 가려진다. 눈이 따끔따끔하다. 손이 저절로 눈으로 가 연신 땀을 닦는다. 심장의 빠른 박동이 온몸에 전해진다. 그 심장의 박동과 입과 코를 통해 내뱉고 들이마시는 숨소리만 가득하게 나에게 몰려올 뿐이다.

두 발을 빠르게 앞으로 내딛는다. 내가 내딛는 두 발의 속도와 숨소리 그리고 심장의 박동이 삼위일체이다. 나는 두 발을 내딛는 일에만 집중하고 있다. 아니 내 몸은 다른 어떤 일도 할 수가 없다. 몸은 달린다. 그리고 마음도 몸과 함께 달린다. 나는 깨닫는다. 내가 달리기를 하면서 몸에서 일어나는 일들에 대해 생각할 수 있는 여유는 몸이 허락하는 것이다. 나의 몸이 달리는 것 말고도 다른 일을 수 있는 여유를 허락하기에 내가 사념思念에 빠져들 수 있는 것이다.

나도 한마디

광장에서 내가 든 촛불

나는 대한민국의 국민이다. 대한민국이 경제적으로 낙후되고 군인이 군사 쿠데타를 일으켜 18년 동안 국민 위에 군림했을 때도 난 대한민국이 싫지 않았다. 군사독재는 반드시 국민들의 힘에 의해 무너질 것이라고 생각했다. 내가 살고 있는 이 땅 나의 조국이 변화할 것이라고 믿었고, 사랑했다. 그래서 대한민국이라는 조국을 '아, 못 살겠다. 떠나야겠다'는 생각을 한 번도 하지 않았다. 그런데 2014년 4월 16일 세월호가 침몰하고, 그 과정에서 보여 준 정부의 무능력한 대처, 세월호 유가족이 단식하는 그곳에서 피자와 통닭을 펼쳐 놓고 먹는 사람들을 보면서 같은 하늘 아래에 살고 있다는 것이 참을 수 없었다. 이런 정부와 이런 사람들과 함께 동시대를 살아간다는 것에 대한 실망이 이만저만이 아니었다.

난 떠나고 싶었다. 대한민국이 너무나 싫었다. 이런 나라와 사람들을 위해 지난 세월 내가 무엇을 했나 하는 자괴감이 들 정도였다. 대한민국을 사는 사람들 모두가 나의 이웃과 다른 사람들을 눈곱만치도 배려하지 않고 오로지 자신의 이익만을 위해 내달리고 있는 듯하여 대한민국의 미래가 암울하게 느껴졌다. 공동체도 무너지고 민주정치도 무너지고 이 땅을 사는 사람들의 합리적인 판단능력도 실종되었다고 느꼈다. 그래서 더욱 대한민국을 떠나고 싶은 마음이 간절했다.

학교라는 울타리 안에서 학생들에게 현실에 충실하면서도 미래의 희망을 만들어 가게 지도해야 하는 교사로서 참담했다. 학생들의 따뜻한 눈빛을 마주하면서 현실과 미래를 얘기하기가 힘들었다. 교사로서 가르치는 일이 힘들었다. 희망을 이야기하기에 대한민국의 민낯이 너무나 부끄러웠다. 그리고 그 속에 있어야 하는 교사로서의 나도 부끄러웠다.

대한민국에 산다는 것의 슬픔과 사람들에 대한 실망감 속에 광화문에서 진행된 촛불집회에 참여하면서 나는 대한민국이라는 조국과 사람들에 대한 신뢰를 다시 갖게 되었다. 개인적으로 "떠나야 하는 대한민국"에서 "머물러야 하는 대한민국"이 되었다. 세월호 유가족들이 단식하는 옆에서 피자와 통닭을 먹었던 못난 사람들을 밀어내고, 보다나은 조국을 만들기 위해 촛불을 함께 든 내 옆 사람의 존재가 소중하게 다가왔다.

광장의 촛불로 다시 서게 되었다. 나의 옆에는 소중한 사람들이 있다는 것을 알게 되었으며 그들의 꿈도 나와 다르지 않음을 보았다. 광장에서 함께 든 촛불로 내가 성장했듯 또 다른 사람들도 성장했다. 이제 세대를 넘고 이념을 넘어 우리가 서로 인정할 수 있는 정치적 경험을 하고 있다. 이러한 촛불을 든 광장의 정치적 경험은 우리에게 대한민국은 민주공화국이며 대한민국의 권력은 국민에게 있다는 사실을 깨닫게 하였다. 정치는 국민에 의한, 국민을 위한, 국민에 의한 것이라는 엄연한 사실을 각인하게 해 주었다. 나는 다시 일상으로 돌아가 학생들 앞에 서서 희망을 가르칠 수 있게 되었다. 학생들에게 '어떻게 살아야 하는가?'에 대해 이야기할 수 있다. 물론 앞으로도 정치로 인해 실망하기도 할 것이다. 그러나 내가 광장에서 촛불을 들면서 느꼈던 광장의 연대감과 타인들과 나누었던 공감은 흔들리는 나를 오랫동안 지탱해 줄 것이다. 나와 너 그리고 우리가 든 광장 촛불이 나를 세우고 우리를 세웠다. 내가 든 촛불은 작았으나 우리가 든 촛불은 거대한 물결이 되어 세상을 밝혔다.

마음이 기쁘면서도 허전하다. 첫 번째 책『체육교사, 수업을 말하다』를 출판하고 5년이 되기 전에 두 번째 책을 출판해야지 하는 막연한 생각을 하였다. 첫 번째 책을 출판하면서 내가 하고 싶은 이야기를 마음껏 풀어내지 못한 미완성된 글이라고 생각했다. 그래서 두 번째 책은 꼼꼼하게 계획하고 준비해서 글을 써야겠다고 마음먹었다. 그러나 두 번째 책도 나의 의도와는 전혀 상관없이 시작되었다.

"형, 서울시체육회에서 만드는 월간 잡지사인데 한 달에 한 번 정도 스포츠 활동에 관한 직접 체험기를 써줄 수 있어요?" 서강대에서 학생들을 가르치는 후배 정용철 교수가 제의를 했다. 어떤 이야기를 써도 되고, 분량은 A4 한 장 정도라고 했다. 나는 자전거로 출퇴근을 하고 있어 라이딩 이야기를 쓰면 좋겠다고 생각해 흔쾌히 승낙했다.

한 달에 한 번 글쓰기는 자전거 바퀴를 굴려 앞으로 나아가는 구체적인 나의 행동을 깊이 들여다보게 했다. 또 그 속에서 다른 질문과 다른 생각을 하게 하는 중요한 계기가 마련되었다. 일상적인 행동 속에서 너무나 익숙해 간과했던 사실들이 신체활동의 과정에서 나에게 질문들을 던지고 답을 요구했다. 스포츠 활동은 내 삶의 한 부분이다. 그런데 난 라이딩에 관한 글쓰기를 시작하기 전에는 신체활동에 관한 내밀한 글쓰기를 생각하지 못했다. 다만 중요한 사건적 활동만 기록했을 뿐이다. 라이딩이라는 체험적 글쓰기가 다른 세상으로 나를 이끌었다. 그리고 스포츠 활동 속에서 다른 생각을 하고 다른 질문들을 던질 수 있었다.

2016년부터 월간 잡지사에 기고한 글쓰기가 이 책을 쓸 수 있는 기본적 동력이 되었다. 라이딩과 더불어 축구, 배드민턴, 골프, 걷기 등에 관한 글도 쓰게 되었다. 매달 한두 편씩 글을 쓰는 습관이 자연스럽게 생겼다. 그렇게 쓰기 시작한 글들이 쌓이면서 다른 계획을 세우게 되었다.

'그래 이제 교사와 여학생에 관한 글을 쓰자.' 여학교로 전근하면서 마음속에 두 번 째 책에 대해 품었던 계획을 실천에 옮길 수 있었다. 그래서 수업을 하면서 학생들을 깊게 바라보고 그들이 어떤 이야기를 하는지 귀담아들었다. 그리고 학생들이 자기의 이야기를 할 수 있도록 공간을 열어주었다. '나의 체육시간, 나와 이어달리기, 나와 사격, 나와 배드민턴, 나와 배구' 등에 관해 체험적 글쓰기를 하도록 했다. 또한 나는 '나의 수업일기'에 학생들에 관해 좀 더 자세하게 기록하려고 힘썼다. 그리고 여학생, 교사, 수업에 관해 던진 질문들에 대해 답이 떠오르는 순간, 빈 수업시간 책상에 앉아 길고 짧은 글들을 썼다. 학생들과 나 사이에 이루어진 교감을 중심으로 이야기를 풀어 나갔다. 글쓰기가 막힐 때는 아이들의 이야기를 다시 읽고 아이디어를 얻었다.

이렇게 쓴 글은 전준학 선배님, 이정림 선생님께 보여 드렸다. 두 분은 보잘것없는 글을 언제나 기쁘게 읽어 주시고, 글을 계속해서 쓸 수 있도록 '어떻게 이런 생각을 했어! 멋진데! 정말 학생을 깊이 이해하고 있네?'라며 용기를 주셨다. 두 분의 따뜻한 격려는 큰 힘이 되었다. 고등학교에 근무하다 중학교로 전근해 가신 김신회 선생은 내가 수업에서 긴장의 끈을 놓지 않게 자극했다. 그는 언제나 참신한 아이디어와 함께 내가 나태의 늪에 빠지지 않게 낯선 질문들을 던졌다. 그를 만난 지 벌써

20여 년이 넘었다. 우리는 만나면 언제나 학생, 교사, 수업 이야기를 나눈다. 무슨 이야기가 그리 많은지 참 알 수가 없다. 그는 나의 글쓰기에 또 다른 조력자이다. 사실 그의 박사학위 논문에 조금 도움이 되고자 내가 할 수 있는 일이 무엇일까 고민하면서 교사에 관한 꽤 많은 글들을 쓰게 되었다. 그는 자신이 그런 역할을 한 것을 모를 것이다.

그리고 또 한 사람 경상대학교 교수인 이병준 선배가 있다. 나는 선배를 통해 학문적 통찰력을 배운다. 대학 시절부터 언제나 나에게 가야할 길이 어디인지 무엇을 해야 하는지 알려 준 사람이다. 수업에서 학생들을 가르치면서 '어떻게 해야 하나?' 질문을 던지고 답이 보이지 않을 때, 형을 만나 이야기를 나누다 보면 어렴풋이 답이 보인다. 30년이 넘게 우리는 교육이라는 한길을 걷고 있다. 나의 글쓰기 스승이며 교육적 동지다.

무엇보다 나의 글쓰기에서 가장 큰 힘이 되었고, 언제나 다른 질문과 다른 생각의 시작과 끝에 함께해 준 학생들이 있다. 그들은 수업에서 나를 돌아보게 하고 교사로서 어떤 길을 걸어야 하는지 끊임없이 이야기를 걸었다. 그들이 자신들의 이야기를 솔직하게 들려주지 않았다면 이 책을 쓰지 못했을 것이다. 그들은 어떤 거짓도 없이 수업에서 경험하고 있는 세계를 열어 보여 주었다. 나는 그들의 세계에 들어가서 그들이 어떻게 살고 있으며 어떤 경험을 하는지, 무엇을 말하고 싶어 하는지 듣고 보게 되었다. 이 책에서 학생들의 이야기를 잘못 전달했다면 이는 전적으로 나의 부족한 능력 탓이다. 학생들의 솔직한 모습을 해석해서 전달하는 내 능력이 부족해 제대로 전하지 못한 것이다. 그들 모두에게 고마움을 전한다. 내가 그들의 고마움에 보답할 수 있는 길은 학생들의 내밀한 세계를 들여다본 나의 기록이 다른 선생님들에게 학생을 깊고 넓게 이해할 수 있는 기회가 되는 것뿐이리라.

내가 이 책『학생과 교사, 수업을 묻다』를 쓰고자 한 이유 중 또 하나는 나에게 충실한 사람이 되고 싶었기 때문이다. 스스로에게 성실한 모습을 보이는 것은 나만의 삶의 자세이다. 나는 말을 많이 하여 나의 뜻을 전하기보다 삶 속에서 행동으로 보여 주고자 하는 편이다. 아들과 딸인 병현과 예지에게 부모로서 해 주고 싶은 것이 많다. 그래서 그들이 어렸을 때, 건강하게 자랄 수 있도록 많이 놀아 주었고, 중고등학교 시절에는 그들이 하고 싶은 것을 할 수 있게 나름대로 최선을 다해 지원을 해 주었다. 아들과 딸이 성인이 되었을 때, 아빠의 자리를 굳건히 지키며 열심히 살아가는 모습을 선물로 주고 싶었다. 내가 줄 수 있는 것이 부와 명예가 아니라 자신의 자리에서 성실하게 살아가는 모습이기 때문이다. 그래서 이 책을 쓰는 내내 기쁘고 즐거웠다.

나는 체육교사이다. 학교에서 체육을 가르치는 일이 너무나 즐겁고 좋다. 가끔은 학생과 감정 전쟁을 하기도 하지만 기분 좋게 가르치고 돌아서는 날이 더 많다. 내가 좋아하는 신체활동을 언제나 할 수 있다는 것도 또 다른 기쁨이다. 그래서 이러한 마음을 다른 교사들에게 전하여 나누고 싶다. 내가 수업에 대해 배우지 못해 힘들어하고 어려워했던 일부터 어떻게 기쁘게 살아가는 교사가 될 수 있었는지에 대해 이야기를 나누고 싶다. 교사에게 직접적 경험만큼 자신을 성장시킬 수 있는 좋은 기회는 없다. 하지만 누군가 자신의 소중한 경험을 나누어 준다면 시행착오로 인한 시간 낭비와 노력을 줄일 수 있을 것이다. 그 또한 나의 역할이 아닐까 생각했다. 이 책은 '아무것도 하지 않는 현실'에 제동을 걸어 '무엇인가 가르치는 현실'로의 변화를 시도하려고 노력했던 나의 결연한 의지와 각오의 실천적 산물이다. 길이 보이지 않던 곳에 작은 발길을 놓아 길이 되고 싶었다. 그래야 또 누군가 그 길을 갈 것이기 때문이다.

책의 마무리를 쓰고 있다는 사실이 기쁘고 즐겁다. 언제 다시 이런 느낌을 또 느낄 수 있을까? 나에게 나의 일에만 집중할 수 있도록 가정에서 모든 일을 도맡아 준 아내가 정말 고맙다. 건강하게 성장하고 있는 아들 병현과 딸 예지에게도 고마움을 전한다.

자신의 수업 밖에서 다른 질문을 던지며
다른 가르침을 실천할 수 있기를 기대하면서

2020년 새봄에
운동장의 마술사 전용진

참고 문헌

- 『강신주의 감정수업』. 강신주 지음. 민음사. 2013.
- 『골프도 독학이 된다』. 김헌 지음. 마음 골프. 2012.
- 『공부는 망치다』. 유영만 지음. 나무생각. 2016.
- 『공부 상처』. 김현수 지음. 에듀니티. 2018.
- 『관계 중독』. 달린 랜서 지음. 박은숙 옮김. 교양인. 2017.
- 『교사 역할 훈련』. 토머스 고든 지음. 김홍옥 옮김. 양철북. 2003.
- 『나무는 나무라지 않는다』. 유영만 지음. 나무생각. 2017.
- 『당신이 옳다』. 정혜신 지음. 영감자 이명수. 해냄. 2018.
- 『바른 마음』. 조너선 하이트 지음. 왕수민 옮김. 웅진지식하우스. 2012.
- 『심리치료에서 정서를 어떻게 다룰 것인가』. Leslie S. Greenberg·Sandra C. Paivio 공저. 이홍표 옮김. 학지사. 2008.
- 『생각지도 못한 생각지도』. 유영만 지음. 위너스북. 2017.
- 『아들러의 감정수업』. 게리 D. 맥케이·돈 딩크마이어 지음. 김유광 옮김. 시목. 2002.
- 『인정투쟁』. 악셀 호네트 지음. 문성훈·이현재 옮김. 사월의책. 2011.
- 『자전거 여행』. 김훈 지음. 생각의나무. 2000.
- 『좋은 수업이란 무엇인가?』. 힐베르트 마이어 지음. 손승남·정창호 옮김. 삼우반. 2004.
- 『체육백서』. 교육인적자원부. 2015.
- 『축구란 무엇인가』. 크리스토프 바우젠바인 지음. 김태희 옮김. 민음인. 2006.
- 『최고의 팀은 무엇이 다른가』. 대니얼 코일 지음. 박지훈 옮김. 웅진지식하우스. 2018.
- 『펭귄과 리바이어던』. 요차이 벤클러 지음. 이현주 옮김. 반비. 2011.
- 『팀워크 심리학』. 대니얼 레비 지음. 정명진 옮김. 부글. 2010.
- 『더 볼(The Ball)』. 존 폭스 지음. 이재성 옮김. 황소자리. 2013.

삶의 행복을 꿈꾸는 교육은 어디에서 오는가?

미래 100년을 향한 새로운 교육 ｜ 혁신교육을 실천하는 교사들의 **필독서**

▶ 교육혁명을 앞당기는 배움책 이야기
혁신교육의 철학과 잉걸진 미래를 만나다!

한국교육연구네트워크 총서

01 핀란드 교육혁명
한국교육연구네트워크 엮음 ｜ 320쪽 ｜ 값 15,000원

02 일제고사를 넘어서
한국교육연구네트워크 엮음 ｜ 284쪽 ｜ 13,000원

03 새로운 사회를 여는 교육혁명
한국교육연구네트워크 엮음 ｜ 380쪽 ｜ 값 17,000원

04 교장제도 혁명
한국교육연구네트워크 엮음 ｜ 268쪽 ｜ 값 14,000원

05 새로운 사회를 여는 교육자치 혁명
한국교육연구네트워크 엮음 ｜ 312쪽 ｜ 값 15,000원

06 혁신학교에 대한 교육학적 성찰
한국교육연구네트워크 엮음 ｜ 308쪽 ｜ 값 15,000원

07 진보주의 교육의 세계적 동향
한국교육연구네트워크 엮음 ｜ 324쪽 ｜ 값 17,000원
2018 세종도서 학술부문

08 더 나은 세상을 위한 학교혁명
한국교육연구네트워크 엮음 ｜ 404쪽 ｜ 값 21,000원
2018 세종도서 교양부문

09 비판적 실천을 위한 교육학
이윤미 외 지음 ｜ 448쪽 ｜ 값 23,000원

10 마을교육공동체운동:
세계적 동향과 전망
심성보 외 지음 ｜ 376쪽 ｜ 값 18,000원

혁신학교
성열관·이순철 지음 ｜ 224쪽 ｜ 값 12,000원

행복한 혁신학교 만들기
초등교육과정연구모임 지음 ｜ 264쪽 ｜ 값 13,000원

서울형 혁신학교 이야기
이부영 지음 ｜ 320쪽 ｜ 값 15,000원

혁신교육, 철학을 만나다
브렌트 데이비스·데니스 수마라 지음
현인철·서용선 옮김 ｜ 304쪽 ｜ 값 15,000원

한국교육연구네트워크 번역 총서

01 프레이리와 교육
존 엘리아스 지음 ｜ 한국교육연구네트워크 옮김
276쪽 ｜ 값 14,000원

02 교육은 사회를 바꿀 수 있을까?
마이클 애플 지음 ｜ 강희룡·김선우·박원순·이형빈 옮김
356쪽 ｜ 값 16,000원

**03 비판적 페다고지는
세상을 변화시킬 수 있는가?**
Seewha Cho 지음 ｜ 심성보·조시화 옮김 ｜ 280쪽 ｜ 값 14,000원

04 마이클 애플의 민주학교
마이클 애플·제임스 빈 엮음 ｜ 강희룡 옮김 ｜ 276쪽 ｜ 값 14,000원

05 21세기 교육과 민주주의
넬 나딩스 지음 ｜ 심성보 옮김 ｜ 392쪽 ｜ 값 18,000원

**06 세계교육개혁:
민영화 우선인가 공적 투자 강화인가?**
린다 달링-해먼드 외 지음 ｜ 심성보 외 옮김 ｜ 408쪽 ｜ 값 21,000원

07 콩도르세, 공교육에 관한 다섯 논문
니콜라 드 콩도르세 지음 ｜ 이주환 옮김 ｜ 300쪽 ｜ 값 16,000원

대한민국 교사, 어떻게 가르칠 것인가?
윤성관 지음 ｜ 320쪽 ｜ 값 15,000원

아이들을 어떻게 가르칠 것인가
사토 마나부 지음 ｜ 박찬영 옮김 ｜ 232쪽 ｜ 값 13,000원

모두를 위한 국제이해교육
한국국제이해교육학회 지음 ｜ 364쪽 ｜ 값 16,000원

경쟁을 넘어 발달 교육으로
현광일 지음 ｜ 288쪽 ｜ 값 14,000원

혁신교육 존 듀이에게 묻다
서용선 지음 | 292쪽 | 값 14,000원

 독일 교육, 왜 강한가?
박성희 지음 | 324쪽 | 값 15,000원

 다시 읽는 조선 교육사
이만규 지음 | 750쪽 | 값 33,000원

 핀란드 교육의 기적
한넬레 니에미 외 엮음 | 장수명 외 옮김 | 456쪽 | 값 23,000원

 대한민국 교육혁명
교육혁명공동행동 연구위원회 지음 | 224쪽 | 값 12,000원

 한국 교육의 현실과 전망
심성보 지음 | 724쪽 | 값 35,000원

▶ 비고츠키 선집 시리즈
발달과 협력의 교육학 어떻게 읽을 것인가?

 생각과 말
레프 세묘노비치 비고츠키 지음
배희철·김용호·D. 켈로그 옮김 | 690쪽 | 값 33,000원

성장과 분화
L.S. 비고츠키 지음 | 비고츠키 연구회 옮김
308쪽 | 값 15,000원

 도구와 기호
비고츠키·루리야 지음 | 비고츠키 연구회 옮김
336쪽 | 값 16,000원

연령과 위기
L.S. 비고츠키 지음 | 비고츠키 연구회 옮김
336쪽 | 값 17,000원

 어린이 자기행동숙달의 역사와 발달 I
L.S. 비고츠키 지음 | 비고츠키 연구회 옮김
564쪽 | 값 28,000원

의식과 숙달
L.S 비고츠키 | 비고츠키 연구회 옮김
348쪽 | 값 17,000원

 어린이 자기행동숙달의 역사와 발달 II
L.S. 비고츠키 지음 | 비고츠키 연구회 옮김
552쪽 | 값 28,000원

분열과 사랑
L.S. 비고츠키 지음 | 비고츠키 연구회 옮김
260쪽 | 값 16,000원

 어린이의 상상과 창조
L.S. 비고츠키 지음 | 비고츠키 연구회 옮김
280쪽 | 값 15,000원

성애와 갈등
L.S. 비고츠키 지음 | 비고츠키 연구회 옮김
268쪽 | 값 17,000원

 비고츠키와 인지 발달의 비밀
A.R. 루리야 지음 | 배희철 옮김 | 280쪽 | 값 15,000원

관계의 교육학, 비고츠키
진보교육연구소 비고츠키교육학실천연구모임 지음
300쪽 | 값 15,000원

 수업과 수업 사이
비고츠키 연구회 지음 | 196쪽 | 값 12,000원

비고츠키 생각과 말 쉽게 읽기
진보교육연구소 비고츠키교육학실천연구모임 지음
316쪽 | 값 15,000원

 비고츠키의 발달교육이란 무엇인가?
비고츠키교육학실천연구모임 지음 | 412쪽 | 값 21,000원

교사와 부모를 위한 비고츠키 교육학
카르포프 지음 | 실천교사번역팀 옮김 | 308쪽 | 값 15,000원

 비고츠키 철학으로 본 핀란드 교육과정
배희철 지음 | 456쪽 | 값 23,000원

▶ 살림터 참교육 문예 시리즈
영혼이 있는 삶을 가르치는 온 선생님을 만나다!

 꽃보다 귀한 우리 아이는
조재도 지음 | 244쪽 | 값 12,000원

 선생님이 먼저 때렸는데요
강병철 지음 | 248쪽 | 값 12,000원

 성깔 있는 나무들
최은숙 지음 | 244쪽 | 값 12,000원

 서울 여자, 시골 선생님 되다
조경선 지음 | 252쪽 | 값 12,000원

아이들에게 세상을 배웠네
명혜정 지음 | 240쪽 | 값 12,000원

행복한 창의 교육
최창의 지음 | 328쪽 | 값 15,000원

밥상에서 세상으로
김흥숙 지음 | 280쪽 | 값 13,000원

북유럽 교육 기행
정애경 외 14인 지음 | 288쪽 | 값 14,000원

우물쭈물하다 끝난 교사 이야기
유기창 지음 | 380쪽 | 값 17,000원

▶ 4·16, 질문이 있는 교실 마주이야기
통합수업으로 혁신교육과정을 재구성하다!

통하는 공부
김태호·김형우·이경석·심우근·허진만 지음
324쪽 | 값 15,000원

미래교육의 열쇠, 창의적 문화교육
심광현·노명우·강정석 지음 | 368쪽 | 값 16,000원

내일 수업 어떻게 하지?
아이함께 지음 | 300쪽 | 값 15,000원
2015 세종도서 교양부문

주제통합수업, 아이들을 수업의 주인공으로!
이윤미 외 지음 | 392쪽 | 값 17,000원

인간 회복의 교육
성래운 지음 | 260쪽 | 값 13,000원

수업과 교육의 지평을 확장하는 수업 비평
윤양수 지음 | 316쪽 | 값 15,000원
2014 문화체육관광부 우수교양도서

교과서 너머 교육과정 마주하기
이윤미 외 지음 | 368쪽 | 값 17,000원

교사, 선생이 되다
김태은 외 지음 | 260쪽 | 값 13,000원

수업 고수들 수업·교육과정·평가를 말하다
박현숙 외 지음 | 368쪽 | 값 17,000원

교사의 전문성, 어떻게 만들어지나
국제교원노조연맹 보고서 | 김석규 옮김 392쪽 | 값 17,000원

도덕 수업, 책으로 묻고 윤리로 답하다
울산도덕교사모임 지음 | 320쪽 | 값 15,000원

수업의 정치
윤양수·원종희·장군 지음 | 280쪽 | 값 14,000원

체육 교사, 수업을 말하다
전용진 지음 | 304쪽 | 값 15,000원

학교협동조합,
현장체험학습과 마을교육공동체를 잇다
주수원 외 지음 | 296쪽 | 값 15,000원

교실을 위한 프레이리
아이러 쇼어 엮음 | 사람대사람 옮김 | 412쪽 | 값 18,000원

거꾸로 교실,
잠자는 아이들을 깨우는 수업의 비밀
이민경 지음 | 280쪽 | 값 14,000원

마을교육공동체란 무엇인가?
서용선 외 지음 | 360쪽 | 값 17,000원

교사는 무엇으로 사는가
정은균 지음 | 292쪽 | 값 15,000원

교사, 학교를 바꾸다
정진화 지음 | 372쪽 | 값 17,000원

마음의 힘을 기르는 감성수업
조선미 외 지음 | 300쪽 | 값 15,000원

함께 배움
학생 주도 배움 중심 수업 이렇게 한다
니시카와 준 지음 | 백경석 옮김 | 280쪽 | 값 15,000원

작은 학교 아이들
지경준 엮음 | 376쪽 | 값 17,000원

공교육은 왜?
홍섭근 지음 | 352쪽 | 값 16,000원

아이들의 배움은 어떻게 깊어지는가
이시이 준지 지음 | 방지현·이창희 옮김 | 200쪽 | 값 11,000원

자기혁신과 공동의 성장을 위한
교사들의 필리버스터
윤양수·원종희·장군·조경삼 지음 | 280쪽 | 값 14,000원

대한민국 입시혁명
참교육연구소 입시연구팀 지음 | 220쪽 | 값 12,000원

함께 배움 이렇게 시작한다
니시카와 준 지음 | 백경석 옮김 | 196쪽 | 값 12,000원

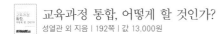
함께 배움 교사의 말하기
니시카와 준 지음 | 백경석 옮김 | 188쪽 | 값 12,000원

교육과정 통합, 어떻게 할 것인가?
성열관 외 지음 | 192쪽 | 값 13,000원

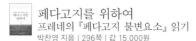
학교 혁신의 길, 아이들에게 묻다
남궁상운 외 지음 | 272쪽 | 값 15,000원

프레이리의 사상과 실천
사람대사람 지음 | 352쪽 | 값 18,000원
2018 세종도서 학술부문

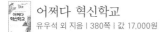
혁신학교, 한국 교육의 미래를 열다
송순재 외 지음 | 608쪽 | 값 30,000원

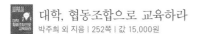
페다고지를 위하여
프레네의『페다고지 불변요소』읽기
박찬영 지음 | 296쪽 | 값 15,000원

노자와 탈현대 문명
홍승표 지음 | 284쪽 | 값 15,000원

선생님, 민주시민교육이 뭐예요?
염경미 지음 | 244쪽 | 값 15,000원

어쩌다 혁신학교
유우석 외 지음 | 380쪽 | 값 17,000원

미래, 교육을 묻다
정광필 지음 | 232쪽 | 값 15,000원

대학, 협동조합으로 교육하라
박주희 외 지음 | 252쪽 | 값 15,000원

입시, 어떻게 바꿀 것인가?
노기원 지음 | 306쪽 | 값 15,000원

촛불시대, 혁신교육을 말하다
이용관 지음 | 240쪽 | 값 15,000원

라운드 스터디
이시이 데루마사 외 엮음 | 224쪽 | 값 15,000원

미래교육을 디자인하는 학교교육과정
박승열 외 지음 | 348쪽 | 값 18,000원

흥미진진한 아일랜드 전환학년 이야기
제리 제퍼스 지음 | 최상덕·김호원 옮김 | 508쪽 | 값 27,000원

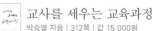
교사를 세우는 교육과정
박승열 지음 | 312쪽 | 값 15,000원

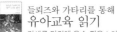
전국 17명 교육감들과 나눈
교육 대담
최창의 대담·기록 | 272쪽 | 값 15,000원

들뢰즈와 가타리를 통해
유아교육 읽기
리세롯 마리엣 올슨 지음 | 이연선 외 옮김 | 328쪽 | 값 17,000원

학교 민주주의의 불한당들
정은균 지음 | 276쪽 | 값 14,000원

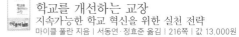
교육과정, 수업, 평가의 일체화
리사 카터 지음 | 박승열 외 옮김 | 196쪽 | 값 13,000원

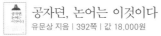
학교를 개선하는 교장
지속가능한 학교 혁신을 위한 실천 전략
마이클 풀란 지음 | 서동연·정효준 옮김 | 216쪽 | 값 13,000원

공자뎐, 논어는 이것이다
유문상 지음 | 392쪽 | 값 18,000원

교사와 부모를 위한
발달교육이란 무엇인가?
현광일 지음 | 380쪽 | 값 18,000원

교사, 이오덕에게 길을 묻다
이무완 지음 | 328쪽 | 값 15,000원

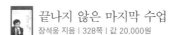
낙오자 없는 스웨덴 교육
레이프 스트란드베리 지음 | 변광수 옮김 | 208쪽 | 값 13,000원

끝나지 않은 마지막 수업
장석웅 지음 | 328쪽 | 값 20,000원

경기꿈의학교
진흥섭 외 지음 | 360쪽 | 값 17,000원

학교를 말한다
이성우 지음 | 292쪽 | 값 15,000원

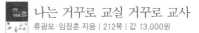
행복도시 세종, 혁신교육으로 디자인하다
곽순일 외 지음 | 392쪽 | 값 18,000원

나는 거꾸로 교실 거꾸로 교사
류광모·임정훈 지음 | 212쪽 | 값 13,000원

교실 속으로 간 이해중심 교육과정
온정덕 외 지음 | 224쪽 | 값 13,000원

교실, 평화를 말하다
따돌림사회연구모임 초등우정팀 지음 | 268쪽 | 값 15,000원

폭력 교실에 맞서는 용기
따돌림사회연구모임 학급운영팀 지음 | 272쪽 | 값 15,000원

 학교자율운영 2.0
김용 지음 | 240쪽 | 값 15,000원

 그래도 혁신학교
박은혜 외 지음 | 248쪽 | 값 15,000원

학교자치를 부탁해
유우석 외 지음 | 252쪽 | 값 15,000원

 학교는 어떤 공동체인가?
성열관 외 지음 | 228쪽 | 값 15,000원

 국제이해교육 페다고지
강순원 외 지음 | 256쪽 | 값 15,000원

교사 전쟁
다나 골드스타인 지음 | 유성상 외 옮김 | 468쪽 | 값 23,000원

 미래교육, 어떻게 만들어갈 것인가?
송기상·김성천 지음 | 300쪽 | 값 16,000원

 인공지능 시대의 사회학적 상상력
홍승표 지음 | 260쪽 | 값 15,000원

 선생님, 페미니즘이 뭐예요?
염경미 지음 | 280쪽 | 값 15,000원

 시민, 학교에 가다
최형규 지음 | 260쪽 | 값 15,000원

 혁신교육지구와 마을교육공동체는 어떻게 만들어지는가?
김태정 지음 | 376쪽 | 값 18,000원

▶ 교과서 밖에서 만나는 역사 교실
상식이 통하는 살아 있는 역사를 만나다

 전봉준과 동학농민혁명
조광환 지음 | 336쪽 | 값 15,000원

 교과서 밖에서 배우는 역사 공부
정은교 지음 | 292쪽 | 값 14,000원

 남도의 기억을 걷다
노성태 지음 | 344쪽 | 값 14,000원

 팔만대장경도 모르면 빨래판이다
전병철 지음 | 360쪽 | 값 16,000원

 응답하라 한국사 1·2
김은석 지음 | 356쪽·368쪽 | 각권 값 15,000원

 빨래판도 잘 보면 팔만대장경이다
전병철 지음 | 360쪽 | 값 16,000원

 즐거운 국사수업 32강
김남선 지음 | 280쪽 | 값 11,000원

 영화는 역사다
강성률 지음 | 288쪽 | 값 13,000원

 즐거운 세계사 수업
김은석 지음 | 328쪽 | 값 13,000원

 친일 영화의 해부학
강성률 지음 | 264쪽 | 값 15,000원

 강화도의 기억을 걷다
최보길 지음 | 276쪽 | 값 14,000원

 한국 고대사의 비밀
김은석 지음 | 304쪽 | 값 13,000원

 광주의 기억을 걷다
노성태 지음 | 348쪽 | 값 15,000원

 조선족 근현대 교육사
정미량 지음 | 320쪽 | 값 15,000원

 선생님도 궁금해하는 한국사의 비밀 20가지
김은석 지음 | 312쪽 | 값 15,000원

 다시 읽는 조선근대 교육의 사상과 운동
윤건차 지음 | 이명실·심성보 옮김 | 516쪽 | 값 25,000원

 걸림돌
키르스텐 세룹-빌펠트 지음 | 문봉애 옮김
248쪽 | 값 13,000원

 음악과 함께 떠나는 세계의 혁명 이야기
조광환 지음 | 292쪽 | 값 15,000원

 역사수업을 부탁해
열 사람의 한 걸음 지음 | 388쪽 | 값 18,000원

 논쟁으로 보는 일본 근대 교육의 역사
이명실 지음 | 324쪽 | 값 17,000원

진실과 거짓, 인물 한국사
하성환 지음 | 400쪽 | 값 18,000원

 다시, 독립의 기억을 걷다
노성태 지음 | 320쪽 | 값 16,000원

 우리 역사에서 사라진 근현대 인물 한국사
하성환 지음 | 296쪽 | 값 18,000원

 한국사 리뷰
김은석 지음 | 244쪽 | 값 15,000원

 꼬물꼬물 거꾸로 역사수업
역모자들 지음 | 436쪽 | 값 23,000원

 경남의 기억을 걷다
류형진 외 지음 | 564쪽 | 값 28,000원

▶ 더불어 사는 정의로운 세상을 여는 인문사회과학
사람의 존엄과 평등의 가치를 배운다

 밥상혁명
강양구·강이현 지음 | 298쪽 | 값 13,800원

 좌우지간 인권이다
안경환 지음 | 288쪽 | 값 13,000원

 도덕 교과서 무엇이 문제인가?
김대용 지음 | 272쪽 | 값 14,000원

 민주시민교육
심성보 지음 | 544쪽 | 값 25,000원

 자율주의와 진보교육
조엘 스프링 지음 | 심성보 옮김 | 320쪽 | 값 15,000원

 민주시민을 위한 도덕교육
심성보 지음 | 500쪽 | 값 25,000원
2015 세종도서 학술부문

 민주화 이후의 공동체 교육
심성보 지음 | 392쪽 | 값 15,000원
2009 문화체육관광부 우수학술도서

 교과서 밖에서 배우는 인문학 공부
정은교 지음 | 280쪽 | 값 13,000원

 갈등을 넘어 협력 사회로
이창언·오수길·유문종·신윤관 지음 | 280쪽 | 값 15,000원

 오래된 미래교육
정재걸 지음 | 392쪽 | 값 18,000원

 동양사상과 마음교육
정재걸 외 지음 | 356쪽 | 값 16,000원
2015 세종도서 학술부문

 대한민국 의료혁명
전국보건의료산업노동조합 엮음 | 548쪽 | 값 25,000원

 교과서 밖에서 배우는 철학 공부
정은교 지음 | 280쪽 | 값 14,000원

 교과서 밖에서 배우는 고전 공부
정은교 지음 | 288쪽 | 값 14,000원

 교과서 밖에서 배우는 사회 공부
정은교 지음 | 304쪽 | 값 15,000원

 전체 안의 전체 사고 속의 사고
김우창의 인문학을 읽다
현광일 지음 | 320쪽 | 값 15,000원

 교과서 밖에서 배우는 윤리 공부
정은교 지음 | 292쪽 | 값 15,000원

 카스트로, 종교를 말하다
피델 카스트로·프레이 베토 대담 | 조세종 옮김
420쪽 | 값 21,000원

 한글 혁명
김슬옹 지음 | 388쪽 | 값 18,000원

 일제강점기 한국철학
이태우 지음 | 448쪽 | 값 25,000원

 우리 안의 미래교육
정재걸 지음 | 484쪽 | 값 25,000원

 한국 교육 제4의 길을 찾다
이길상 지음 | 400쪽 | 값 21,000원

 왜 그는 한국으로 돌아왔는가?
황선준 지음 | 364쪽 | 값 17,000원

 마을교육공동체 생태적 의미와 실천
김용련 지음 | 256쪽 | 값 15,000원

▶ 평화샘 프로젝트 매뉴얼 시리즈
학교폭력에 대한 근본적인 예방과 대책을 찾는다

 학교폭력 어떻게 만들어지는가
문재현 외 지음 | 300쪽 | 값 14,000원

 아이들을 살리는 동네
문재현·신동명·김수동 지음 | 204쪽 | 값 10,000원

 학교폭력, 멈춰!
문재현 외 지음 | 348쪽 | 값 15,000원

 평화! 행복한 학교의 시작
문재현 외 지음 | 252쪽 | 값 12,000원

 왕따, 이렇게 해결할 수 있다
문재현 외 지음 | 236쪽 | 값 12,000원

 마을에 배움의 길이 있다
문재현 지음 | 208쪽 | 값 10,000원

 젊은 부모를 위한 백만 년의 육아 슬기
문재현 지음 | 248쪽 | 값 13,000원

 별자리, 인류의 이야기 주머니
문재현·문한뫼 지음 | 444쪽 | 값 20,000원

 우리는 마을에 산다
유양우·신동명·김수동·문재현 지음 | 312쪽 | 값 15,000원

 동생아, 우리 뭐 하고 놀까?
문재현 외 지음 | 280쪽 | 값 15,000원

 누가, 학교폭력 해결을 가로막는가?
문재현 외 지음 | 312쪽 | 값 15,000원

▶ 남북이 하나 되는 두물머리 평화교육
분단 극복을 위한 치열한 배움과 실천을 만나다

 10년 후 통일
정동영·지승호 지음 | 328쪽 | 값 15,000원

 선생님, 통일이 뭐예요?
정경호 지음 | 252쪽 | 값 13,000원

 분단시대의 통일교육
성래운 지음 | 428쪽 | 값 18,000원

 김창환 교수의 DMZ 지리 이야기
김창환 지음 | 264쪽 | 값 15,000원

 한반도 평화교육 어떻게 할 것인가
이기범 외 지음 | 252쪽 | 값 15,000원

▶ 창의적인 협력 수업을 지향하는 삶이 있는 국어 교실
우리말 글을 배우며 세상을 배운다

 중학교 국어 수업 어떻게 할 것인가?
김미경 지음 | 340쪽 | 값 15,000원

 토론의 숲에서 나를 만나다
명혜정 엮음 | 312쪽 | 값 15,000원

 토닥토닥 토론해요
명혜정·이명선·조선미 엮음 | 288쪽 | 값 15,000원

 인문학의 숲을 거니는 토론 수업
순천국어교사모임 엮음 | 308쪽 | 값 15,000원

 어린이와 시
오인태 지음 | 192쪽 | 값 12,000원

 수업, 슬로리딩과 함께
박경숙 외 지음 | 268쪽 | 값 15,000원

 언어던
정은균 지음 | 268쪽 | 값 15,000원

 민촌 이기영 평전
이성렬 지음 | 508쪽 | 값 20,000원